岭南师范学院中国史

重点学科经费资助出版

历史教学模式

改革与创新研究论文集

于卫青　景东升　主编

吉林大学出版社

长春

图书在版编目（CIP）数据

历史教学模式改革与创新研究论文集 / 于卫青，景东升主编 . —长春 ：吉林大学出版社，2019.11
ISBN 978-7-5692-5969-8

Ⅰ．①历… Ⅱ．①于… ②景… Ⅲ．①历史教学－教学研究－高等学校－文集 Ⅳ．① K0-42

中国版本图书馆 CIP 数据核字（2019）第 283003 号

书　　名　历史教学模式改革与创新研究论文集
　　　　　 LISHI JIAOXUE MOSHI GAIGE YU CHUANGXIN YANJIU LUNWENJI

作　　者　于卫青　景东升　主编
策划编辑　李承章
责任编辑　安　斌
责任校对　赵　莹
装帧设计　树上微出版
出版发行　吉林大学出版社
社　　址　长春市人民大街 4059 号
邮政编码　130021
发行电话　0431-89580028/29/21
网　　址　http://www.jlup.com.cn
电子邮箱　jdcbs@jlu.edu.cn
印　　刷　武汉市卓源印务有限公司
开　　本　880mm×1230mm　1/32
印　　张　10.75
字　　数　224 千字
版　　次　2019 年 11 月　第 1 版
印　　次　2019 年 11 月　第 1 次
书　　号　ISBN 978-7-5692-5969-8
定　　价　68.00 元

序言

　　国家的未来在教育。华为技术有限公司主要创始人兼总裁任正非先生认为，中美贸易的根本问题是科教，一个国家强大的基础在教育。改革开放四十多年来，教育领域取得的成就有目共睹，但是教育依然需要在发展中不断推进改革，在改革中更好发展。

　　高等师范院校师范专业的主要功能是培养基础教育的师资，师范专业改革的压力和动力来自两个方面。首先，近些年来，师范大学的人才培养和中学对师资的需求越来越脱节，高校师范毕业生的质量越来越无法满足社会现实的需要。有中学教师指出：有些师范生毕业时还不会备课讲课，不会管理学生，没有应有的待人接物的处世之道。不少师范毕业生面临求职时屡屡碰壁、工作后状况百出的窘境。面对基础教育基层单位对师范生的要求的呼声和高校间的竞争压力，高校师范专业的人才培养模式不得不改。其次，国家教育形势和政策的需要。2017 年 10 月 26 日，教育部发布关于印发《普通高等学校师范类专业认证实施办法（暂行）》的通知。通知指出：为贯彻落实党的十九大精神，培养高素质教师队伍，按照国家教育事业发展"十三五"规划工作要求，推进教师教育质量保障体系建设，提高师范类专业人才培养质量，教

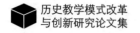
育部决定开展普通高等学校师范类专业认证工作。专业认证的指导思想是，全面贯彻党的教育方针，落实立德树人根本任务，构建中国特色、世界水平的教师教育质量监测认证体系，分级分类开展师范类专业认证，以评促建，以评促改，以评促强，全面保障和提升师范类专业人才培养质量，为培养造就党和人民满意的高素质专业化创新型教师队伍提供有力支持。专业认证以"学生中心、产出导向、持续改进"为基本理念。学生中心，强调遵循师范生成长成才规律，以师范生为中心配置教育资源、组织课程和实施教学；产出导向，强调以师范生的学习效果为导向，对照师范毕业生核心能力素质要求，评价师范类专业人才培养质量；持续改进，强调对师范类专业教学进行全方位、全过程评价，并将评价结果应用于教学改进，推动师范类专业人才培养质量的持续提升。在师范专业认证的新形势和新要求下，师范专业的人才培养模式改革势在必行。

教育教学改革是一个系统工程。高校师范生培养的滞后是多方面因素造成的。第一，长期奉行的高校评价体系造成了"重科研、轻教学"现象。在许多高校，对教师的评价标准注重科研，不重视教学。高校教师职称评审的依据是科研成果、项目及获奖，对教学的要求只是满足一定的工作量。在这种情况下，很难让教师们把精力用在教学上，更遑论教学研究。第二，各师范学科专业在课程设置、教学内容、课堂教学模式等方面大多遵循几十年来不变的模式。在课程设置上比较陈旧，特别是不能反映"互联网+"时代的现代教育技术给现代教育带来的极大改变。教师在讲台上唱独角戏，学生没有时间和条件去真正体会教学内容和所学知识的内涵，教师传授的知识成了真理式的答案，学生在某种程度上成了知识的移动硬盘。第三，是教师在教学方面的惯性和惰性。学校对教学工作缺乏行之有效的评价标准，教学好坏基本不影响教师的评级晋升，导致教师对教学工作的兴趣缺乏。反之，真正搞好教学，真正上好课要投入大量的时间和精力。特别是需要不断学习新的教育教学理论和理念，掌握和运用新的现代教学技术，紧跟教育教学改革的前沿与步伐，落实到自己的课堂教学实践上。在我国的教育领域，教育教学改革存在一个独特现象，被专家总结为"中学领先大学"。当高效课堂、翻转课堂在中学推广应用的时候，当互联网、大数据、人工智能已经应用于中学教学的时候，当中学教室改造为小组学习与知识生成的新型教室时，大学里依然是填鸭式的、满堂灌的课堂教学。形式反映内容，中学教育教学理念和实践早已大大超越大学。

　　广东省岭南师范学院是一所有着百年师范教育历史的地方师范院校，地处粤西，现在学校定位为"师范性、教学型、地方性、应用型"。相对而言，本校历史学科专业具有良好的基础，83% 的教师具有博士学位，拥有省级特色专业和"中国史"校级重点学科。2009 年前后，我们在课程建设和专业建设的过程中，不断探索历史学专业和师范生培养的教育教学改革。我们较早注意到高校师范生培养存在的这些问题，注重与中学教学的互动和衔接。我们曾经考察调研过西安、广州等地的师范大学和课改名校，积累了比较丰富的教育教学改革经验。近几年来，我们获得省级教育教研项目 4 项，

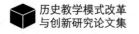

校级教研项目 16 项，教研成果奖 3 项，教研论文 30 余篇。为了更好地与中学历史教学接轨，向中学教育教改学习取经，我们外聘了十余位省内省外专家名师作为我们的外聘教师。他们都是中学一线省市级名教师、骨干教师和地市县区的教研员。这本论文集，就是我们集体初步探索的智慧结晶。

人才培养任重道远，教育教学改革一直在路上。我们热切期望得到教育界同仁和广大读者的批评指教！

于卫青、景东升

2019/5/31

目录

世界近代史课堂教学模式的改革与创新研究[①]

于卫青

摘要：为了提高高师历史专业师范生的学习自主性和能动性，提升高师历史专业师范生的发现问题、研究问题和解决问题的能力，以及提升学生语言表达、课件制作、板书设计、讲课说课等技能技巧，以源于西方的"习明纳"教学模式为参考，以世界近代史课堂教学模式的改革为突破口，改变传统填鸭式的教学模式，通过课前问题设计、课下资料收集、小组讨论、课件制作、课堂汇报和讨论等环节，改变原来一言堂的灌输教学模式。这不仅是教学模式的变革，而且是学

---

① 本文是广东省教育厅教研项目"世界近代史课堂教学模式的改革与创新"的总结。课题负责人：于卫青；课题组成员：宋永成、梁哲、周仕德、唐朋、曹广金、吴铁稳、臧书磊、兰教材、谌焕义、徐孝明等。本项目的成果取得是建立在巨人肩膀上的集体智慧的结晶。感谢陕西师范大学历史文化学院宋永成教授，岭南师范学院教务处相关领导，法政学院领导、教师们，历史系各位同仁和同学，湛江爱周高级中学、湛师附中师生的指导、支持与配合，使本项目得以顺利展开，并取得预期成果。

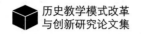
生学习模式的变革，更是专业人才培养的必然要求。在人才培养、师范生实践环节、中学教师培训方面已经取得初步成效，需要在实践中完善和推广。

关键词：传统填鸭式教学模式；"习明纳"教学模式；课堂教学；人才培养

一、导论

课堂教学是高师人才培养的核心环节，其作用是不言而喻的。我国大学师范生的培养模式尤其是课堂教学模式的普遍滞后。目前的大学课堂教学还有很多停留在 80 年代末 90 年代初的水平。长期以来，教师在讲台上唱独角戏，学生没有时间和条件去真正体会教学内容和所学知识的内涵，教师提供的知识成了真理式的答案，学生在某种程度上成了知识的移动硬盘。大学教育培养创新型人才需要从改变教学方法开始。

课堂教学方法的改革不乏理论的探讨，而是缺乏实际的实践探索。高师课改的成果不应该是以课题和论文的形式出现，而是应该具有实践性、操作性和示范性。本项目从世界近代史课堂教学出发，进行课堂教学模式的个案研究与实践，为高校师范专业的课堂教学模式的改革提供一种选择和思考。

本项目研究以源于西方的"习明纳"教学模式为参考，在"互联网+"的时代背景下，借鉴中学课改的"翻转课堂"和"高效课堂"经验，充分利用现代教育技术、通信技术和网络资源，以世界近代史课堂教学模式的改革为突破口，改变传统填鸭式的教学模式，利用手机微信群、教学网站、课程 QQ 群等多种形式，通过课前问题设计与任务布置、课下资料收集、小组讨论、课件制作、课堂汇报和讨论等环节，改变原来一言堂的灌输教学模式。根据建构主义的学习理论，本项目旨在进行课堂教学的重构，改变传统的知识本位，真正以学生为学习的主体。这不仅是课堂教学模式的变革，也是学生学习模式的变革和人才培养模式的变革。

本项目需要解决的教学问题就是传统的填鸭式、满堂灌教学模式所带来的本科生学习兴趣不足、表达能力差强人意，教师综合素质和技能偏低，研究能力缺失、研究成果贫乏以及由此而引起的学生创新能力不足的问题。这既需要教师改变传统的教学观念，同时也需要学生更新过时的学习观念。面对接受了 12 年传统教学方法熏陶的大学生，使他们接受新的学习观念和研究方法不可能一蹴而就，需要耐心的逐步引导和循序渐进的推行。具体为主要解决四个方面的问题：

第一，改变传统课堂教学模式。转变教师和学生在课堂上的单向收受的传统角色，使学生成为课堂的积极参与者、教学文本的生成者，而不是单纯的接受者。

第二，改变教师传统的课堂角色和备课方式。在教学资源空前丰富的网络时代，教师不再是知识的占有者和垄断者，而是知识重新建构的引领者。在课堂教学上，教师不再是填鸭式的授课者，而应该编写好课前准备和问题设计，进行科学的分组，引导学生使用图书馆和网络资源，积极组织学生进行有效的课堂讨论。

第三，改变学生的学生方式。学生学习不再是课堂上的被动灌输，而是学生根据教师设计的问题，积极查找资料，

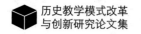

编写课堂演讲稿，进行小组讨论或课堂辩论。

第四，通过这种教学和学习方式，可以提高学生的自主学习能力和学习积极性，培养他们的问题意识，锻炼他们的材料综合能力、分析能力、口头表达能力以及师范生必备的各项技能。

二、研究队伍

本课题的研究与改革有坚实的专业基础、长时间的教学探索和课程建设的积累。早在 2007 年，世界近代史就被确定为学校的精品课程，建立了课程网站。2011 年，历史学专业获批为广东省省级特色专业，为本课题研究提供了一个重要的研究平台。2015 年，世界近代史课程立项为广东省精品资源共享课，并于 2018 年顺利结项。

本项目负责人于卫青教授具有 3 年中学教龄和 26 年高校教龄的教学经验，获评为岭南师范学院 2016 年度教学名师，主持承担了省级教研项目 4 项，校级教研项目 2 项，主编出版教材 1 部，发表教研论文 2 篇，获得过指导学生类、教学实践类奖励多项。本项目主要参加人宋永成教授是陕西师范大学著名教改专家、西北课改共同体秘书长，本项目的理论探索和实践调研均得到宋教师的悉心指导。梁哲校长是广东省中学历史教学名师、正高级教师，周仕德教授是很有造诣的历史课程教学论专家。唐朋博士是历史课程教学论的优秀青年教师，近年成果丰硕，主持校级教研项目 1 项，发表论文十多篇。其他课程组成员也非常优秀：曹广金副教授主持并完成校级教研项目 2 项，发表教研论文 2 篇；吴铁稳副教授主持校级教研项目1项；臧书磊博士和兰教材博士在教学中积累了大量的经验和相关数据。这支兼具理论积累和实践经验的课题队伍为本项目的研究打下坚实的基础。

三、研究过程

本项目的研究过程分为三个阶段。

第一阶段：本项目的实践调研和理论贮备阶段。课题组成员考察了西北大学、陕西师范大学、华中师范大学、河南大学、河南师范大学、华南师范大学等一些代表性高校的历史专业课堂教学情况。考察了西安庆安中学、山东杜郎口中学、广州思源学校、湛江爱周高级中学、岭南师范学院附属中学、雷州八中等课堂教学改革走在前列的中学历史课堂教学。理论上参考了美国著名教育家杜威的"教育即指导"的教育理论、美国教育家帕克的合作学习理论、美国心理学家卡尔·罗杰斯的人本主义学习理论、中国古代大教育家孔子的启发式教学法、中国近代著名教育家陶行知首创的"教学做合一"的教育理念。

第二阶段：针对教改方案实施过程中出现的问题进行专题研究和跟踪研究。这包括教师课堂教学的定位、教学内容中问题的科学设计、小组划分的科学性、合理性和可操作性、资料收集的方法与途径、课件制作的技术与技巧、小组学习的学习效果与反馈、课堂讨论的热烈程度分析、课后的总结与反思、课堂教学与考试等。

第三阶段：总结归纳阶段。对教师教法和学生学法进行总结，形成新型的导学案、讲义，收集学生的问题和课堂讨

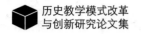
论材料。对学习过程进程总结，对起关键作用的小组学习的构成、运作和效果进行归纳和分析。对"习明纳"教学模式对中学历史教学的借鉴作用进行分析，结合学生的见习和实习活动进行实践和探索。

四、研究方法

第一，实地调研法：本项目是针对性和实践性比较强的课题，需要从实践中来，到实践中去，实地调研是首要手段。在项目实施之前和过程中，课题组调研了多家大学和中学历史课堂教学，并对本校本专业的 3 个年级的课程教学班进行了调研。

第二，文献研究法：坚实的理论基础是课题研究的前提。在课题研究的前期和过程中，本课题组学习参考了大量的文献资料，包括中外教育教学理论著作、现代教育家理论著作、中学教改的理论著作、论文或调研报告。

第三，讨论法：在课堂上与同学们展开讨论，在教学教研活动中和课题组成员讨论，在专业研讨会上与同行专家讨论，集思广益，碰撞出许多思想火花，深受启发和教益。

第四，个案研究法：在本项目实施过程中，出现了一些在设计中没有预想到的问题，通过谈话、调研等综合手段的运用，针对具体问题进行个案研究，逐一解决问题。

五、研究内容

本项目涉及内容广泛，主要研究内容包括：

第一，"习明纳"教学模式的指导理论研究，包括合作理论、人本理论、中国古代教育理论等。

第二，教师教法研究与课堂教学艺术研究。任何课堂教学模式都不能忽视主讲教师的作用，教学艺术的良好发挥是任何高效课堂的永恒主题。

第三，学生方法研究。为了实现学生学习的主体性和主动性，根据教师的导学案的问题设计，学生要学会如何从图书馆、网络等各个渠道查找资料，进行自主学习。

第四，学习小组的研究。本项目的学生学习不是孤立的，是在个人收集整理材料的基础上，经过小组的讨论而形成一个相对一致的认识，然后到课堂上展示和讨论。因此，小组的划分、组成、分工、运作、功能的发挥等也是本项目研究的目标。

第五，教材与教学内容的研究。学生的学习资源是开发的，教师的课程教材是主要的引导学生的教学参考书。如何设计难度适中的问题，如何培养学生运用马克思主义唯物史观的理论与方法成为本项目的重要内容。

六、取得成果

除了实践环节之外，可见的研究成果体现在以下几个方面：

第一，编写了导学案。导学案是课前发给学生，引导学生自学的重要指向性资料，包括学习目标、重点难点、重点问题和讨论问题、参考文献（包括学术论文和著作）。导学案的应用便于展开翻转课堂等教学模式的探索，减少了课程学习的盲目性。

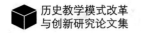
第二，根据本课题课程的需要重新编写了讲义。讲义侧重于高度、宏观、前沿、精要地引导学生，而不是充实资料。电子版的讲义可以提供给学生学习使用。

第三，建立了课程QQ群，上传了相关资料，包括导学案、课件等。进一步收集整理了学生的学习资料，特别是一些有启发性的文章和一些基础性的知识。在本课程结束后，课程群继续保留，继续在学生的其他课程学习和管理中发挥作用。

第四，建立了学生课件的资料群。学生小组学习和课堂汇报的课件，在经过教师点评和课后修改后上传到课程群，作为学习的资料。

第五，建立了课程学习的微信群，及时发送有关通知、学术动态、著名学者的个人公众号。及时与学生互动答疑。

第六，与广东力拓科技公司签订协议，改进升级世界近代史教学网站。利用现代通信技术和手机的普遍性，开发移动微学习功能。

第七，开发课程资源。除了网络资源之外，向大家推荐学习本课程著名的慕课。与爱周高级中学合作，开发研修校本课程。

第八，开展了名师讲座。聘请历史教育学权威学者姬秉新教授、李稚勇教授、黄牧航教授、东莞教学名师夏辉辉等，举办针对性的讲座。作为一个制度化的培训计划，本项目组结合专业建设，在学院支持下，坚持每年每学期都有类似活动安排。

第九，有计划系统展开湛江中学名师课堂观摩活动。在名师工作室的统筹下，系统观摩湛江中学教学名师的课堂教学，借鉴改进大学课堂。

第十，本项目组成员都要参加师范生技能竞赛的培训工作。从教学设计到课堂模拟、说课模拟等，本项目组全程参与，借以深刻体会课堂教学与师范生技能培养之间的密切联系。有计划安排项目组成员带队参加师范生技能大赛的国赛和省赛。

第十一，结合国培项目，在实践中得到反馈和提升。2019 年，我们接受了广东省教育厅下达的"义务教育统编教材三科骨干教师提升高端研修"项目，负责培训全省初中历史学科骨干教师与教研员。这对我们课堂模式改革是一个改进的契机。我们吸纳全省骨干教师的意见和建议，进一步改进和丰富课堂教学改革的内容与形式。

七、成果创新与推广价值

第一，课堂教学模式改革与中学历史教学改革相结合，建立了相应的机制制度。本项目组在课题研究和实践中吸纳了中学实践的内容。在湛江市，中学历史教学改革走在前面的是爱周高级中学的梁哲校长。项目主持人与广东省中学历史正高级教师、首届名师工作室主持人、爱周高级中学校长梁哲教师密切交流、合作，在爱周高级中学不仅建立了大学生教学实习基地，而且建立了"高师课堂教学改革项目工作室"，作为课题组成员和历史系师生观摩学习中学历史课堂教学模式改革的平台。在合作过程中，本项目组已经和湛江基础教育历史课改的领军人物形成了密切的合作关系。增

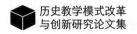
城区教育局历史教研员陈洪义教师、湛江市教育局历史教研员刘剑教师、广东省名师工作室主持人茂名祥和中学赖海波教师、湛江一中的名师黄劲涛、林菁教师、湛江二中的行心明教师等已经或将要受聘为法政学院历史系兼职指导教师。

第二，与陕西师范大学、华南师范大学等建立学术联系和人才培养合作机制，探索课堂教学模式改革的内涵和品质的提升。本项目组与陕西师范大学、华南师范大学等建立了长期稳定的合作关系，在课题研究、项目合作、学术交流、学生培养方面进行了密切的合作。陕西师大宋永成教授是高师课改的先行者，多年前就关注中学课改，很早就进行课堂教学改革的实践。因此，本项目组聘请宋永成教师专程来我校进行课堂教学改革的学术讲座和现场指导。本省高师的龙头是华南师范大学，在各个方面都走在前面。本项目组积极联系，加强与华南师范大学著名历史教育专家黄牧航教授和王继平教授的交流和合作。2017年5月，本项目组主持人受聘为华南师范大学历史文化学院兼职教育硕士导师，为双方的深度合作拉开了序幕。

第三，课堂教学模式改革与师范生技能培养相结合，成果卓著。课堂教学改革的核心是彰显学生的主体地位，提升学生的综合素质和表达能力。本项目在实践过程中，充分发挥学生的学习主动性和创造性，鼓励他们自觉查找资料、自己制作课件、在课堂上大胆展示。学生得到了必要的引导和训练，成效显著。由于本项目注重学生全方面能力的培养和课堂训练，学生的师范生技能水平有巨大的飞跃。2013年度，唐素玲等5位同学获得了广东省首届历史专业师范生技能大赛二等奖和三等奖。2014年度的沈菲芳同学获得了第二届广东省师范生技能竞赛一等奖的优异成绩。2015年和2016年广东省赛均有不同程度的斩获。2017年，首次参加全国高校历史教育专业本科生教学技能大赛，在92所高校的共275名选手的激烈竞争中，我们取得了讲课一等奖和说课二等奖的优异成绩。在历史系教师的课堂教学中，培养学生的表达能力和师范生技能已经成为共识。

本项目旨在探讨师范院校历史学专业课堂教学的新模式，是以世界近代史课程为突破口的个案研究。其实施范围实验阶段限于历史学世界史专业的世界近代史课程。在取得明显成效的基础上，在历史学的课程体系中逐步展开应用。根据改革创新的实验效果，在世界史、历史学等相关同类专业课程中依次推广。

2016年度下学期，在世界近代史的相关课程世界古代史和世界现代史中尝试推广本项目的课改经验。本项目组成员谌焕义教授和吴铁稳博士是世界现代史课程的主讲教师，在本项目研究中积极参与，已经积累了丰富的经验，具备了对所讲授课程进行课改的基础和条件。世界古代史徐孝明博士、臧书磊博士也在尝试探索课改的新途径，积极申报教改项目。

2017年上学期，在中国史系列课程中进行相关的经验推广和课改实验。在中国史系列课程中，景东升博士主讲的中国近代史课改条件比较成熟。景博士自己探索教学改革多年，重视启发式教学和资料的运用，特别是网络资源和国外资源的挖掘和利用，能够比较好地展开实验教学。邀请国内知名课改专家来校进行现场指导。

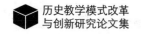
迄今为止，历史系诸多教师或多或少地对自己的课堂教学进行了某种程度的改进或改革，完全是过去那种填鸭式满堂灌的教学模式基本不复存在。特别是年轻教师，都自觉参与或自觉进行课堂教学效果提升的探索。

本项目组成员同时也是法政学院教学指导委员会成员，积极在全院推荐本项目课堂教学模式改革的理念、实践和成效，增强了全院教师对课改的重视和参与。

八、讨论与分析

经过多年多轮的实践探索，在这种课堂教学模式的培养下，历史专业师范生的整体素质和个人能力都得到了大幅度提高。主要表现在以下几个方面：

第一，学生说课、讲课能力大为提高。说课、讲课是师范生最重要的能力，并且是他们将来走向工作岗位后的看家本领。讲课能力是一个学生编写教案、语言表达、组织课堂教学等诸多能力的综合体现。但是，在现行教学模式下，师范生在4年大学学习中能够获得的锻炼机会却微乎其微。在课改课堂上，学生在每个教学单元都必须在小组内上台讲课，学生上台是组内抽签决定的，机会均等。我们在上课过程中特别注意要求学生的仪态仪表和培养演讲能力，从师范生技能竞赛的角度要求学生。由于每节课都要随机抽签回答教师问题，随机抽签上台汇报讲课，有效调动了同学们课下学习的积极性，同学们的语言表达能力提升很快。

第二，普通话和板书水平有了飞跃性发展。普通话是教师的基本语言工具，但地方方言的影响使部分同学的普通话发音和表达不理想。板书是教师的门面。人才培养计划和课程设置中专门开设了三笔一字课程，但学生在课堂上实际应用的机会不多。在课堂汇报的过程中的使用和坚持锻炼，学生的板书书写能力和普通话表达都有了大幅度的提高。

第三，学生的科研能力突飞猛进。在课改过程中，我们要求学生必须把握最新学术动态，读最新出版的学术专著和最新发表的学术论文。每一个教学单元，都要求学生在知网查找下载本教学内容所涉及的最新研究成果。经过小组讨论，找出最佳论文向全班推荐，并制作PPT向全班同学课堂汇报。通过课堂点评学生的汇报内容，让学生掌握收集资料的方法、选取甄别学术论文的方法、阅读评价学术论文的方法等。通过布置阅读书目，让学生掌握现代化史观、全球史观、文明史观等最新的学术观点，为学生的理论研究奠定坚实的基础。

第四，通过小组学习，学生的合作学习能力得到了充分锻炼。联合国教科文组织把"学会合作"列为中学生必备的四大基本能力之一。理解学习共同体的作用，具有团队协作精神，掌握沟通合作技能，积极开展小组互助和合作学习，这是师范生学会合作的主要内容。在课堂教学模式改革过程中，我们布置的论文的收集、选择、阅读评价等内容大都必须通过小组内合作才能完成。分组学习本身就是中学课改最重要的方法之一。所以，我们在课堂上的分组学习不仅锻炼了师范生的合作学习能力，而且为他们将来走向教学一线后引导中学生分组学习打下了良好的基础。

第五，学生个人修养的提升。师范生需要具有师德规范意识和教育情怀。师范生要具有依法执教意识，立志成为有理想信念、有道德情操、有扎实学识、有仁爱之心的好教师。要成为具有人文底蕴和科学精神，尊重学生人格，富有爱心、责任心、事业心，工作细心、耐心，做学生锤炼品格、学习知识、创新思维、奉献祖国的引路人。这是在每一堂课中集腋成裘，点滴落实的。如果我们培养的学生空有知识，修养很差，那么这决不能被视为成功的教育。在课堂学习过程中，我们要求同学之间要学会相互尊重，以礼待人，注重细节。

九、结论

我们的历史专业师范生课堂教学模式改革虽然仅仅限于历史学科，但是从长远来看，这一探索对师范院校的教育改革却可以产生诸多积极的影响。

第一，有助于师范生教育人才培养计划和人才培养模式的改进。

长期以来，中国的大学教育体制僵化，观念保守。以课堂教学模式而论，教师高高在上，完全成为课堂的主宰，学生成为被动的受众，只能聆听教师的说教。其结果，学生的个性得不到张扬，创造性被无情的扼杀。21世纪国家之间的竞争无疑是人才的竞争。如果我们要提高我们的综合国力，就必须培养出具有国际竞争力的人才。而要培养出具有国际竞争力的人才，就必须改革我们的人才培养模式。因此，大学课堂教学模式改革势在必行。我们的历史课堂教学模式改革仅仅是一个粗浅的尝试。在专业论证的推动下，新一轮人才培养计划的改革和课程设置的调整应该体现这一发展趋势。

第二，可以和中学课改接轨，培养中学历史教育所需要的优秀师范毕业生。在"学生中心、产出导向、持续改进"为基本理念的思想指导下，教育部强调对师范类专业教学进行全方位、全过程评价，并将评价结果应用于教学改进，推动师范类专业人才培养质量的持续提升。如果说大学教育是中学教育的延续和升华，那么，我们现在的大学教育就必须接过中学课改的接力棒，建立全新的人才培养机制和教学模式。这不但是社会发展对教育本身提出的客观要求，而且也是承载着国家和民族崛起重任的大学教育工作者义不容辞的历史使命。因此，改革大学教育体制，改革大学教学模式，特别是课堂教学模式，就成为时代发展的必然要求。只有这样，我们才能迎接中学课改对大学教育提出的挑战，满足课改后进入大学学习的新一代人才的需要。本项目组成员与中学日益密切的联系和合作将继续推动课堂教学改革的联动与进步。

第三，有助于提升师范生的就业竞争力。师范院校是为中学教育培养人才的。在就业形势日趋严重的情况下，如果我们能够根据中学课改的实际需要，培养出适应并且能够推动中学课改的新型人才，那么我们就会为师范生将来就业铺平道路，使他们成为各个中学竞相争夺的优秀人才。对于地方师范学院的师范生，与名校毕业生的竞争以什么取胜，竞争力的培养就在课堂教学改革中酝酿和发力。可以说，课堂教学模式是地方师范院校人才质量培养的核心和关键。

第四，有助于培养学生的自我发展的主动性和自觉性。学生中心的教育需要树立学生的主体意识，最大限度地挖掘、调动和发挥他们的学习积极性和主动性。这不仅仅是在课堂学习上的主动行为，也应该是大学学习生活的常态行为，更

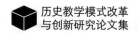

应该成为一种人生理念，贯穿于终身教育的始终。在竞争激烈的多元化社会，大学生面临多元的选择和去向，无论是考研、从教还是自主择业，都需要积极主动的自我规划，聚焦努力。这种主动自觉精神在课改课堂上得到挖掘和培养。

第五，课堂教学模式的改革有助于历史学核心素养的内化。新的课程标准提出了历史学科五大核心素养：唯物史观、时空观念、史料实证、历史解释和家国情怀。作为一名教师，这些素养在从教之前就应该已经具备和内化了，这样才有可能在教学中润物细无声。然而，传统的课堂教学缺乏师范生的参与和体验，没有相应的经历、体会、感动和认知，不会有深刻的内在体验。改革后的课堂教学弥补了这种单纯灌输却效果不佳的不足，使历史学科素养在大学期间就能够深入内化到学生的灵魂深处。

参考文献：

1.（美）亚瑟·科恩著，李子江译：《美国高等教育通史》，北京大学出版社，2010年。

2. 李稚勇：《历史教育学新论：国际视野中的我国历史教育改革》，人民教育出版社，2010年。

3. 赵亚夫：《国外历史课程标准评介》（主编），人民教育出版社，2005年。

4. 黄牧航：《高中历史教学与评价》，广东教育出版社，2005年7月版。

5. 姬秉新：《历史教育学概论》，教育科学出版社，1997年。

6.（美）洛克菲勒著，张占磊编译：《洛克菲勒留给儿子的 38 封信》，中华工商联合出版社，2012 年。

7. 杜威：《杜威五大演讲》，载《胡适著译精品选》，安徽教育出版社，1990 年。

8. 李炳亭：《高校课堂的理论与实践——我们的教育学》，山东文艺出版社，2012 年。

9. 李稚勇、王正瀚、陈志刚：《历史教育学概论——中学历史教育的理论与实践》，高等教育出版社，2015 年。

本文作者：于卫青，岭南师范学院法政学院历史系主任、教授。

浅议世界近代史教学中的几个问题

于卫青

摘要： 学术研究、教学改革与教育信息化使世界近代史教学依然面对不少问题。教材的编写和使用要考虑教学模式的转换与教学改革的需要。原来的世界史体系没有很好地解决包括中国史部分在内的非西方历史在世界近代史的地位，也没有处理好中国古代史与世界近代史部分重合问题。现代教育技术在世界近代史教学中的应用涉及资源的共享、教师观念更新与技能提高、学生学习方式的转变与适应。这些问题的最终解决需要世界近代史教学研究人员长时期的艰辛努力。

关键词： 世界近代史；教学改革；现代教育技术；学术研究

随着世界史学术研究的逐步深入，教学改革的逐步深化与现代教育技术的迅速发展，世界近代史教学在许多方面面临新的挑战与机遇。笔者在地方师范院校从事多年世界近代史的教学与研究工作，在教学过程中，笔者认为目前依然存在着一些没有得到圆满解决的问题，例如教材问题、体系问题、现代教育技术的应用问题，等等。借此呈献以下的一些粗浅思考，求教于方家。

一、世界近代史的教材问题

选取适当的教材是世界近代史教学首先要解决的问题。20 世纪 80 年代以来，我国涌现出多种世界史学者组织编写、出版的世界近代史教材。这些教材各具特色，各有所长，有力地推动了世界近代史教学质量的提高。

有关院校自己要编写一部好教材，需要高屋建瓴的学术带头人，需要一个实力雄厚的学术团队，需要长期的学术积累，需要各种庞大的后盾支持资源。这不是一般院校能够做得到的。例如：北京大学为世界近代史课程甄选的 5 部教材是：1. 马克垚主编：《世界文明史》（北京大学出版社，2004 年 1 月）；2. 马克垚主编：《世界历史·中古部分》（北京大学出版社，1989 年）；3. 郑家馨、何芳川著：《世界历史.近代亚非拉部分》（北京大学出版社，1989 年）；4. 潘润涵、林承节著：《世界近代史》（北京大学出版社，2000 年）；5.［美］斯塔夫里阿诺斯；《全球通史——1500 年以后的世界》（吴象婴、梁赤民译，上海社科院出版社，1992 年）。除了第五部是一部外国学者撰写的世界史专著性教材外，其他都是北大历史学院的学者们多年研究的结晶，是他们教材建设的成果。再如，山东师范大学的世界近代史课程教材建设成绩卓著。这是因为，该校国内著名世界史学家刘祚昌教授先后主编了高校教材《世界史·近代史》（人民出版社 1984 年版，教育部统编教材）；《世界史·近代史编》（高等教育出版社 1992 年版，教育部"十五"规划重点教材，

"八五"国家重点书目，获国家教委优秀教学成果一等奖）；
《世界近代史》（山东教育出版社 1987 年版）。1999 年以来，
该校王玮教授主编了《世界通史教程·近代卷》（山东大学
出版社 2001 版）、《世界通史教程教学参考·近代卷》（山
东大学出版社 1999 年版）、《简明世界通史（中编）》（泰
山出版社 2000 年版）。该校刘文涛、陈海宏教授主编了《高
校世界历史配套教材·近代史卷》（高等教育出版社 2001 年
版）。

但是，更多的院校不具备这些条件，使用现成的好教材
成为首选。目前，多数院校选用教育部推荐教材：吴于廑、
齐世荣主编的六卷本《世界史》。

教材的编写与使用要考虑教学方法的改革。长期以来，
历史教学方法多为灌输式，不利于培养创造性思维的人才。
结果"上课记笔记，下课对笔记，考试背笔记，考完丢笔记"。
要培养创新性人才，就要探索运用自主性探究式和研究式教
学模式。这要求在教学过程中，发挥学生的主动性，调动他
们的积极性。课堂讨论是调动学生积极性，鼓励他们积极参
与教学活动的较好方式。学生讨论问题，需要做前期的准备。
最关键的是，学生能够找到相关合适的材料。对此，马克垚
先生倡议："我曾提倡编写一套大学历史系本科生用的世界
史课堂讨论教材，即选择一些世界历史上的有意义的问题（题
目不能太大，太大了无法讨论），先写一篇导言，介绍此一
问题的研究情况，有过哪些争论，解决了哪些问题，现在研
究的发展如何，即向学生介绍本学科的研究前沿。然后选取
若干重要史料（如原文英文，可以不译，如为其他文字，还

需译成中文），详加注释，以帮助学生阅读。再开列国内可以得到的参考书刊目录，对书刊也要加以评介。每本十万字左右，太多了学生无法读完。如世界史能编出三十、最好是五十本这样的教材，使学生在上课时阅读、讨论，我想大概是可以讨论起来的，而且也可以有助于启发式教学。"[1] 王玮教授主编的《世界通史教程·近代卷》，每章设计了"导读"与"思考与讨论"内容，在该卷的下编对世界近代史的主要学术问题进行了必要的评介。这种教材编撰的新尝试在教学中收到了良好的效果。此外，现代教育技术网络资源的运用，已经成为解决文献资源缺乏的重要手段。教材编著者要考虑突破传统纸质教材的局限。

教材的使用者是大学生，因此，不仅要注重它的学术性，也要注重它的可用性，新编教材要体现现代教育技术在教学中的运用。许多教材缺乏必要的配套地图、年表、参考书等基本要素。南开大学马世力教授主编的《世界史纲》（上海人民出版社 1999 年版）相对于其他教材多有创新。该教材是一部多媒体教材，历史人物、历史事件、名胜古迹、艺术作品、文化典籍等内容都以名词的形式包含在辅助教学软件的光盘里。教材、多媒体辅助教学软件、准确清晰可缩放的地图和相关的影音资料使教学效果得到很大的提升。因此，现代教育技术在新编教材中的运用是教材编写者需要注重的一个方向。新编教材在信息资源上应该有足够的开放性、关联性与整体性，通过建立多种链接获得尽可能多的知识资源，这是学生自主性学习的有利条件。新编教材在理论上应该具有系统性与多元性，便于学生在比较和思考中提高历史思维能力。

在各个高校推行的双语教学教改过程中，世界史专业的有关课程往往因为与外语的密切关系而成为首批入围课程。双语教学的条件之一是外语原版教材的引进和使用。王敦书先生曾经倡议："为提高世界史专业本科生的自学能力与业务水平，希望他们从大学一年级开始，就精读一本较好的外文世界史教科书。如果能在二年级结束时，认真地逐字逐句逐页读完一本千页以上的英语（或其他语言）的世界史教材，相信该生的世界史专业知识和外语水平将有长足进步，从而为三、四年级上选修课和撰写论文打下坚实的基础。"[2] 对于推动双语教学的世界近代史课程，寻求和使用合适的外文教材成为当务之急。

二、世界近代史的体系问题

什么是历史的体系？钱乘旦先生指出："体系是历史学家对历史的理解和解释系统，它决定历史学家选用哪些素材来编织他对历史的陈述，体系制约对历史的解读，同时将散乱的历史细节组合成整体。建立体系就是建立判断的标准，确定历史重要性的依据；同时，建立体系也意味着对某些基本的历史理论问题进行解答；体系问题不仅对世界史重要，就整个历史学科而言都存在有体系还是没有体系，要体系还是不要体系的问题。"[3] 涉及世界近代史的体系问题，有多位学者发表论文探讨。[4]

世界史体系的建立对世界近代史教学的重要性是不言而喻的。王泰先生指出：世界史学科体系之所以重要还在于它对当前中国的世界史学界而言，往下联系着教学，从大学历史系本科生的课堂到广大中小学历史课的课堂，甚至涉及为满足改革开放所需要的全民历史教育（这里着重指世界历史知识的普及）；往上则直接与从事世界史研究的专家学者的学术著述以及对外学术交流密不可分。[5] 他认为，吴于廑先生的整体史观、罗荣渠先生的现代化研究和彭树智先生的文明交往研究是我国新时期世界史研究的三大历史视野，也是中国学者为建构世界史研究中国学派具有代表性的研究成果。王郭书先生认为，国内目前通行的几种各有侧重的世界史观和世界史体系是：持有五种生产方式说的社会经济形态史观，世界史纵横发展整体史观，现代化史观，文明史观，一种新的关于环境和生态的史观。[2]

从学术研究与教材建设结合的角度看，自新中国成立来的社会经济形态史观以周一良、吴于廑主编的《世界通史》（四卷本）为代表。随着学术研究的深入发展，逐渐出版了各种新教材。用整体史观撰写的教材是吴于廑、齐世荣主编的《世界史》（六卷本），撰著者集合了国内世界史学界的名家学者，是教育部推荐教材，是教育部"十五"规划重点教材和"八五"国家重点书目，获国家教委优秀教学成果一等奖，当前在全国高校得到较普遍的使用。马克垚先生主编的《世界文明史》（三卷本）在 2004 年由北京大学出版社出版后，作为北京大学世界近代史课程的主要参考教材。其他史观和体系还没有普及到大学生课程教育，还没有完全落实于大学生世界史课程教材的编写中。

在世界史体的构建与世界教学中，有两个相互连带的问题需要很好地处理。一是世界近代史的主要内涵与中国在世界近代史中的地位问题。迄今为止，受社会经济形态史观的深刻影响，绝大多数教材普遍认为世界近代史是资本主义时代的历史。由于历史发展的差异性，地理大发现之后的五百多年来，欧洲一直处在历史发展的中心，其经济、政治、科学、文化力量深刻影响世界历史进程，是资本主义在西方上升、发展、向世界扩张并由之在全世界产生巨大影响和反响的历史。自然而然，世界近代史的主要内容是欧美地区的近代历史，其他非西方国家的历史相对比较简略。例如：在吴于廑、齐世荣主编的《世界史·近代史编》上册中，只有第一章第五节（16 世纪的中国和日本）、第二章第三节（17世纪初到 18 世纪中叶东方诸国的衰落）是欧美外的历史。下册内容只有第五章第四节（资本主义入侵下的亚非拉诸国）、第六章第三节（列强瓜分世界的狂潮与亚非拉人民的反侵略斗争）。这样一来，非西方国家的历史所占比重很小，内容非常简略。在世界近代史中，欧洲固然是历史发展的中心地带和主要力量，但对其他地区和国家语焉不详、简略带过。这种以欧洲为参照系考察其他地区和国家的历史的处理方法，仍然具有浓厚的欧洲中心论的色彩。

长期以来，在中国的学科体系和公众理解中，世界史成了排除中国史的外国史。中国世界史学科的建立得益于新中国成立初期"全盘苏化"的政策导向。出于意识形态的需要，中国在引进苏联的"外国史"之后，一方面接受了"外国史"的独立学科地位；另一方面，又给它冠以一个名不副实的称号"世界史"[3]。世界近代史也变成了排除中国近代史的外国近代史。这一学术的不规范产生了多方面的消极影响，多种世界近代史教材把中国排除在外。这既不符合世界历史的客观发展过程的事实和内在规律，也不利于世界史体系和教材建设。吴于廑、齐世荣主编的《世界史·近代史编》的特点之一就是将中国史融入世界历史，改变了过去世界历史排除中国史的状况。但是，第二个问题又随之出现。按学术界普遍的提法，中国近代史开始于1840年的鸦片战争，而这一内容在该教材的下册第五章第四节。此前所涉及的中国历史分别是16世纪的中国和明末清初的中国，属于封建社会的内容，早已包括在大学一年级的中国古代史的教材讲授中，中国史古代史与世界近代史在内容上显然有交叉和重复。或许世界近代史的中国史部分的角度有所不同，但一个内容、两次或两种表述本身就是体系的不完善造成的。

在高校的课程设置中，中国史与世界史两大通史是同时并行不悖的，中国史与世界史的通史教材的编纂体例都是编年体例，世界史的教材同一时期要兼顾中国和欧洲。中国古代史讲到1840年，与世界古代史的下限有300多年的距离，自然会出现交叉与重复。如果摆脱社会经济史观和编年体例的束缚，无论文明史观、文明交往史观还是现代化史观，就可以花开两朵，各表一枝，可以避免出现这样的现象。总之，不仅世界史应该包括中国史的内容，而且中国史部分不应该作为一个被简单处理的对象。这需要一个科学合理的世界史体系。

目前世界近代史教材中对欧洲历史、中国历史、非西方历史处理的偏颇与内容的重复是由于世界史体系问题造成的。对于世界史体系问题的关键，马克垚教授指出："我们的世界史体系是西方学者建立的，是根据欧洲经验得出的，其中有客观的一面，也有欧洲中心的一面。非西方国家和地区的史学，是学习西方史学后建立的，缺乏从自己的历史出发建立的理论。现在的世界史只有一种准世界史。编写一部真正的世界史，需要一个长期的过程。"[6]这一论断发人深省。科学的世界近代史体系的构建与完善的世界近代史教材编写需要一个漫长的过程和学者们长期艰辛的努力。

三、现代教育技术在世界近代史教学中的应用及相关问题

网络的普及把人们带入信息化社会。社会各个领域正全面而深入地运用现代化信息技术以促进社会的变革与进步。信息化社会的迅速发展带来了教育的信息化。教育信息化是指在教育过程中比较全面地运用以计算机多媒体和网络通信为基础的现代化信息技术，促进教育的全面改革，使之适应正在到来的信息化社会对于教育发展的新要求。[7]随着现代教育技术的进步与高校教学改革事业的发展，传统一支粉笔、一块黑板的灌输教学模式越来越凸现出手段的有限性和滞后性。

1999年以来，随着高校的不断扩招和教学资源的紧缺，为了通过深化教学改革提高教学质量，教育部成立了专门机构推动现代教育技术在高校中应用。2004年6月，在湖北武汉的华中师范大学召开了全国高校精品课程电子网络教学资源建设研讨会，人们逐渐认识到文科教学中应用现代信息技术的重要性、必要性、必然性和可行性。

　　在信息化时代，网络技术的发展应用为大学历史课程教学带来了多方面的契机与挑战。尽管世界历史教学和其他文科一样起步较晚，但迄今已经有长足的进展。根据南开大学马世力教授的观点，历史学科电子网络资源应用的目的是：1. 根据学生的认知规律和信息的关联性、整体性和多媒体化特点，创建复原历史过程的信息链。2. 通过电子网络资源，为学生提供足够多的学习资源，提供尽可能多的流派与观点，提供主要的理论与方法，提供高校的搜索引擎，提供更大的历史思考空间，为大学生的自主学习创造良好条件。3. 历史专业教学具有个性化的特点，历史认识需要互补和交流。通过网络电子资源，可以为学生提供学习讨论的合适论题，引导学生进行理性思考。利用留言板、电子邮箱、网络数学平台进行实时讨论。这就为学生构建了学术交流的平台。4. 促成历史认识的形成，介绍国内外学术前沿的最新成果，使对历史的个性化揭示与历史规律的理性认识相一致。5. 重视对网络资源的考证，注重信息的准确性、真实性、完整性和权威性。6. 重建学术评价体系，意在强调测评的教育功能，要重视题库的个性化与开放性。[8] 这些原则的确定与教育信息化的观点有助于加快知识更新速度，有助于培养学生的高级思维能力，有助于突破教育环境的时空限制以加强课堂与现实世界的联系。

　　全国各地高校纷纷进行以"精品课程"为目标的课程建设，新的教育理念与现代化的教育技术得到充分的体现与运用。山东师范大学、首都师范大学、湖南师范大学、暨南大学、绵阳师范学院等高校建成了"世界近代史"精品课程。

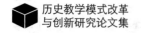

这些世界近代史精品课程内容丰富全面，一般设有课程网站、教学与考试大纲、教案、多媒体课件、作业习题、地图图片、参考文献、电子图书等一应俱全。

山东师范大学在世界近代史课程建设方面无疑走在全国前列。该课程有深厚的学术积淀，刘祚昌等著名学者多年耕耘，使之具有坚实的学术基础。该课程通过省部级的教改项目立项和研究，推动了世界近代史课程的现代教育技术的应用。目前，山东师范大学的世界近代史课程已形成了由纸质教材、辅助教材、配套教材、网络教学课件和多媒体教学课件组成的、完备的、立体化的系列教材，真正实现了史学观念和理论的更新、教学内容和课程体系的重构以及教学方法和手段的现代化。

上述这些成就在整体上推进了我国世界近代史课程建设与现代教育技术的应用，但仍然有几个问题要考虑：1. 资源的共享性与利用率问题。课程建设需要大量的资金和精力的投入，精品课程的建设更是如此。但如果每个学校都进行这种性质的课程建设自然会造成重复劳动与资源浪费，且不宜总体水平的提高。由于高校职称评审体制的问题，"科研是收入，教学是支出"的总体状况没有改变，这在客观上限制了在世界史课程建设上的足够投入。所以，分享已有的课程建设成果，是必要、可取的途径。先进学校的成果如何与众多兄弟学校共享，则涉及组织管理、利益分配和知识产权问题。这需要制定相应的规范和理顺相应的关系。2. 教师的技能提高与观念更新。社会的信息化加强了全球化的趋势，教育信息化进程加快，这对教师的知识结构和专业技能提出了更高要求。教育信息化的特征是数字化、多媒化、网络化、智能化，要求教师的职业技能要掌握基本信息技能，信息化教学设计能力，信息化理念、职业道德、伦理及信息化教学实施能力。[9] 现代化教育技术在世界近代史课程建设中的应用和作用越来越证明了这一点。所以，教师除了学术研究转化能力和传统的教学技能，还应该充分认识、积极学习和运用现代化教育技术。3. 大学生学习方式的转变与适应问题。新的教学模式需要学生的适应、配合与学习方式的调整。世界近代史课程建设从属于历史学课程设置，历史学课程设置是为历史学专业人才培养目标服务的。无论如何表述，现在高校基本都是要培养创新型、复合型人才，强调知识结构的合理性与实践操作能力。所以，各种课程的学习和其他学习活动占据了学生的大量精力，没有太多的课余时间来适应世界近代史课程设计。

综上所述，尽管世界近代史课程建设取得了重大成就，但在理论层面，仍然需要继续探索、构建真正的科学的世界史体系。在教材建设上，需要理论与技术层面的同步发展。在教育信息化日益发展的今天，世界近代史的课程建设在技术层面仍然具有很大的发展空间。

参考文献：

［1］马克垚：《大学历史教学浅谈》，《历史教学》2001 年第 1 期。

［2］王敦书：《略论世界史学科建设、世界史观与世界史体系》，《历史教学》2005 年第 4 期。

［3］钱乘旦：《以现代化为主题构建世界近现代史新的学科体系》，《世界历史》2003 年第 3 期。

［4］何芳川：《世界史和世界史体系》，《史学理论研究》2005 年第 3 期；俞金尧：《世界近代史是资本主义时代的历史》，《世界历史》2000 年第 6 期；杨和平：《世界近代史教学研究内容二题》，《历史教学》2002 年第 4 期；刘行仕：《对世界近代史有关教学问题的反思》，《历史教学》2002 年第 10 期；许永璋，于兆兴：《质疑世界近代史两种断限观点》，《探索与争鸣》2002 年第 3 期；许永璋、于兆兴：《世界近代史断限问题新探》，《史学月刊》2003 年第 1 期；王宇博：《我国世界近代史学科中的"现代化"体系》，《史学集刊》2003 年第 2 期。

［5］王泰：《中国世界史学科体系的三大学术理路及其探索》，《史学理论研究》2006 年第 2 期。

［6］马克垚：《困境与反思："欧洲中心论"的破除与世界史的创立》，《历史研究》2006 年第 3 期。

［7］祝智庭：《教育信息化：教育技术的新高地》，《中国电化教育》2001 年第 2 期。

［8］马世力：《历史学科网络电子资源的应用》，《全国高校精品课程电子网络教学资源建设研讨会》2004 年。

［9］祝智庭：《教育信息化：教育技术的新高地》，《中国电化教育》2001 年第 2 期。

（本文发表于《岭南师范学院学报》2009 年增刊，第 97—100 页，有删改）

本文作者：于卫青，岭南师范学院法政学院历史系主任、教授。

"问题教学法"实践探新

摘要：问题教学法是以提出问题、思考问题、讨论问题、解决问题为中心的课堂教学方法，具有主动学习、寓教于乐、学以致用的特点，符合人的思维和认知规律。由于问题教学法是双向式的教学模式，在实施中只有重视教师和学生两个要素，才能收到良好的教学效果。

关键词：问题教学法；实施路径；效果

现代教学论研究表明，从本质上讲，感知不是学习产生的根本原因（尽管学生学习需要感知），产生学习的根本原因在于问题的存在。没有问题也就难以激发人的求知欲，没有问题或感觉不到问题的存在，学生自然也就不会去深入思考，没有思考的学习最多不过是表层和形式的映像。古训说"学而不思则罔，思而不学则殆"就是这个道理。那么作为学生应如何处理"学与思"的关系？作为教师应通过怎样的途径帮助学生理清二者的关系，收到良好的教学效果呢？这一问题，长期以来一直是备受教育科学和教育工作者关注和探讨的话题，为此，研究者提出了各式各样的教学方法论，"问

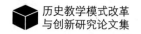
题教学法"就是解决上述问题极具有典型意义的方法。相对
于传统"填鸭式"教学方法而言,问题教学法无疑越来越受
到更多人的青睐,并逐渐为各级各类教育机构所采纳。但在
实际运用中,问题教学法时常会遭遇来自各方面的挑战,如
应试的挑战,评价体系的挑战,等等。故笔者拟就"问题教学法"
做些尝试性的探讨,以求教于同仁。

一、问题教学法的概念及本质

关于"问题教学法"学术界有多种表述,在此仅举几种
有代表性的观点。有人认为,"问题教学法主要是师生共同
参与和合作,解决一个具体的实际问题,以达到激发学生思
维和培养学生解决实际问题能力为目的的一种教学方法。"[1]
也有人偏重用过程来表述它,指出"问题式教学方法要求在
教学过程中,把每一讲的内容提炼出若干问题,或者采取设
问的方法讲授,或者采取讨论的方式实现教学的目的"[2]。
更有人直截了当地认为,"问题式教学法就是以提出问题、
分析问题、解决问题为线索,并把这一线索始终贯穿于整个
教学过程"[3]。近年来,一些学者将问题教学法表述为探究
引导教学模式。

由此可见,问题教学法的核心是以提出问题、思考问题、
讨论问题、解决问题为线索,并在这一线索的指引下完成教
学任务的教学方法。问题教学法要求在教学过程中,首先,
教师提炼并提出若干问题;其次,由学生带着问题自学教材,
理解问题;再次,在教师的引导、启发下,学生根据对教材
的理解和以往知识的积累讨论问题;最后,教师根据学生对

问题讨论的实际情况来点评问题，使学生对问题的理解得到进一步的升华，从而使学生掌握教学内容，以达到教学目的。

就问题教学法本质而言，它是一种符合人的思维和认知规律的科学教学法，在教学方法上的最大特点是集讨论、讲授、启发等方法于一身，在师生的互动中，引导、帮助学生处理好"学习与思考"的关系。它是推进素质教育，全面提升学生创新能力的重要途径。

问题教学法从其心理机制看属于探究性，使用这种方法时，学生掌握的知识不是教师直接提供的，而是教师引导学生去发现的。因此，它有利于激发学生的思维活动，调动学生的学习积极性；有利于培养学生的独立思考和语言表达能力。

从形式上看，问题教学法是一种双向式教学，这其中既有教师的思考过程（如问题设计、预设目标、预期效果等），也有学生的思考过程（思考问题、查阅资料、归纳表述、解决问题等）。这与常规灌输式的单向教学法实有极大差别。有人曾做过两种教学方法的实验，实验结果表明，接受问题教学法的学生其主动思维能力明显增强，测试成绩也优于灌输式教学。

通过对问题教学法实质的简单梳理，不难发现它有很强的实践意义，对其实施路径的分析无疑是十分必要的。

二、问题教学法实施路径分析

问题教学法作为教学理论早已被提出，且有着长期的实践，其意义和作用不言而喻，甚至有人认为它已成为教学理

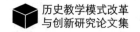
论的常识。恰恰是看来已属常识的问题，在实际运作中却最易被忽略。那么究竟采取怎样的路径才能有效地实施？

前文已提到，问题教学法的核心是围绕"问题"而展开，形式上又是师生间的双向互动，这就决定了问题教学法的实施至少应涵盖教师和学生两个方面的因素。

我们先来看教师对实施路径的选择。

1. 教师教育理念的更新是实施问题教学法的前提。既然问题教学法是一种课堂教学模式，因此，从理论角度上看它具有普遍性指导意义。无论哪一级承担教育任务的学校，也无论教育模式经历了怎样的变化，如果没有教师教育理念的更新和思想的认同，再好的教学论都将成为无源之水。目前，中学正在进行新课改，笔者认为其中最大的改革首先应是教育理念的转变，其次才是与之配套的是课程体系、评价体系的改革。众多高校也在不断探讨相关的问题，尤其是大学生思想相对活跃，知识信息摄取量大，问题教学法的导入更能挖掘学生的潜力，提高学生技能和增强核心竞争力。

2. 问题教学法对教师提出更高的要求，教师能否达到要求是顺利实施的关键。国外学者认为，提问是教学法的核心，是促进思考和学习的有效手段之一。问题教学围绕问题展开教学，基本排除了与问题无关的知识和信息，其功能偏重于能力的培养，特别是分析问题和解决问题的能力。一个价值较高问题的提出源于教师对教材的熟练程度，更源于教师对知识理解的深度和广度。只有这样，才可能使课堂教学形成"提出问题—分析问题—解决问题—再提出问题……"的过程链。要真正落实问题教学法，教师不仅要有高度的责任感和使命感，更要有不断更新的知识体系和知识结构。从情景设计到预设目标等一列过程均需要有丰富知识做支撑。

3. 弹性、宽松的教学管理是实施问题教学法的保证。传统的教学管理相对是封闭的，压抑人的个性发展，现代教学管理极富弹性和开放性，能够焕发青少年学生的激情。在教学管理制度的制定和教育决策的过程中，要强调学生的参与，提倡学生自治和自我教育，让学生在参与过程中学会思考问题。

我们再来看学生对实施路径的影响。从根本上讲，问题教学法实施的主体是学生，他们能否发现问题、分析问题和解决问题是顺利实施问题教学法的基础，而隐藏其间至关重要的则是问题意识的培养。

1. 问题意识。在教学实践中，很多教师发现，学生们虽然思想活跃，绝大多数却缺少问题意识。主要表现为：不擅于发现问题，不擅于提出问题，不擅于界定问题，不擅于表述问题，不擅于解决问题。常常觉得无"疑"可质，无问题可提。

造成这种状况的重要原因，在于教师未能摆脱传统教学思想的束缚，往往只注重知识的传授，而忽视创新素质和创新能力的培养。当然，知识的传授是必不可少的，学生要能够提出高质量的问题，必然以一定的科学知识积累为背景。问题在于我们由此走向了另一个极端，即把传授知识看成了唯一的目的，忽视了对学生的创新素质和创新能力的培养，这势必导致学生质疑精神和问题意识的减弱。

问题教学法的导入可以弥补这一缺陷。通过师生之间、

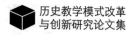

学生之间平等的对话交流，自由讨论和争论，激发学生的思维，引导学生大胆质疑，勇于发现问题、提出问题，帮助学生逐步形成对事物进行深入思考的能力。笔者曾饶有兴趣地对部分全国高考状元进行过了解，结果发现，这个群体最大的特点即是有良好的问题意识，他们总能发现别人不经意的问题，并通过各种途径来解决问题。这显然是对问题教学法的最好诠释。

2. "傻瓜的围墙"的突破。日本著名作家、脑科学专家养老孟司曾通过实验表明，人们在认识事物过程中表现出自我性，也就是说，对自己不想知道的事情，人们会主动地隔断信息。这个过程中存在一堵墙，被称为"傻瓜的围墙"[4]。学生在学习的过程中有没有人为隔断信息的情况呢？相信大多数学生的回答是肯定的。不管是小学、中学还是大学，总会遇到自己不太喜欢甚至是讨厌的科目，怎么办？在传统教学方式下，也许可以蒙混逃避过去。倘若教师使用问题教学法则情况会截然不同，情景设计、多方设问、多层次回答、逐个回答让你根本无法躲闪，时间久了，这堵围墙自然也就不存在了。

三、问题教学法的效果与分析

西方哲学史上有个著名故事，在剑桥大学，维特根斯坦是大哲学家穆尔的学生，有一天，大哲学家罗素问穆尔："谁是你最好的学生？"穆尔毫不犹豫地回答"维特根斯坦。""为什么？""因为在我的所有学生中，只有他一个人在听我的课时，老是流露出迷茫的神色，老是有一大堆问题。"后来维特根斯坦的名气超过了罗素。有一次，有人问维特根斯坦"罗素为什么落伍了？"他回答说"因为他没有问题了"[5]。没有问题了，没有思考了，当然也就不会再有创新了。

教育部师范司副司长袁振国曾在《人民教育》2001年第4期发表一篇题为《问题与答案哪一个更重要》的论文，深入浅出地论述了创新能力与问题意识的关系，继而指出创造性并不神秘。这种求异思维的冲动和能力，可以说是人人都有、与生俱来的天然禀赋，是人生下来能够适应各种环境的天然保障。它与人的智力水平并不是简单的正比例关系，而与文化习惯、教育影响相联系。要培养和发展学生的创造力，首先要保护和发展学生的问题意识，进行问题性教学。

在知识经济时代，知识的创新关系到国家的兴衰，知识的创新取决于人的创造力，创造力的源泉在于学会思考。而实施"问题教学法"就是培养创新精神和创造性思维的一个有效途径。

问题教学法融传授知识、培养能力、提高素质为一体，是培养学生自学能力的捷径。这种方法在调动学生的主动性和积极性方面有它的巨大优势，它调动了学生独立思考问题的积极性，使学生的独立意识增强，依赖课堂、教师的惰性减弱；活跃了教学气氛，使学生在与教师思想交流和理论观点的碰撞中获得真知。

如果我们把教学看成是一门艺术，那么问题教学法则如一支行云流水的画笔，是它描绘了一幅美丽的画卷，当我们置身于画卷中感受美、体验美和享受美的时候，相信这对每一位制造美的人都是至高的奖赏。

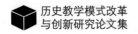

历史教学模式改革
与创新研究论文集

参考文献

[1] 谢利明、郑百伟：《现代教学基础理论》，上海教育出版社，2003 年版，第 187 页。

[2] 王立仁：《道德修养课问题式教学模式研究》，《思想教育研究》2001 年第 2 期。

[3] 于晶莉：《马克思主义哲学课问题式教学法初探》，《中国冶金教育》2000 年第 3 期。

[4]（日）养老孟司：《傻瓜的围墙》，天津人民出版社，2004 年第 3 版。

[5] 张焕庭：《西方资产阶级教育论著选》，天津人民出版社，1991 年版，第 412 页。

（本文发表于《岭南师范学院学报》2009 年第 4 期，第 143—144 页。）

本文作者：景东升，岭南师范学院法政学院历史系副主任、教授；张离平，岭南师范学院离退办副主任科员。

将微信作为大学课堂教学的延伸

徐孝明

内容摘要：微信是新型的信息传播与交流软件，具有普及率高、即时便捷、交互共享等特点，这些特点有助于其在大学历史教学中的应用。微信增加了学生获取知识的途径与容量；加强了教师与学生的交流与沟通，有助于教师对学生的了解进而推行因材施教；培养了学生的自主性学习和多方面能力，实现更好的教学效果。

关键词：微信；教学；信息；交流；讨论

网络尤其手机互联网具有的即时便捷性、交互共享性、开放性、协作性和自主性等特点，非常适用于延伸大学课堂教学，将课堂延伸到课外，从而打通课堂内外，补充课堂教学相对有限的教学内容。微信以手机网络为载体，其显著的便捷性、交流的高时效性和推送内容的丰富性与高精确性对补充大学课堂教学具有无可比拟的优势。本文将对这一教学实践进行考察。

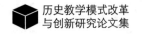

一、微信作为教学媒介的功能特点

微信作为近年新兴的信息传播平台，因其众多优势，如操作简单、方便灵活、交流快、普及率高、资费低廉以及较高的兼容性等特点，受到了越来越多人群尤其是大学生的喜爱，利用它扩展教学内容，延伸教学过程的条件已经成熟。

1. 微信具有的即时便捷性、交互方式的多样性、信息传递的精准性特点有利于教学的延伸。

微信是一款借助智能手机的即时通信服务软件，其信息发送兼有同时性与异时性特点，其信息的生成、传递和接受可以通过语音、文字、图片、视频等方式来传播，它支持群聊与LBS(Location Based Services，基于位置的服务)功能，其高效和多元化的信息传递有利于教学内容的传递与教学效果的即时反馈。

微信的课外教学延伸体现在移动学习上，即打破课堂教学对时间、地点的限制。利用微信的便捷性、移动性、高使用率以及信息互动多样化等特点，教师可以将文本、图片、音频、视频等多种适合移动学习的材料通过微信平台发给学生，学生则可以利用碎片化的时间，在某一特定空闲的场合随时掌握自己想学的知识，使学习不受时间、地点的制约。[1]

2. 微信提供的通信功能(语音、文本交互)、社交功能(群聊)和平台化功能(订阅推送、内容分享)，有利于解决传统教学中师生交流不足的弊端。在通信功能上，微信提供了一个功能完善的信息交流渠道，它可以发送文本、图片、语音和视频信息。在社交功能上，微信支持的实时对讲、多人群聊、视频通信提高了通信效率，降低了沟通成本；通过群聊功能可方便地构建学习小组，促进师生间的交流；而微信的语音信息支持功能更便于发挥朋友圈的交流功能。在平台功能上，微信提供的微信公众号便利了信息的大规模传递，微信平台已经具备了一个完整应用程序功能的运行机制。[2]

微信提供的点对点和点对面的传播方式既可以帮助师生选择一对一沟通，也可用群聊功能进行一对多的沟通。"现代教育交往的一个显著症候是师生之间的面对面、直接言语的交往在减少，而传输文字符号、图片、图表、图像信息等的间接交往形式在增加"[3]。微信就是这种交往方式的体现之一。学生在学习过程中可随时通过微信给教师以文本和语音形式留言提问，在师生问答中实现交流互动。而师生一对一的对话可确保私密性，使师生交流超越纯知识的传递，还包括精神情感层面的交流。微信的这两种沟通方式能够为教师与学生建立一个有效沟通的桥梁。

微信交流具有的便捷性、高时效性及内容推送的丰富性和消息推送的精准性使其在拓展教学上具备了技术条件。

二、微信用于教学的操作

1. 根据需要建立以班、年级或社团为单位的微信群，同时群内学生与教师互为好友。组建微信群的目的之一是便于师生答疑解惑。微信答疑打破了传统课堂提问答疑的时间、地点限制，大大增加了师生交流活动的方式和机会。利用微信可以是一对一和一对多的交互功能，教师在答疑时既可是非开放的，也可是开放的。布置和开展问题讨论是组建微信

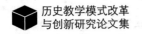

群的另一重要目的。教师可以定期就课堂教学内容设立一些有难度的议题让学生在课外查阅资料后在微信群中参与讨论。在讨论中，由于参与者需要事先查阅资料或临时补充新的信息，这样的讨论往往各方观点鲜明，信息得以充分交流，既提高了讨论水平，也使真理越辩越明。

讨论期间教师一般不必频繁点评学生的发言，必要时适时引导和启发，讨论结束教师可以根据需要进行总结。这种较深层次的讨论能够活跃学生的思维，了解他们对该问题的理解程度，还可掌握学生的知识储备与结构。教师的主要职责是纠正个别学生的语气、用语，掌控讨论的进程和气氛。一些复杂的问题，在学生讨论结束后，有时也根据情况应学生的要求发表自己的看法，但强调这只是一家之言，不表示一定正确学生必须接受。这种讨论增加了参与者的智慧，也增进了师生互动和感情交流，还能帮助教师深层次了解学生的知识结构和思维方式。为鼓励学生积极发言，教师还可以把微信发言讨论作为平时成绩考核的参考。

同时，可利用微信上交作业。由于微信可以通过图片、语音传递信息，因而，学生还可以将作业拍照后以图片形式上交教师；口语类作业则可以录音形式上交。这种作业上交形式方便快捷，还节约了成本。

2. 设立微信公众号，通过公众号汇集本学科一些经典文章向学生定期推送。网络时代知识信息十分丰富，更新极快，各种资讯真假难辨，良莠不齐，低年级学生在如此丰富的资讯中容易迷失，难于做出选择，教师在海量的信息中择取一些有价值的文章通过微信公众号推荐给学生，将为他们搜寻、判断、选择信息节省大量时间。推荐文章可以本学科为主，但不局限于此，也可包括能增强学生人文素养和完善其知识结构的其他学科类文章。另外，收集并整合各类教学资源，如书籍、文章、媒体音像等，通过微信平台供学生查询。为了督促学生的课外阅读，还可不时就推荐的一些重要文章组织讨论。为了鼓励学生写作，创立的公众号可以适当发布个别学生的优秀文章。

3. 利用微信获取学生关于教学的反馈，进而实现改进课堂教学的目的。获取信息反馈是教学中必不可少的环节，它是检验教学效果的有效方法，有助于师生及时调整教与学。获取反馈的方式可以通过微信，以教师、学生的主动提问或者教师布置讨论题浏览学生的微信发言来实现，从中找出教学中的问题及学生未达到学习目标的原因。为避免学生由于遇到的问题得不到解决而丧失学习的热情，教师获取反馈信息后应及时调整教学方法以帮助学生顺利完成课程内容的学习，更好地完成教学目标。

利用微信延伸课堂教学应注意的事项：1. 虽然强调微信在教学的重要意义，但不能以牺牲传统课堂教学质量为前提，仍应坚持以课堂教学为主，把微信的讨论交流和信息推送作为课堂教学的重要补充，不能以后者取代前者。2. 应充分关注学生的微信讨论，当讨论在微信中难以进一步深入时，应适时在课堂上或另辟专门时间由教师予以补充和总结概括。3. 在公众号发布的信息与文章应以帮助学生能独立地选择和判断信息，有助于学生形成完善的知识体系和能够独立思考为最终目的。提供微信公众号资讯的目的是拓宽学生的知识

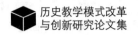

面，从而形成自己的知识结构体系，培养对信息的独立判断能力，因此，提供的文章与信息力求以多元、客观和全面为原则，帮助学生初步形成学术论文写作能力的基本知识结构。

三、微信用于教学的意义

将微信作为教学媒介对于大学课堂教学有诸多意义。

1. 微信有利于促进学习者获取更全面的资讯和锻炼多方面的能力。微信实现了将网络资源适于移动学习的整合，对现有网络学习资源进行抽取、转码、整合，然后再推送到移动交互平台。由此，微信既充分利用了原有网络资源，又解决了平台资源的来源的问题，这种新的学习媒介向学习者提供了多样化的学习选择。[4] 由于课堂教学内容相对有限，通过微信平台推送的各类信息极大地补充和丰富了大学生的学习资讯，从而使学生获得更多的知识信息，一改以往单独依赖课堂教学由教师单方面灌输的不足。课堂之外，学生通过微信的语音、视频群聊功能展开的交流，既可提高其语言表达能力，又可活跃人际关系，使用文本发送则提高了学生的文字表达能力。教师布置的正式讨论实现了信息的交流，思想的交锋，有助于得出理性结论，培养了学生的语言表达和思维能力。

2. 微信打破了以教师为中心的单向教学模式[5]，增加了师生的交流与互动，加强了师生之间的情感沟通，进而提高教学效果。高校传统课堂教学普遍存在一些不足，如强调了教师的主导作用时，忽略了师生的课堂交流；课堂形式过于统一使差别教学不容易实施。[6] 这种"缺乏精神层面交往的教学方式"[7] 既影响了教学信息的传递，也影响了师生的情感交流，制约了教学效果。微信有助于实现师生间的混合式交互，通过其问题答疑与集体讨论增加了师生间的了解与联系，较好地弥补了传统课堂教学师生交流之不足。密切交流互动的增加使得学习者能更多地参与教学环节，其学习动力明显增加。

3. 微信有助于教师对学生全面而深刻的了解，使因材施教有了切实可行性。教师通过微信能更加了解学生的各方面情况，各自兴趣之所在，其优势与特长，并根据学生个体情况制定相应的个性教学方案，提供个性化的学习支持，从而提高教学质量，甚至对其学术兴趣加以引导。[8] 对学生的全面了解还有助于对学生的评价更立体、全面和客观，弥补当前高校普遍存在的对学生知识与能力评价普遍单一化的弊端。

4. 教师组织参与学生讨论并及时提供更全面的资讯，能避免学生因信息不对称导致思维的狭隘和片面化，进而引导他们更全面理性对待不同的观点。由于大学生掌握的信息相对不足，知识结构相对单一，对一些复杂问题所持观点容易陷于片面。教师提供的丰富背景讯息有利于训练学生看待问题持客观理性的观点，不走极端，从而将学生塑造成健全的公民。

微信所具有的便捷性、交互性特点使其在高校教学中能够很好地补充传统课堂教学的不足。利用微信的优势与传统课堂进行有效整合，形成新的"主导与主体"相结合的教与学并重的教学模式，可以实现更好的教学效果。当然，利用微信延伸大学课堂教学在一定程度上增加了教师的工作时间

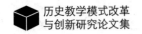
和强度，在没有相关的配套制度措施下大规模开展有可能流于形式，目前还仅限于个别教师。

参考文献：

[1] 白浩、郝晶晶：《微信公众平台在高校教育领域中的应用研究》，《中国教育信息化》2013 年第 4 期。

[2] 王萍：《微信移动学习的支持功能与设计原则分析》，《远程教育杂志》2013 年第 12 期。

[3] 吴全华：《现代教育交往的缺失、阻隔与重建》，《教育研究》2002 年第 9 期。

[4] 孟凡力：《基于微信公众平台的移动学习空间构建研究》，《现代教育技术》2014 年第 10 期。

[5] 袁磊：《微信支持下的混合式学习研究》，《中国电化教学》2012 年第 7 期。

[6] 强连红：《浅论高校历史教学中传统课堂教学与网络教学整合及措施》，《黑河学刊》2014 年第 9 期。

[7] 曹砚辉：《当前高校师生关系存在的问题及解决对策》，《教育探索》2012 年第 3 期。

[8] 朱学伟：《微信支持下的移动学习平台研究与设计》，《中国远程教育》2014 年第 4 期。

本文作者：徐孝明，岭南师范学院法政学院历史系副教授。

历史教学中的情感教育与和谐社会的构建

曹广金

摘要：情感教育作为一种新型的教育方式，对于提高被教育对象的思想道德水平，对于构建社会主义和谐社会起到非常重要的作用。作为情感教育一个重要依托的学科 —— 历史学科 —— 在教学过程中能更好地起到促进构建和谐社会的作用。

关键词：历史；情感教育；和谐社会

情感教育作为一种新型的教育方式，对于如何提高各个学科的教学质量，对于提高被教育对象的思想道德水平，目前都还处于探索和研究阶段。不过已经有众多的学者在这方面已经取得了一定的成就，特别是对于我们历史学科来说更是这样，但在这些已经取得的成就中，学者们关注的重点是如何把情感教育运用到教学中以提高教学质量，以及对学生成长的影响，虽然已有相关论述，但不够深入，而对于情感教育的另一个重要的作用，即情感教育的社会影响力或社会效应却很少被关注。目前，我国正在提出以"构建和谐社会"为主题的社会主义现代化建设，而教育作为国家事业的根本，

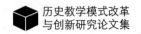

历史教学模式改革
与创新研究论文集

更应该发挥其巨大作用。因此本文就围绕教育中的一个方面，即历史教学中的情感教育对构建和谐社会的作用进行论述。

一、教育与和谐社会的构建

和谐社会的构建是方方面面的，社会主义物质文明、政治文明、精神文明是构建和谐社会的主要内容，对于文明的传承和建设，无疑是要通过教育来进行，也就是说，教育在构建和谐社会方面承担着基础性的作用，因为无论什么样的社会，也无论什么样的价值理念，都要通过人来规划、制定和实施。而"教育作为一种社会实践活动，它的直接对象是人，而不是物质产品或精神产品"①。教育通过一定的手段和传媒等载体对人产生根本性的影响，正如一位学者所说："教育是社会环境的一部分，但它是社会环境中的特殊的一部分，教育（特别是学校教育）在人的身心发展中起着主导作用。"可见教育对于人的培养是至关重要的一环，这也直接影响到和谐社会的构建。构建和谐社会与社会主义精神文明建设密不可分，作为社会主义精神文明建设的重要组成部分，教育成为构建社会主义和谐社会的一项重要工作，也是树立和落实科学发展观、全面建设小康社会的内在要求。

人的全面发展是构建社会主义和谐社会的基本条件。要构建一个和谐社会，就要加强对个体人的教育，因为我们知道，社会是由人构成的，一方面，人是社会中的人，人作为社会

①沈壮海：《教育学导论》，武汉大学出版社，2005年版，第29页。

48

活动的主体，人的本质力量对象化的过程，既是人自身的发展过程，同时又是社会不断生成和发展的过程；另一方面，社会是人的社会，它既是人的本质力量对象化的结果，同时又是制约人自身进一步发展的重要条件。正是在这种意义上，马克思把人类社会的发展看作是"一本打开了的关于人的本质力量的书"，把人类历史看成是不断地"追求着自己目的的人的活动"。①构建社会主义和谐社会必须致力于人的全面发展。马克思主义认为，人的发展是"人以一种全面的方式，也就是说，作为一个完整的人，占有自己的全面的本质"②。培养一个心态健全、人格高尚的人，使之树立正确的世界观、人生观和价值观，是学校应承担的社会责任。这需要通过长期的情感教育来实现的。

二、历史教学中的情感教育与和谐社会的构建

1. 情感教育在教育中的作用

情感教育是教育过程的一部分，它关注教育过程中学生的态度、情绪、情感以及信念，以促进学生的个体发展和整个社会健康发展，通过在教育过程中尊重和培养学生的社会性情感品质，发展他们的自我的情感调控能力，促使他们对学习、生活和周围的一切产生积极的情感体验，形成独立健全的个性与人格特征，真正成为品德、智力、体质、美感、

---

① 《马克思恩格斯选集》第 2 卷，第 118 页。
② 《马克思恩格斯选集》第 42 卷，第 123 页。

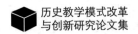
劳动态度及习惯都得到全面发展的有社会主义觉悟的有文化的劳动者[1]。情感教育之所以能在教育过程中对人的教育发挥至关重要的作用，是因为情感教育的多种独特功能分不开。情感教育不仅能提高学生的学习效率，促进学生的智能发展和良好的学习习惯，而且，对学生的道德情操的陶冶起着非常重要的作用[2]，这也是情感教育在教育中体现其作用最明显的一点。

另外，我们还要看到，由于情感教育在教育中的缺失而导致很多以自我为中心、孤僻自闭、感情极端、焦躁易怒等现象，这在社会、校园中并不少见，一项调查显示我国儿童、青少年有行为问题的检出率为12.97%，有焦虑不安、恐怖和抑郁情绪等问题的大学生占学生总数的16%以上，有时可能更高[3]。由此而引发的青少年行为异常、犯罪等情况时有发生，如在成都一座高压电力输送塔突然拦腰倒塌，事故造成直接经济损失200余万元。倒塌原因竟是电塔底部被人偷走了68块钢条，而下手的竟是9个未成年的孩子！出现这种情况的主要原因是在教育过程中缺乏人文精神教育，特别是情感教育。没有能够使学生学会怎样做人，怎样与自然、人和社会和谐相处。从而给社会带来了不稳定的因素，这是与构建和谐社会不相容的，因此加强教育过程中的情感教育

①鱼霞：《情感教育》，教育科学出版社，1999年版，第16页。
②沈壮海：《教育学导论》，武汉大学出版社，2005年版，第136页。
③ http://www.sina.com.cn

是教育自身的发展，是教育为构建和谐社会所作的工作的一个重要部分。由此我们不难看出，情感教育是构建社会主义和谐社会的必然要求。

2. 历史教学中的情感教育推动着和谐社会的构建

情感教育体现在学校各学科的教育体系中，各学科对于情感教育都发挥着重要作用，但历史学科在这方面则更具有优势，对于推动和谐社会的建设更有积极作用。

情感教育在历史教学中具有独特优势。历史学科属于人文学科的范畴，凡是人类社会所具有的情感在历史学科中都有所体现，而且其本身是一门丰富多彩包罗万象的社会科学，有大量的蕴含情感因素的历史事件、人物和恒言警句。另外，历史现象的多变性和多面性又能激起学生情感的多彩性和丰富性。如班超从戎，立马横刀，使人产生豪迈之情；苏武"吞毡饮雪，手执汉节十九年不降"的傲骨；陶潜"不为五斗米而折腰"的气节，使人产生敬慕之情；蔡文姬归途中心酸的哀歌，使人产生悲切怜悯之感。特别是中国近代史上可歌可泣的历史事件，中国革命坎坷征途，中国共产党推翻三座大山的悲壮历史，都是激发学生爱国主义思想情感的好材料。表面上看我们的历史教育是回顾性的，可一旦赋予过去的历史以情感教育的灵魂，历史教育却是最具有前瞻性的。所以有人把历史教学称之为最智慧的教育，最活生生的教育。可见，在历史教学中实施情感教育不仅有可行性，而且具有得天独厚的优势，并且历史学科在加强爱国主义情感教育，加强精神文明建设上具有其他学科不可比拟的地位和作用。

历史教学中的情感教育有助于学生心理的成熟。历史教学中的情感教育就是教师在课堂上向学生展示绚丽多彩、波澜壮阔的历史画卷；讲述娓娓动听、引人入胜的历史故事；传递深刻精辟、赋予意境的哲理，刻意引起学生的兴趣，点燃学生的热情，启发学生的联想。历史教学过程中加强对自然、对人类自身的科学认识有利于形成良好的个人心境和积极的情感，发展个性，开发创造性思维。同时，还有利于培养勇气面对挫折和失败，克服惰性。人最难的是自己（主体我）认识自己（客体我）。自我是认识的主体，又是认识的客体，要自己全面认识自己、客观评价自己，就要打破自我封闭，拓宽生活范围，增加生活阅历，扩展交往空间，积极参加活动，扩大社会实践。这样的一个人对于和谐社会的构建是非常有益的。

历史教学中的情感教育有利于培养健康的、积极向上的情感。历史学科以它自身理论的科学性，史实的真实性以及内容的客观性，在道德情感领域的教育中，赢得了得天独厚的优势——真挚、感人、可信。它不是用说教的方式强加于人，而是通过具体形象的人物和事件去感染熏陶人，正所谓细雨润物，在潜移默化中使人的爱国主义情感得到滋润和升华，这对学生人格的形成具有独特的作用。而这正是我们构建社会主义和谐社会所必需的。

总之，历史科学是培养学生爱国情感的重要途径和形式。只有对祖国历史的了解，对现有国情的认识，才能培养他们的爱国之情，确立报国之志，成为建国之才，实践效国之行，树立民族自尊心、自信心和责任感，形成爱国的热情和深厚的感情。这才有利于和谐社会的构建。实现社会和谐，全面建成小康社会,这对于推进党的建设工程、实现中国特色的社会主义具有长久的指导意义。只要我们始终坚持把历史教学中的情感教育作为构建社会主义和谐社会的生命线。充分发挥其特有作用和功能,在中国特色社会主义的伟大实践中,"和谐社会"的理想将变成现实。

本文作者: 曹广金,岭南师范学院法政学院历史系副教授。

课堂教学与大学生课外阅读的关系

—— 从岭南师范学院历史系学生借书情况谈起

彭展

摘要： 调查分析发现，历史学本科生课外阅读量普遍减少，所借书籍涉及面窄，借书的种类和上课的关联度大。原因是多方面的，包括填鸭式教学模式的延续、传统考核方式的限制、教师自身素质的影响等，针对这种情况，要改革课程设置，增设导读课程和相关选修课，改变传统教学模式和考核方式，培养学生的"历史感"。

关键词： 教学；课外阅读；课堂教学；大学生

阅读是人类特有的最普遍、最持久的学习方式，课外阅读对大学生的世界观、人生观、价值观起着重要的导航作用，是大学生学习的一种重要方式。近年来高校大规模扩招，加上市场经济的影响，学风下滑趋势明显，尤其是地方院校。大学生课外阅读量在减少，这一现象受到学界关注，各学科学生的表现又有差异性，本文主要探讨历史学本科生的课外阅读问题。历史学是一门综合性的学科，阅读要求较高。由于受社会各方面的影响，历史专业本科生课外阅读量普遍减少，造成视野狭窄，专业基础不扎实。课外阅读对丰富学生的知识、扩展学生视野、培养敏锐"史感"，具有重要作用。巢湖师范朱定秀《新课程背景下的高师历史专业学生的经典阅读》[①]阐述了经典阅读对高师历史学生的重要性，安徽大学孔利君《当前大学生阅读现状及原因探讨》[②]调查了曲阜师大历史学院的阅读情况并且分析解决方法。本文将根据岭南师范学院历史系学生借书情况的分析，阐述教学与学生阅读的关系，进而提出一些通过教学改善学生阅读现状的建议。

一、本科历史专业学生课外阅读的现状分析及主要影响

笔者根据图书馆提供的资料，调查了岭南师范学院历史系各年级在读本科生 2009 年一整年的课外阅读情况。岭南师范学院历史系 2009 年上半年的学生包括 2005 级四个班 219 人、2006 级四个班 201 人、2007 级四个班 191 人、2008 级四个班 234 人，共 16 个班，845 人，根据各班人数的多少，采用了分层抽样法对各年级人数的 20% 进行抽样调查，共抽取了 171 位学生；2009 年下半年，2005 级同学毕业，2009 级学生入学，其他年级同学又有休学、复学、转专业等原因，

①朱定秀. 新课程背景下的高师历史专业学生的经典阅读 [J]. 上海历史教学问题，2007，(01):94-96.
②孔利君. 当前大学生阅读现状及原因探讨 —— 以曲师历史文化学院为例 [J]. 长春: 才智，2009(03):200.

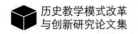

人数有所变动，其中 2006 级和 2007 级人数总数保持不变、2008 级增为 236 人、2009 级新生六个班 283 人，共 18 个班，911 人，同样采取各班各年级的 20% 进行统计，共抽取了 181 位学生。

第一，总的借书情况由表推出以下几点。

2009 年总体借阅情况如下表：

年级	时间	学生总数（人）	抽查人数（人）	抽查的借书量（本）	人均借书量（本）	K 类图书（本）	其他类（本）	K 类所占百分比(%)	K 类人均阅读量（本）
2005	上半年	218	44	903	20.52	344	559	38.10	7.82
2006	上半年	201	40	1057	26.43	439	618	41.53	10.96
	下半年	201	40	1023	25.56	417	606	40.76	10.43
2007	上半年	191	39	839	21.51	423	416	50.42	10.85
	下半年	191	38	1079	28.40	554	525	51.34	14.58
2008	上半年	234	48	2032	42.33	911	1121	44.83	18.98
	下半年	236	47	1232	26.21	663	569	53.81	14.11
2009	下半年	283	56	1252	22.36	573	679	45.76	10.23

由上表可以看出：

1. 目前历史专业本科学生课外阅读量普遍较少。在 2009 年上半年中，人均借书量最少的是 2005 级学生，抽查 44 人，总借书量 903 本，平均每人借书 20.52 本，按照上半年 6 个月来计算，平均每人每月借书 3.42 本，每周读书不到一本。在 2009 年下半年中，人均借书量最少的是 2009 级学生，抽查 56 人，借书总量 1252 本，平均每人借书 22.36 本，平均每人每月借书 3.73 本，每周读书不到一本。上半年中，人均借书量最多的是 2008 级，抽查人数是 48 人，总借书量 2032 本，人均借书量是 42.33 本，平均每人每月借书 7.06 本，每周借书 1.76 本，这也是 2009 年全年中人均每周借书量最高的数值了，人均每周借书不到 2 本。此外，通过与学生交流，很多学生借来的书往往束之高阁，到了还书日期才发现根本没看，只得又还回去。因此，在原本借书量不大的基础上，所借书籍又未必翻阅，得出当前历史专业学生课外阅读量较少。

2. 所借书籍涉及面窄。根据中文图书分类方法，K 类属于历史地理类，I 是文学类，G 是文化、科学、教育、体育类，D 是政治、法律类，B 是哲学、宗教类，H 是语言、文字类。除了 Q、S、W、X、Y 几乎无人借阅外，其他种类均有涉及，在 2009 年一年抽查的学生中，据统计，借阅量排在前十名的分别是 K 类 4188 本、I 类 2111 本、D 类 721 本、G 类 716 本、B 类 575 本、H 类 252 本，F 类 191 本，C 类 169 本，J 类 115 本，A 类 84 本。其中，排在前五名的图书借阅量相对较大，之后明显减少。

据徐雪琴《从学生借书需求看我馆的藏书建设》一文，A，B，C，D，E，F，G，J，K 同属于社科类书籍，I 属文学类，H 属外语类。[①]我院学生借阅图书排在前十名的全属于社科类和文学类、语言类图书，其他的综合类和理科类图书涉及非常少。

---

① 徐雪琴：《从学生借书需求看我馆的藏书建设》，《甘肃中医学院学报》2000 年。

由此推出学生借阅图书的动机。一是专业性倾向较强。K 类图书高居借书种类榜首即可说明这点。上半年，从 05 到 08 级抽查学生的人均阅读量分别为 20.52、26.43、21.51、42.33 本，K 类的人均借阅量依次为 7.82、10.96、10.85、18.98 本，K 类所占借阅比例依次为 38.10%、41.53%、50.42%、44.83%。下半年，年级人均阅读量从 06 级到 09 级分别为 25.56、28.40、26.21、22.36。K 类的人均借阅量依次为 10.43、14.58、14.11、10.23 本，K 类所占借书比例依次为 40.76%、51.34%、53.81%、45.76%。阅读与所学专业有关的书籍，阅读目的明确，是青年学生提高专业水平、完善专业素质的一条重要途径。二是阅读呈现出消遣性特征。除 K 类书籍外，I 类图书明显高于其他类图书，位居第二名。这点可能与 I 类图书属于文学类，内容丰富有趣，易于阅读，且不用考试有关。另外大学生正处于心理迅速走向成熟而又未达到真正成熟的特殊时期，文学作品源于生活又高于生活，具有"浓缩社会"的特征，对心理渴望迅速成熟的大学生来说，无疑是其社会化的速成教材。三是借阅图书的功利性倾向。借阅图书专业化比较强。K 类图书借阅量较大以及 H 类图书借书排在第六名，G、D、B 类图书又有部分属于教育史、政治史等，与历史专业关联度大，说明当前学生借书受专业限制和影响较大，H 类图书学生借阅大多是英语类，与当前大学英语四、六级考试，考研英语等不无关系。

第二，借书的种类和上课的关联度大。在当前历史专业本科生的课程设置中，中国通史、世界通史是主干课程，也是基础课程，通常在大一大二开课，根据统计，上半年中，K1 类图书占 K 类借阅总数的 10.82%，K2 占 42.56%，K8 占 27.73%，K3—K7 占 13.13%，K9 占 4.73%，K0—K09 占 1.04%；下半年，K1 类图书占 K 类借阅总数的 16.58%，K2 占 42.55%，K8 占 27.23%，K3—K7 占 8.52%，K9 占 4.08%，K0—K09 占 1.04%；K2，K8，K1 分别属于中国史、历史传记、世界史，数据所占比例相差不大，反映了不同年级学生借书种类的趋向性相近，并明显高于 K3—K7，K9 等类书籍，正好说明课程和教学对学生借书种类和内容的影响。此外，在上、下半年中，K2，K8，K9，K0—K09 所占比例惊人地相似，也可推断学生借阅图书受教师教学推荐书目的影响较大。

学生课外阅读的图书与课程表的关联度大。如上半年 08 级学生上课科目是中国古代史、世界古代史和历史要籍，有一段时间内学生同时借阅唐代相关书籍或明代、清代的相关书籍，下半年 08 级所上课程是中国近代史、世界近代史和考古学概论、广东地方史等课程，学生所借图书中国近代史明显较多。

课外阅读有助于学习成绩的提高。例如，在抽查的学生数据中，2009 级所借 K 类图书排在第二名的是历史一班方××同学，在 2009 年下半年中，所借 K 类图书有 21 本，其中关于 K1 类的有 15 本，K2 的有 6 本，期末中国古代史和世界古代史成绩分别是 92 分、83 分，平均 87.5 分。再如，2008 级在 2009 年一年里所借 K 类图书最多的是历史二班赖××同学，达 84 本，两个学期专业课有 5 门，其专业课成绩平均分是 88.2 分。

第三，借书个人的分析。笔者与各年级随机抽取 20 名学

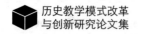
生进行深入访谈和调查，来辅助了解和说明目前历史专业学生课外阅读状况，及其与课堂教学的关系。

首先，阅读受教师课堂引导推荐的影响较大。大多数学生反映，图书馆图书浩如烟海，不知应借何书，借书存在较大的盲目性，45%的学生会选择教师课堂上推荐和提及的书目，15%的学生借书与教师布置的课堂作业有关，也就是有60%的学生借阅图书是在教师教学的直接影响下读书的。一方面，说明了教师在引导学生进行有效课外阅读方面发挥着积极作用，另一方面，也说明大多数学生还未形成个人读书习惯，还未形成按照专业和兴趣爱好主动阅读，是较为被动地去读书，还未形成基本史观和个人见解。

其次，读书的效果和质量受教师课堂教学的影响大。部分学生表示，通过课堂讨论和发言可以强化读书效果，激发课下读书的兴趣和积极性。笔者多年从事一线教学，曾探索学生在不同教学方式中的上课效果。在试行由教师给出讨论题目，学生自主读书，课堂发表看法的探讨激发式课堂上，发现这种模式学生听课效果较好，大多数学生能够认真听课，但在发表个人见解上，只有个别学生积极参与，而且出现每堂课都是那几位学生发言的现象。这种现象与只有部分学生认为课堂讨论可以强化读书效果相契合。针对这点，教师要切实负起责任，应将重点放在激发更多学生参与课堂，形成主动阅读的习惯。

最后，阅读时长较短和阅读习惯有待养成。55%的学生每天用于阅读的时间是 1～2 个小时，30%的学生阅读时间少于一小时，仅有 15% 的学生阅读 2 小时以上，且阅读内容多是教科书。用于上网的时间多于课外阅读的时间，大部分学生每天上网 2～3 小时，也有部分同学，兼职时间较长，客观上也减少了读书时间。在时间分布上，开学初，努力学习的劲头较足，随着学期中第二课堂活动的增加，以及四、六级，计算机，普通话等等级考试较多，借阅量和借阅后读书的质量下降，期末考试期间，更是呈直线下降趋势。

在阅读习惯上：大部分的同学不做笔记，没有形成做笔记习惯，认为做笔记是浪费时间，减慢了阅读速度。随着时间的推移，遗忘率很高，上课教师提及时，有那么一点模糊的印象却不能很好再现，等到再用时却很难找到。这在毕业生写论文时表现得极为明显。导致了整体上阅读质量和效果较差。喜欢看现成理论结论的书较多，看原始史料的少，易接受前人观点，缺乏思辨能力，知其然却不知其所以然。

85% 的学生借书后未读完一本书。有的学生选择在网上阅读，有的学生从图书馆借来的书只阅读简介和目录部分。在阅读动机上，大部分学生阅读是为了拓展知识和个人的兴趣，一部分为了提高自身的修养，陶冶情操。在阅读种类上，一是为了考级、考公务员以及备课选用一些较为实用的书目，二是为了完成教师布置的作业。

由上可知，当前大学生的借书现状不容乐观，阅读的广博性远远不够。读书仍旧停留在专业书籍的借阅上，借书主要是为了与课堂教学相适应，以及课堂作业的布置和考试考出好成绩上，难以成为当前社会需求的综合型高素质人才。

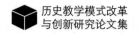
二、本科历史专业学生课外阅读现状的原因分析

是什么导致了历史学本科生课外阅读量普遍减少、涉及面逐步变窄？通过分析，笔者认为有以下几方面原因。

1. 填鸭式教学模式的延续。一方面，目前很多初中、高中还没有改变填鸭式教学模式，题海战术仍然占主导，大学生在这种应试教育下成长，没有养成自己主动学习的习惯。在这种教学模式下，学生只知道呆呆地听，而未充分发挥课堂的主体作用，学生处在被动地接受知识的地位，而不是通过课堂教学，进一步激发阅读的兴趣和爱好，这在学生写课程论文和毕业论文时，体现为抄录模仿较多，独立思考较少。另一方面，很多高校教师喜欢讲授现成的结论，学生总是被动接受，导致他们对学习内容有隔膜感，懒于开动脑筋积极思考，教师没有起到引导和引领学生阅读的作用，没有充分调动学生主动阅读、探求未知的积极性，更谈不上质疑精神的确立。部分教师上课严重缺乏史料分析，而学生认为资料繁多，尤其是古代史料阅读起来较为吃力，对历史学习只是浅尝辄止，缺乏思考和思辨的能力，因此读课外书的动力受到打击。

2. 从专业角度来看，传统历史学科学习和考核方式严重限制了学生主动学习的积极性。学生在校期间，接触的只是一大堆教科书，为了考试过关，每天硬着头皮跟着教师上通史课，反复记忆的和考试考核的都是那些枯燥的时间、地点、人名、事件等。本来生动的历史却被教条的记忆遮蔽了，更没有多少思考的空间留给学生，以至出现专业学习疲于应付，厌学、弃学现象甚而有之。

3. 受很多专业课教师自身素质的影响，特别是有些青年教师自身读书面就很狭窄，而学生读书的种类和内容又容易受课堂教师的影响，因此直接影响了学生的阅读习惯的培养和阅读内容的广博性拓展。此外，由于科技的发展，每年图书的总量在不断增加，很多学生不知读何书，辨别能力差，教师导读显得尤为重要，也体现了课堂对学生阅读的影响。历史专业教师课堂引导学生阅读的力度不够，学生主动进行课外阅读的积极性不高。笔者经常被学生问到应读哪些书，怎么去读等问题，说明学生尚不知怎样以增加课外阅读的方式来促进专业知识的学习与巩固，没有养成读书习惯。

4. 学生阅读的功利性增强。历史学是冷门学科。在社会转型时期，受到了空前的冷落和冲击，与社会上追逐经济利益的冲动相适应，历史"无用论"观点盛行，学生学习积极性普遍低沉，学生踏实学习的不多，即便读了很多书，专业知识扎实，也不一定能找到待遇好、社会地位高的工作，无疑加重了学生不愿读书的现状。此外，历史学专业就业面相对狭窄，需求量不多，加上近几年大学生扩招严重，增加了就业难度。历史专业学生在学校学习过程中，不能像其他（计算机、英语）学科一样能够有较多的兼职机会。因此，受社会发展影响，近几年历史专业学生的专业思想稳固性差，很多学生入学不久就想转专业，或者跨专业考研究生，考其他一些证书来增加自己的砝码。

此外，受地方高校藏书量的影响，很多经典的书和新近出版的书不一定收藏，也是影响学生阅读的原因之一。一些

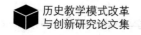
地方高师院校第二课堂活动普遍繁多，学生参与活动多了，从时间分配来讲，自主学习的时间就会大大减少。网络的普及和人机交流的互动性，趣味性远远优于看书，造成很多同学情愿网上阅读或上网聊天也不愿翻开书本，造成学生借书、买书的积极性下降。例如我校某学院有个"名著导读"活动，专门由学校学院知名教授引领学生读书，很多教授推荐给学生读的名著，但很少有学生真正地去买书、读书。

三、通过教学促进学生课外阅读的途径和方法

作为历史专业本科生，除完成课堂的学习任务外，应以大量的课外阅读来补充专业课的学习，为了改变这种现状，作为专业教师，笔者认为主要应从以下几方面做起。

调整和改革课程设置。历史专业毕业生大多去各地担任中学教师，目前中学正在试行推行新课标，着重培养学生的创新能力，大学也应根据新课程的要求，调整和改革课程设置，有针对性地培养学生，而不应固守几十年的培养模式不改变，否则，中学教育都在进行探究性学习的培养模式，大学教育反而落伍了。

大学历史课堂应该是教师导读课程。专业课教师应综合运用讨论法等不同教学手段和方法，激发和鼓励学生读书。教师要充分发挥课堂在引导学生阅读中的积极作用，教师只讲提纲，列出阅读书目，让学生自己去阅读，去发现问题，然后讨论学习，多留给学生思考的空间。并应适当调查发现，很多学生更喜欢此类课堂，学生的积极性和主动性能够体现出来，学生是通过阅读而思考，由思考而掌握的知识更扎实、

牢固，此类课堂注重了学生理解分析能力的提高，而非学生识记能力。同时，优化考核方式，按照学生的上课表现和读书笔记情况作为学生的成绩考核。

增设有关阅读的选修课，培养历史专业学生的"历史感"。要开列历史专业学生必读书目清单，内容涉及历史、文学、哲学、艺术、宗教等领域的原创性经典，引导学生在阅读中与思想大师对话，充分发挥教师引领课堂和引导学生阅读的桥梁作用。朱定秀先生也提出"增设一些理论方法的研究课程，如原著导读、经典选读等"[①]。课外阅读是培养高校历史学专业学生"历史感"的必要途径和手段。所谓历史感，就是在历史知识和历史文化积累的基础上，适应人文科学发展规律要求的对历史大局及细枝末节的自我感知力与洞察力，对高等学校本科历史专业学生而言，历史感是必须而重要的。[②]可见，历史感是学生在读书的过程中不断悟出来的，而不是上课听来的，更多的是需要学生的自我能动，多看勤思。因此，历史专业课教师要把握好角色，充分发挥引导学生进行有效阅读经典的积极作用。教师有责任和义务教给学生如何有效读书，培养学生自觉阅读的能力和习惯。此外，教师个人知识水平要不断提高，与时俱进，用个人魅力去影响和感化学生追求卓越和追求真知。

---

① 朱定秀：《新课程背景下的高师历史专业学生的经典阅读》，《历史教学问题》2007年第1期。
② 朱季康：《"历史感"与本科历史学专业教育》，《高教论坛》2009年第9期。

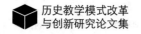
　　教师要充分利用网络的优势拓展课堂教学。教师自己注意收集电子书，方便学生阅读，与时俱进，跟上学生成长的步伐。同时，利用博客、QQ聊天和QQ空间、E-Mail等加强与学生的沟通，引导学生阅读、评论，随时掌握学生的阅读情况。

　　在课程的考核上，专业教师要多用功。考试是学生学习的指挥棒，就平时成绩而言，注重学生上课的发言积极性和质量，平时学生所交的论文以研究型学习为导向；期末考试，出一些研究性的题型，减少记忆性的比例，给予学生按其所学自由答题的空间，激发学生的思考，各抒己见，不设标准答案，以免导致千篇一律。

　　充分利用闲暇时间阅读。平时注重实现第二课堂和第一课堂的无缝对接，围绕第一课堂，以良好的学风激励学生自主阅读。如开展名著导读、读书沙龙，学生读书报告会等。做好假期学生阅读的引导。假期是个读书的好时期，没有课程和其他活动干扰，时间相对充裕，如能做好假期阅读引导工作，效果事半功倍。

　　课堂是学生学习的中心，也是主导学生课外学习的方向盘。历史学专业学生受方方面面原因的影响，借书量减少，借书面狭隘，大大影响了历史本科生的学习质量。作为高师院校，应该深刻反思，改变课程设置，改进授课方式，维护学生的主体地位，通过改善考核方式，注意利用网络拓展课堂，引导学生多读书、读好书。

参考文献：

[1] 朱定秀：《新课程背景下的高师历史专业学生的经典阅读》，《历史教学问题》2007 年第 1 期。

[2] 孔利君：《当前大学生阅读现状及原因探讨——以曲师历史文化学院为例》，《才智》2009 年第 3 期。

[3] 张岚、戴建陆：《1988—2008 年大学生课外阅读行为变迁》，《图书馆杂志》2009 年第 12 期。

[4] 黄晓斌、林晓燕、刘子明：《数字媒体对大学生阅读行为影响的调查分析》，《图书情报工作》2008 年第 2 期。

[5] 潘洪建、魏游、环蓉：《大学生阅读：现状与对策》，《扬州大学学报 (高教研究版)》2009 年第 5 期。

本文作者：彭展，岭南师范学院法政学院历史系讲师，中山大学博士生。

向应用型转变的普通高校课堂教学侧重刍议

—— 以岭南师范学院人文社科专业的教学为例

兰教材　安倩岚

摘要： 为了适应普通师范大学向应用型高校转变的形势，岭南师范学院课堂教学侧重也要有所变化。人文社科专业学生的说和写的技能决定了其未来的工作和发展。为了提高学生说和写的技能，教师在课堂教学中应结合专业课，适当增加如何讲话和作文的内容，并为学生提供说和写的机会。

关键词： 应用型；课堂教学；技能

2016 年 6 月，广东省教育厅等三部门联合出台《关于引导部分普通本科高校向应用型转变的实施意见》，将一批普通本科高校，试点转变为应用型本科高校，岭南师范学院为试点院校之一。

面对学校的转型及普通师范院校大学生以即将饱和的中小学为主要求职领域的就业竞争的压力，作为培养学生最重要环节的课堂教学亦需要作出一定的调整。关于高等院校传统课堂教学模式存在的问题、如何提高课堂教学质量以及课堂教学评价机制的构建等相关研究非常多，本文在岭南师范学院向应用型本科高校转型之际，结合岭南师范学院的实际情况，针对人文社会学科的课堂教学提出一些建议。

岭南师范学院作为老牌本科师范院校，一方面所设专业大多为师范类，学生毕业后工作去向一般为中小学校或其他教育培训机构；另一方面，岭南师范学院还有一些的非师范专业，而且未来随着向应用型方向的转变，非师范专业将越来越多。这些专业的学生未来的职业范围非常广泛，既有朝九晚五的上班族，也有独立自主的创业族。但是，对人文社科专业来说，不论是师范专业还是非师范专业，衡量学生培养是否成功的一个重要标准是其说和写的能力，所以培养、提高学生说和写的技能将对他们未来的工作和人生起到不可估量的作用。笔者认为，通过改变课堂教学的内容可以实现这两项技能的提高，而且由于岭南师范学院大多学子与其他重点师范大学的多数学生相比，自主学习的能力较弱，教师在课堂的教学就尤为重要。

一、利用课堂教学，结合专业，提高学生讲话的技能

讲话的技能，对于师范生而言，首要的是讲课技能；对于非师范生而言就是讲话，包括一个人的讲话和两人或多人的谈话。无论是讲话还是讲课，一般包括所讲内容、语言表达及其他技巧。无疑，教师的有效指导能使学生的这些技能有质的飞跃。对于专业教师而言，可以利用课堂教学从以下几个方面入手提高学生的讲话技能。

1. 师范专业的教师在课堂教学中适当结合中小学教科书

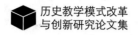

进行讲授。

以历史专业为例，许多圈外人士认为历史就是讲故事，或者学习历史只是需要记忆力好，因为历史就是大量的时间、地点、人物和事件的意义等。实际上，历史不仅充满了精彩的故事，更是学说理、重推论、讲逻辑的地方。业余人士对历史的误解很大程度上与应试教育之下中学历史教师的讲课有关，所以对于教授历史专业的学生未来如何做一个合格的历史教师影响深远。

在现实生活中，许多师范生在大学四年级教育实习之前很少有公开讲课的经历，到了大四要试讲时突然面对中小学教科书中粗线条的描述往往无所适从，不知道如何讲解书中的内容，结果导致许多"新教师"要么毫无逻辑的简单重复书中内容，把本来充满趣味和推理的历史讲成了干巴巴、枯燥无聊的条条框框；要么脱离教科书，讲一些经不起考证推敲的八卦野史。要改变这种现象，需要专业教师在课堂教授专业课时拿出一点时间，结合中小学教科书对学生进行指导，建议学生若在中学讲授相关主题的内容时如何分析讲解教科书中的内容。比如，笔者在讲解美国史中的罗斯福新政时，会建议学生在中学讲课时，可以从美国自由放任的传统讲起，在这方面有非常多的有趣的例子，然后再讲解罗斯福新政的主要内容以及罗斯福面临的反对，这样不需要多加解释学生自然会明白罗斯福新政的重要意义。

2. 在课堂教学中结合专业教学适当增加如何讲话的内容。

人文社会学科的专业课有大量优秀讲话或演讲素材，教师在讲课的时候可以有意针对谋篇演说或某个著名讲话进行分析，让学生了解其讲话如何展开叙述，如何说理，如何辩难，细心揣摩其奥妙之处。比如，法学专业的教师可以分析著名律师的经典辩护词，分析英美法系中律师对证人的交叉盘问技巧。历史专业的教师可以探讨古今中外历史上的著名对话、谈判和演讲，如 1787 年美国制宪会议期间众多精英针对一些问题的辩论，中国历史上著名的君臣对话。商学院的教师可以讲解当代著名经济学家关于各种经济问题的辩论和演说。文学院的教师可以研究文学史上的各种论战或大文豪之间的经典对谈。

当然，语言表达的改善和提高并非一朝一夕所能完成，但是若每门课的教师都能在课堂教学中投入一定的时间带领学生学习如何讲话、如何上课，每个学生都能潜心学习苦练，假以时日，大多数学生最终会有所收获。

3. 在课堂教学中为学生讲话或讲课提供充分的机会。

传统课堂教学模式基本为教师一个人的舞台，学生很少有机会登台表演。在这样环境下学习的很多学生基本没有在公开场合说话的经历，毕业找工作时突然被推到讲台上试讲，或在面试官面前即席演讲，可想而知对这方面天分本来就不高的众多学子来说，表现不佳也就毫不奇怪了。因此，每门专业课的教师在课堂教学的过程中，留出一定的时间，尽可能为每个学生提供讲话或讲课的机会，并对学生的所讲作出点评，肯定其优点，指出其不足，并提出解决不足的方法，会对学生说话能力的提高起到非常重要的作用。

笔者在这方面做了初步尝试。笔者所开设的西方政治制度史课程虽然是针对历史专业学生的一门选修课，但其许多

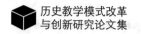

内容是中学历史教科书的必修内容，学生在求职时很容易抽到相关题目作为试讲内容。为此，笔者占用课堂 5 至 10 分钟和课间 10 分钟的休息时间，要求每位学生针对西方政治制度史中的任一问题作 5 分钟的专题讲解，以此锻炼培养学生不同层面的能力。

首先，从内容开始。内容新颖有趣而且准确无误，讲课就成功了一半。所以在讲课时要求学生按照这个标准搜集材料，并说明其所讲内容来自何处，借此帮助学生学会查找材料，知道哪些材料属于权威，哪些材料是基本可信的，哪些材料的引用要慎重，哪些材料需要鉴别比较才能分辨真伪。其次，帮助学生取舍材料。在有限的时间内，面对纷繁庞杂的材料，哪些讲、哪些不讲，哪些重点讲、哪些简单述及，学生往往难以恰当的把握，需要教师帮助学生进行简单的分析。最后，内容和材料确定后，如何用生动活泼的语言通俗易懂地讲解材料，也是讲课成败的关键。多数学生在讲课时往往读事先写好的讲稿，不知道如何把书面语转换为口语，笔者会给他们推荐一些关于同样的内容却写得轻巧灵动的文章或专著，若有名家的讲课视频或音频也会一并让学生观摩学习，研究名家如何用引人入胜的语言表达同样的内容。

教师在课堂上帮助学生学说话、学讲课包含的内容很广，上面所讲只是其中的一部分。虽然每个教师风格不同，但是若岭南师范大学每位教师都能在课堂上结合专业知识的讲授充分帮助学生学讲课、学说话、学说理、学逻辑、学做人，那么岭南师范大学的学子将在说的能力方面有一个大的提高。

二、利用课堂教学，结合专业，提高学生的文字技能

作为大学本科毕业生，将来无论从事什么工作，不可避免面临各种需要下笔写的情况。就笔者的有限接触到的情况来看，岭师一些学子的文字能力非常弱，写出的文章没有条理，没有章法，需要加强文字能力。笔者以为，可以从两方面来培养学生的文字能力。

1. 在课堂教学中结合专业课加大对名家名作讲解的比重。

人文社会科学的任何专业、任何课程都涉及名家名作，这些经典名篇是教师向学生讲解如何写文章的绝佳素材。所以教师在课堂讲授专业课程时可以利用各种机会向学生讲解名著名篇如何立意、如何构建框架、如何展开论述、如何遣词造句。比如，对法学来说，教师可以针对一些著名案件分析不同层级法院的经典判词是如何分析证据、确认事实、解读和运用法律的。对经济学来说，教师在讲解经济理论分析经济现象时，可以引导学生探讨著名经济学家针对同样社会现象却做出不同结论的文章，分析他们是如何推理的，差异在什么地方，为什么会出现差异。对历史学和文学来说，可以作为范文供学生学习的文章更是数不胜数。

通过教师们的大量讲解，使学生逐渐窥得文字的奥妙，具备鉴赏文章的能力，能分辨品评文章的优劣，知道什么是上乘之作，知道哪些文章可以反复阅读，然后研究经典文章的用词变化和推理论证，揣摩其风格，为自己的写作积累素材，打下基础。

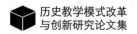
2. 教师不断要求学生练习做文章并对其提出修改意见。

当前专业教师在授课时，一般会要求学生做一篇学术小论文作为期中或期末作业，这对学生练习做文章起到了一定的督促作用。但是普遍存在一个问题，学生交了论文后就把自己的文章抛诸脑后了，教师除了给学生的文章打一个分数外一般也没有任何反馈意见，学生不知道其文章存在什么问题，不知道如何改进，结果在接下来的文章写作中同样的问题仍然反复出现。

为了使学生的写作水平有所提高，专业教师对于所布置的学术论文除了应该给每个学生有反馈意见之外，还应在课堂上把学生文章中存在的普遍问题向全体学生指出来，这样学生在此后的写作中才能尽可能避免不应该出现的问题。

具备了写作学术论文基本素养的学生，对于与实际操作相关的应用文写作的程序步骤也会了然于胸，为学生写各种应用文打下了基础，无形中拓宽了学生的就业选择面。公共史学的兴起就是一个很好的例子。美国 20 世纪六七十年代兴起的公共史学学派，利用历史学训练技能的方法，借助其他学科的训练方法，拓宽历史学专业学生的就业技能，为政府部门、公司企业、新闻媒体、社会团体和博物馆等社会各领域输送了大批历史专业毕业的人才。[①]

---

① 王希:《"谁拥有历史——美国公共史学的起源、发展与挑战"》，载《历史研究》，2010 年第 3 期。

三、要求学生精读相关专业领域的经典作品

说好和写好的基础是大量的知识储备，否则说出的话和写出的文章可能会空洞无物，肤浅空乏。积累知识的最佳方式就是多读书。通过阅读，一方面可以扩大知识面，提高判断力和理解力，另一方面也可以知人阅世。

在欧美的知名大学里，学生的阅读任务通常很重，教师在上课时一般会根据学科专业的发展情况和学生的能力精心安排一份阅读书目。以牛津大学为例，由于每门课学生每周都要交一篇三四千字的论文，所以学生通常需要阅读几十万字的文献。[①]鉴于岭南师范学院藏书量和学生的情况，一周阅读十几万字的文献也是比较困难的，对于大多数学生来说，可以一两周精研一本书，若能长期坚持，阅读量也是可观的，而且精读对学生写作技能的提高所起的作用更显著。

总体来讲，岭南师范大学向应用型高校的转变对多数人文社会学科来说影响较大。转型要求教师改变传统教学模式，积极调整教学侧重，甚至调整研究方向，拿出部分精力和时间围绕学生未来的工作所需要的技能展开教学和科研。

本文作者：兰教材，岭南师范学院法政学院历史系讲师；安倩岚，岭南师范学院校长办公室副科长。

[①]卫建国：《"英国大学以学生为中心的优质教学探析"》，载《高等教育研究》，2016 年第 10 期。

科研成果在教学中的运用①
—— 以法国大革命分期研究成果与教学为例

曹广金

摘要：世界史上具有深远影响的法国大革命一直以来是史学界研究的一个重点，而对于大革命的分期研究又在这一研究领域具有非常重要的地位，并且取得丰硕的成果。虽然其中分歧较大，但已经达成一些共识，从而推动了对法国大革命的研究，同时也给历史教学带来了新的机遇和挑战，在教学中应改变那些不符历史发展规律的分期划分，应吸收新的研究成果，同时增加一些史学理论的新内容，从而促进法国大革命的历史教学。

关键词：法国大革命；分期；成果；教学

我们在历史教学中，经常遇到一个非常重要的问题就是有关历史事件的分期问题。因为对历史事件的分期的正确把握，将有助于我们更好地理解和科学地认识历史事件的发展

①本文是 2012 年广东省高校教学质量与教改工程专项项目：世界近代史课堂教学模式的改革与创新（编号：00030at）的阶段性研究成果。

历程和脉络，以及这一事件发展的历史必然和逻辑结果，有利于我们正确地总结和阐释历史的经验教训、发现规律，这历来是史学家们研究讨论的重点。

法国大革命在世界史上具有深远的影响。对资本主义制度在世界范围内的确立，对资产阶级政治文明的发展等都起到了非常重要的作用。因此对法国大革命的研究一直是史学界研究的一个重点，我国学者更是在这一领域内做出了极大的贡献：新中国成立至今，据不完全统计，我国学者出版有关法国大革命历史研究的译著、专著有 100 多部，发表译文、论文 800 多篇，是整个法国史研究中成果最丰硕的领域之一。[1] 而其中对于法国大革命分期的研究也是众多学者关注的一个热点和重点，是争议比较多的一个问题，并且取得了不同的研究成果。

一、法国大革命分期研究的成果

1. 有关大革命的上下限的划分：

我国史学界对于法国大革命的上下限的研究和划分经历从整齐划一到百花齐放的局面。最初史学界对法国大革命的上限的界定是 1789 年 7 月 14 日巴黎起义，持这一观点的学者主要有王养冲、刘祚昌、吴于廑、齐世荣、刘宗绪等。①目前，我国的众多世界近代史教材都是采用这样的划分。除此以外，

---

① 王养冲：《关于资产阶级大革命分期的若干问题》，《历史学》1979 年第 4 期；刘祚昌：《世界近代史若干问题》，《山东师院学报（哲学社会科学版）》1981 年第 2 期；吴于廑、齐世荣主编：《世界史（近代卷）》，高等教育出版社，2001 年第 2 版；刘宗绪主编：《世界近代史》，北京师范大学出版社，2004 年第 3 版。

还有两种不同的划分；"国民议会成立"说，即 1789 年 6 月 17 日法国资产阶级成立的国民议会开始夺取政权应视为大革命的上限。如林贤报等的《略谈法国大革命分期问题》（《福建师大学报》1980 年第 1 期）。另外一种是"三级会议召开"说。如廖士虎在《关于法国大革命开始的时间问题》（西南民族学院学报 1983 年第 1 期）一文中认为，1789 年 5 月三级会议的召开应视为大革命的开始，因为革命的根本问题是政权问题，从开始夺取政权到取得政权是一个过程，而资产阶级在三级会议召开时就开始了夺取政权的斗争。

关于大革命下限的划分同样也有不同的认识和划分：（1）"热月政变"说认为 1794 年 7 月 27 日的热月政变是法国大革命结束的标志。如刘祚昌《世界近代史若干问题》（《山东师院学报》1981 年第 2 期）。这是早期一些学者的看法。（2）"雾月政变"说，即 1799 年 11 月 9 日的雾月政变是大革命结束的标志。这一部分的著作有：张芝联主编的《法国通史》（北京大学出版社 1988 年版），张泽乾的《法国文明史》（武汉大学出版社 1997 年版），吴于廑、齐世荣主编的《世界史》（近代卷）（高等教育出版社，2001 年第 2 版）等。（3）"拿破仑帝国建立"说，即认为 1804 年 12 月 2 日拿破仑帝国的建立作为法国大革命结束的标志，如麻光炳的《论拿破仑帝国的历史地位》（贵阳师院学报 1980 年第 4 期）。（4）"拿破仑退位"说，即以 1814 年至 1815 年两次退位时期为法国大革命结束的标志。如王养冲的《关于法国资产阶级大革命分期的若干问题》（《历史学》1979 年第 4 期）和《法国大革命史》（东方出版中心，2007 年），林贤报等的

《略谈法国大革命分期问题》（《福建师大学报》1980 年第 1 期），刘宗绪主编的《世界近代史》（北京师范大学出版社，2004 年第 3 版）。（5）"七月革命"说，即将 1830 年七月革命作为大革命结束的标志。如康德民的《关于法国大革命结束标志的再探讨》（天津师大学报 1992 年第 1 期），作者认为，革命是夺取政权并建立本阶级的稳固的政治统治，而七月革命正是法国资产阶级建立本阶级对全社会的政治统治的这样一个重大事件。[2]

2. 关于大革命的分期

由于对法国大革命的上下限的不同划分，从而对法国大革命的分期就必然有不同的划分。目前主要有以下四种划分：（1）三阶段说。这主要是早期的学者的划分方法，即君主立宪时期、共和政体时期和雅各宾民主专政时期，如王荣堂的《十八世纪法国资产阶级革命》（上海人民出版社 1984 年版）等。（2）五阶段说。如张泽乾的《法国文明史》（武汉大学出版社 1997 年版）一书认为历时十年的法国大革命可划分为君主立宪派统治时期、吉伦特派时期、雅各宾派时期、热月党人时期和督政府时期。[3]（3）六阶段说。如王养冲的《法国大革命史》（东方出版中心，2007 年）一书认为法国大革命的分期"应该以封建王权的削弱和毁灭、新的政治体制的出现和演变作为标志"[4]据此把大革命依次划分的六个时期：君主立宪派、吉伦特派、雅各宾派、热月党督政府、执政府、拿破仑帝国。这一分期反映了大革命过程的复杂多变性。目前这一观点已经为我国大多数学者所接受。（4）三时期说。如马生祥的《法国大革命的分期划段问题》（《历史教学》

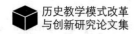
1996 年第 12 期）一文就将法国大革命划分为革命沿上升路线发展时期（1789.7.14—1794.7.27）、巩固革命的资产阶级胜利成果时期（1794.7.27—1820.6.20）和自由贵族和资产阶级重新革命时期（1820.6.20—1830.7.29）。

二、如何结合实际情况将研究成果融入教学中

法国大革命分期研究的成果，为法国大革命的教学提供了新鲜的内容，同时也给它提出了挑战。如何结合实际情况将研究成果融入法国大革命的教学中，充实课堂教学内容，拓展学生思维，提高学生的研究兴趣和能力，是一个尚待解决的问题。这里可能涉及这样几个方面。

第一，改变较为传统的对法国大革命分期的认识，引入较能符合历史发展逻辑、说明历史事实的研究成果。目前还有一些教材采用较为陈旧的法国大革命的分期的观点即三阶段说。三阶段说是受当时苏联的教条的阶级分析方法的影响而一度流行的。但这一分期只是以"革命是阶级激烈对抗"的理论来揭示大革命夺取政权的经过，却不能完整地展现法国大革命夺取政权、巩固政权和通过本阶级的政权统治全社会以维护本阶级利益的复杂而曲折的过程。因此，在教学中应将目前已为大多数学者接受的研究成果讲解给学生。例如，王养冲的法国大革命分期六阶段说为我国大多数学者认可，引入这一分期方法，有利于我们更好地把握法国大革命发展的脉搏，感受法国大革命波澜壮阔的画面，理解法国大革命的全员参与的特点。如果掌握和了解了这一问题的研究成果，就能让我们很好地驾驭课

堂，从而提高教学质量。

第二，如何引入法国大革命分期研究成果。因为在众多的教材中没有就此问题进行明显的分期论述大革命的进程。这样恰恰说明了这一问题的复杂性、重要性以及在这一问题上的分歧性是很大的。这样给我们的教学就带来了挑战。如何引入及如何介绍是一个较为棘手的问题。笔者根据多年的教学经验和实践认为，首先是将大革命的基本史实讲解完以后，这当然是有意识地就大多数学者认可的分期逻辑去讲解。再回头对大革命的分期进行讲解。在学生掌握了基本知识的前提下的讲解就有利于学生接受。同时也能拓展学生的视野和思维，促进学生进行思考，使学生认识到革命的阶段性、曲折性和复杂性及其发展的必然性，从而为以后的教学打下基础，培养学生的历史思维和客观的辩证的逻辑思维。

第三，在教学中，应适当增加对史学理论的介绍。目前在世界近代史的教学中，介绍和引用西方史学理论和研究成果比较多。增加对西方史学理论和研究成果的介绍，对提高我们教学水平很有帮助。因此，把法国大革命分期研究成果的引入和相关的理论相联系，更有助于我们理解对这一问题研究的必要性和重要性。

参考文献：

[1] 楼均信：《五十年来中国的法国大革命研究》，《历史研究》2003 年第五期，第 181 页。

[2] 赵文亮：《八十年代以来我国学者对法国大革命的研究》，《法国研究》2000 年第 1 期，第 73 页。

[3] 张泽乾：《法国文明史》，武汉大学出版社，1997 年。

[4] 王养冲：《关于资产阶级大革命分期的若干问题》，转引赵文亮:《八十年代以来我国学者对法国大革命的研究》，《法国研究》2000 年第 1 期，第 73 页。

本文作者：曹广金，岭南师范学院法政学院历史系副教授。

浅析雅典的选举方式及希腊城邦的规模

臧书磊

关于 2007 年人民版《历史》必修一的希腊部分，本人有两点疑问，在此提出一点看法。

第一处在"雅典民主政治的得与失"部分，教材说："抽签选举和轮流坐庄的参政方式，意味着素养不同的人享有同等的国家管理权，这很可能会导致国家权力的滥用。"

雅典对官员有一套严格的管理和监督制度。尽管是抽签选举，但新官员上任前仍要进行资格审查，议事会或陪审法庭有权拒绝；在官员任职期间，要定期接受监督，以防止权力的滥用；官员卸任以后还要进行检查，防止贪污腐败等行为。例如，十将军选举就严格遵循上述程序。

首先，十将军的人选要接受议事会的资格审查，如父母亲是谁，父亲的父亲是谁，是哪个村庄的？是否有家庭和住所？是否有家族墓地以及这些墓地何在？对待父母态度好不好？纳税、服兵役了没有？有没有人要控告他？如果有任何原告出来，受审者可以答辩，然后就该问题在议事会举手表决，或在陪审法庭投票表决；如果没有，十将军人选可以进入下一个环节——陪审法庭。在陪审法庭，"所有人都必须对审查人投票决定可否，为的是任何奸狯之人即使幸免他的控告者的控诉，他还可能被陪审官取消资格"[1]。若陪审法庭通过，十将军人选可以上任。在任职期间，十将军"主席团期中都要举行一次信任投票"，看他们是否称职；如果这种投票反对其中任何一个官吏，他便应在陪审法庭受审，如有罪，则决定他的刑法或罚金，但是如果无罪，他即复职。[1] 十将军"当他们卸任时，并须作报告"[1]。

只要有人享有国家的管理权，就有可能导致国家权力的滥用。而雅典实行的一套对官员严格管理和监督的制度，大大降低了滥用的可能性。在这方面，即使今天的许多国家也很难达到昔日雅典的程度。因此，教材对雅典官员选举制度的评价比较牵强附会。

第二处在"充满活力的城市国家"部分，教材说："城邦往往以一个城市为中心，包括周围的一些村落，辖地不过百里，人口不过数万。"古希腊最具有代表性的城邦国家是雅典和斯巴达，下面略做分析，看是否符合上面的表述。

雅典的面积约 2500 平方公里。雅典拥有两座城市，一座是雅典，另一座是海港皮雷埃夫斯。在伯罗奔尼撒战争中，伯利克里修筑并加固了连接这两个城市的长垣通道，相信只要此墙不破，雅典就可以直通大海。[2] 在伯罗奔尼撒战争前夕，雅典"有一万三千名重装步兵，再加上防守各地和实际上参加防守雅典城市工作的一万六千名骑兵人数，连同骑兵射手在内，共有一万两千人；此外还有一千六百名徒步射手，三百条三列桨战舰准备随时加入战争"[3]。当时雅典是海上帝国，海军是主力，如果按每条三列桨战舰一百人计算的话，雅典军队人数超过七万人。即使雅典成年男子全部服兵役，以每个家庭 4 人计算，雅典的人口也接近 30 万。这与"辖地不过百里，人口不过数万"相矛盾。

斯巴达是古希腊最大的城邦，面积 7700 平方公里。斯巴达公民是居于统治地位的奴隶主阶级，他们约有 9000 户，每户统治大约 7 户希洛特奴隶，此外还有一部分中间阶层 —— 庇里阿西人。[4] 以每个斯巴达家庭 4 人计算，斯巴达人口大约为 40 万。因此，斯巴达也不符合"辖地不过百里，人口不过数万"的表述。

尽管课文用了一个模糊词"往往"，但是仍然容易给学生造成这样的印象，即雅典和斯巴达都符合教材的表述。

参考文献：

[1] 亚里士多德：《雅典政制》，商务印书馆，1978 年。

[2] 吴于廑、齐世荣：《世界古代史·古代史编（上卷）》，高等教育出版社，1994 年。

[3] 修昔底德：《伯罗奔尼撒战争史》，商务印书馆，2007 年。

[4] 米辰峰：《世界古代史》，中国人民大学出版社，2001 年。

（此文发表于《中学历史教学》2007 年第 12 期。）

本文作者：臧书磊，岭南师范学院法政学院历史系讲师。

素质教育师范先行

—— 岭南师范学院历史系教改新尝试

申友良

摘要：素质教育是一种教育思想，是一种崭新的人才培养模式。在教学改革中推行素质教育，势在必行，高等师范教育的素质教育必须走在前列。推行素质教育，应落实到实际行动中去，不能空喊口号。至于具体怎样去操作，可以进行大胆的尝试和创新。岭南师范学院历史系教改小组提出的"师范专业性与全面素质教育一体"的教改思想，适应了基础教育和社会的需要，受到了普遍的欢迎。

关键词：素质教育；师范教育；教学改革

随着我国高等教育改革的不断向深层次发展，素质教育越来越受到重视。而高师教育又是培养人才的摇篮，特别是要培养一批中、小学校的教师。因此在推行素质教育的过程中，高师的素质教育必须走在我国教育改革的前列，以适应社会和时代的需求。岭南师范学院历史系就素质教育的开展专门成立了一个教改小组，进行了大胆的试验和探索，提出了"师范专业性与全面素质教育一体"的新思路。

一、传统的教育方式与师范教育的特殊性

高等师范教育的目标是要培养合格的师资，特别是中、小学校的师资。这就决定了高等师范教育必须面向社会，面向基础教育。高等师范教育培养出来的毕业生绝大多数都将成为我国基础教育的主要力量，师范教育的成败，直接关系到我国基础教育质量的高低。因此，在教学改革推行素质教育的过程中，高等师范教育的素质教育必须走在前列。

要进行教学改革，就必须对传统的教育方式进行反思，即对传统教育的优点和不足进行深刻的剖析，才能使我们的教改活动少走弯路；同时，也必须对师范教育的特殊性也一个清醒的认识。传统的教育方式可以从两个方面进行概括，即教学方式上采用填鸭式的满堂灌，在考试制度上围绕着考试转。对于填鸭式的教学方式，它在传授知识和技能方面有其自身的优点，对此我们不能"一棒子打死"。但是这种教学方式限制了学生才能的自由发挥，制约了学生的个性和特长，更谈不上提高和发展学生的素质了。对于应试教育，从目前国内外的实际情况来看，由于存在各种各样的考试，有小学的升学考试，高考，还有研究生考试，博士生考试，以及各种类型的上岗考试等，因此应试教育有它存在的必然性和客观基础，它对于选拔人才、设定技术等级等方面是功不可没的。然而由于其考试方式的单一，以及考试内容的不确定性，所以产生了围绕考试这根指挥棒转圈子的怪现象。学生的学习不是为了掌握知识和提高技能，而是为了应付考试，以便拿到各种证书，这就失去了考试本身的价值和意义。因此，

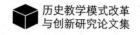

这种传统的教育方式以及传统的教育思想，在知识经济时代受到了严重的冲击，成为当前我国高教改革的突破点和着眼点。岭南师范学院历史系教改小组成员一致认为有必要在思想上对传统教育方式的进行一番深入的剖析，以消除传统教育思想不足方面给我们的教改活动带来的消极影响。

二、推行素质教育势在必行

目前高等师范教育的教学改革，都特别强调推行素质教育。然而当前我国教育界对于素质教育的理解和认识还不统一。有人认为素质教育就是要面向全体，全面发展以及生动活泼为特点，有人认为素质教育就是要倡导面向全体、全面发展以及生动活泼为特征的教育，结果在具体操作中常常会因力度把握不准而出现偏差，以致降低了素质教育的要求，甚至蜕变为"低素质教育"；还有人认为素质教育要强调"优质"和"高效"的原则，即真正的素质教育，其目标是优质，其方法要高效。其实，素质教育应该是一种教育思想，是一种教育理论体系，更是一种科学的、着眼于学生可持续发展的、面向 21 世纪的崭新的教育模式。

素质教育是针对传统的应试教育而提出的一种新型的教育模式，也可以说是一种崭新的人才培养模式。因此，在推行素质教育的过程中，必须摆脱应试教育的束缚，全面发挥学生的个性和创造能力。这样就不可避免地要求考试制度作出相应的改变和改革，以适应素质教育的要求。过去传统的应试教育，片面地强调知识的传授，过分地重视学生的分数，结果造成了"高分低能"的怪现象。这种"知识型"的教育方式培养出来的学生在很大程度上不能适应社会的需求，如果他们是师范毕业生，那么他们在走上工作岗位后将培养中、小学生，其结果是不言而喻的。

由于高等师范教育培养的对象具有两重性的特点，即他们一方面是素质教育的对象，另一方面又是素质教育的实施者，因此，对于师范生的要求，不仅应具有较高的个人素质，而且还应具备较高的进行素质教育的能力。所以，在推行素质教育的过程中，应突破以学术为中心的教育模式，改变师范生重学术性、轻师范性的误区，注意师范生能力的培养，注重培养学生的职业兴趣、职业理想和教育素质，为学生搭建合理的知识结构和健全的能力结构，力求改变师范教育严重滞后的被动局面，以保证为基础教育提供大批高素质的新一代教师。

三、素质和素质教育

个人素质的培养与素质教育是有区别的。个人的素质应该是多方面的、全面的，它包括身心素质、职业素质、道德素质等多个方面。它是个人的知识、能力以及适应社会等多方面的总和。因此，个人素质的好坏，直接决定和影响着个人的成败。

而素质教育是一种教育思想，是一种崭新的人才培养模式。它要求高等院校在推行素质教育的过程中，要转变过去陈旧的教育思想观念，大胆地探索和实践，充分发挥教师在教学工作中的主导作用，同时也要充分调动学生在学习中的主体作用，充分发挥学生的个性和潜能，因材施教，从多方面来培养和提高学生的能力。因此，素质教育可以说只是一

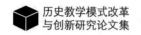
种方法，或者是一种手段，它并不等于学生的个人素质，它只是一种培养和提高学生个人素质的方法。它可以激发和调动学生认识个人素质修养的紧迫感和使命感，从而更好地提高个人的素质，以适应社会的需求以及基础教育的要求。

同时，素质教育不是一种口号，也不是一种具体的教学方法，更不是全面发展教育中的一"育"。它蕴涵着现代教育的多样性、丰富性和创造性原则。因此，在推行素质教育时，应结合自身的实际，切忌千篇一律、一刀切。

四、大胆尝试素质教育

目前高等师范院校的教育改革正在推行之中，素质教育的方法和途径也正在探索之中。北京师范大学的王昆扬教授提出了高师教育要有自己的特色，即对师范生一方面有较高的知识水平，另一方面也应注重他们向别人传授自己所学知识的能力。这种方法既注重知识的传授，也重视职业能力的培养，有借鉴的作用和意义。但是这种方法忽视的素质教育在师范教育中的地位和作用。

其实，对于师范院校的素质教育，岭南师范学院历史系教改小组在实践中发现到，应该从两个方面入手：一是要突出师范性，面向基础教育。师范生是未来基础教育的主要承担者，他们必须掌握好自己本专业的专业知识以及基本的教学技能。师范生掌握好专业知识，这是他们今后从事专业教育所不可或缺的知识准备。不过对于他们的专业知识，教师在传授时应充分考虑到基础教育的实际和需求，有针对性地传授相关的专业知识。岭南师范学院政法系通过对中学教学的调研发现，许多中学的课程在大学课程中没有开设过，因此学生毕业后无法去开设诸如经济法知识、民法知识等课程。针对这种大学教学与中学教学脱钩的现象，政法系果断地决定在基础课程的安排上，优先安排与中学接轨的有关课程，砍掉一些专业性过强的课程。对于即将毕业的学生，补开这些与中学教学有关的课程，这样学生去实习时就轻松从容得多了。这就是说高等师范院校在传授知识时应充分考虑到基础教育的实际，防止出现重学术性、轻师范性的畸形状态；另外还要注重学生教学能力的培养。过去的课程安排总是把教育实习放在第四学年，时间一般为六周。学生刚对教学方法和技能有所了解时，教育实习就结束了。学生是否已经掌握了教学的技能，那只有学生自己知道了。在推行素质教育以后，岭南师范学院历史系教改小组提出了一条新的思路：即把教育实习分作三次，每次时间为三周，时间安排在第二学年，让学生在学完基础课程和教学法等课程后，就进行教育实习，让学生尽快进入职业状态，尽快掌握教学的有关方法和技能。这种方法学生反映良好，达到了边学边用的效果。

二是要突出素质教育，面向社会和时代。随着社会的发展和知识经济时代的到来，社会对人才的要求也在不断提高，特别是对人才素质提出了更高的要求。岭南师范学院历史系教改小组大胆地把大学四年分为两个阶段：在大一、大二这两年中以基础教育为主，突出师范性专业特色；在大三、大四高年级时重点突出素质培养，发展学生的个体和特长，对愿意考研的学生我们派专门的教师进行个别辅导，对选修非历史专业课程的学生我们帮助协调各方面的关系，所得的学分同样得到承认。本学期我们采取的具体做法是：对于 1997 级本科、1998 级本科的教学计划和课程安排，都经过了认真的研究和专家们的论证，特别是对课程所需课时的安排上，尽可能地合理化，以便学生在规定的课时内能够掌握更加全面的专业知识。同时在1997级本科年级中分三次，每次三周的时间来进行教学实习，以便学生充分掌握和了解教学的方法和有关技能。对于这两个年级的四个班级，我们派出了专职教师进行教改质量跟踪调查，每一个月在每班找五名同学来召开座谈会，对学生们的意见和建议，要求及时反馈给任课教师和系领导。目前我们已经举行了三次学生代表座谈会，同学们对教改实践提出了许多有益的建议，也有善意的批评，但更多的是肯定和赞扬。同学们一致感到，通过这次教改实践，全系教师在教育观念上有一个大的转变，教师们在教学过程中都能自觉地把素质教育放在重要地位。在一次问卷调查中，同学们对这种教改尝试表示赞同和欢迎的占95%，其余5%的同学对这种教改活动表示理解，没有同学反对或不支持这种教改活动。

五、余论

推行素质教育，应落实到实际行动中去，不能空喊口号。至于具体怎样去操作，可以进行大胆的尝试和创新。岭南师范学院历史系教改小组提出的"师范专业性与全面素质教育一体"的教改思想，适应了基础教育和社会的需要，受到了普遍的欢迎。

本文作者：申友良，岭南师范学院历史系教授，历史学博士。

试论中学历史教学与素质教育的关系

申友良　麦向华

内容摘要： 历史学科具有提高全民族素质的社会功能，因此在历史教学中实行素质教育是非常必要的。历史教师素质的提高是素质教育的重要环节。学校应立足于历史学习兴趣的培养和历史学习动机的培养，这对素质教育是很重要的。历史教师更要根据学生不同层次的心理特点，因材施教，以保证素质教育行之有效。

关键词： 素质教育；历史教学；教师；兴趣

"素质教育"早在 20 世纪 80 年代就已提出了。到了 20 世纪 90 年代，随着国家教育政策的正式转轨，素质教育更是时代的重要课题。实现由"应试教育"向素质教育的转变，已成为绝大多数人的共识，并正在成为我国教育改革的主旋律。

早在 1957 年毛泽东就指出："我们的教育方针应该使受教育者在德育、智育、体育几方面都得到发展，成为有社会主义觉悟的、有文化的劳动者。" 1996 年 4 月颁布的《全国教育事业"九五"计划和 2010 年发展规划》也指出："教育

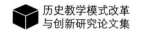
的根本任务是提高全民族素质，培养德、智、体等全面发展的社会主义事业的建设者和接班人。"[1] 这些方针和政策，概括性地反映出我国素质教育的全部内容。即素质教育就是以全面提高公民思想品德，培养能力，发展个性为目的的基础教育。相对于应试教育来讲，素质教育是符合教育规律的更高层次、更高水平、更能培养出全面发展的人才为社会现代化建设服务。也就是说"素质教育"是从学生的身心发展的特点和规律出发，采用相应的教学方法，因材施教。用一把钥匙开一把锁，不但要注意研究学生的共性，还要研究学生的个性，使他们各及其所。

一、在历史教学中实施素质教育的必要性

历史学科是一门具体的综合性基础学科。它通过丰富的具体的历史知识让人们认识历史的经验教训和发展规律。[2] 从而了解当今世界是怎么发展来的，经历了什么道路，今后发展的趋势又怎样。它把历史知识和历史规律融为一体，不仅提供了丰富的知识，还给人们以哲理的教育，可以使人开阔视野，启迪思路，增长才智，陶冶情操，培养观察问题的洞察力。因此在历史教学中实行素质教育是非常必要的。

历史学科具有提高全民族素质的社会功能，它是其他学科所无法替代的：

首先，历史能启迪人的智慧。历史对于实现素质教育中培养人的能力是非常重要的。因为丰富的历史知识能教人以古知今，以古鉴今，能够提高人们对周围事物以整个社会的洞察力、思考力与判断力。革命导师提出社会发展规律，制

定革命斗争的战略，都依赖于对历史与现状的深刻认识与把握。邓小平同志的建设中国特色的社会主义理论提出，也是建立在对中国国情的分析并对新中国成立后的历史进行总结反思的基础之上的。同样，作为普通的社会成员，平时所学习、积累的历史知识也会在工作、学习、生活中发挥作用。

其次，历史能陶冶人的情操。情操，是指由感情和思想综合起来的心理状态。中学历史课介绍了许多杰出的历史人物以及他们的道德形象，学生能从中获得大量健康、高尚、美好的情感体验。如"昭君出塞""文成公主入藏"等历史内容的教学，能使学生对她们为民族团结而牺牲个人利益的奉献精神产生共鸣；对顾炎武"天下兴亡，匹夫有责"著名论断的分析讲解，能在学生心目中形成国家利益高于一切的高尚情操。历史能明理，李大钊曾说："欲得一正确的人生观，必先得一正确的历史观。"[3] 成功的历史教学能在青少年的心目中形成积极的情感体验，他们便会树立健康的是非标准，这将影响他们人生观、价值观和世界观的形成。

最后，历史也是对青少年学生进行爱国主义教育最生动的教材。热爱并且忠于自己的祖国，这是每一个中国公民所应该而且必须具备的基本品质。因此，培养爱国主义情操可以说是素质教育的基本要求之一。爱国主义包括热爱祖国、热爱人民的民族情感；为了祖国的繁荣昌盛而不断探索、进取的民族责任心；以及为维护祖国独立和民族尊严而勇于献身的民族英雄主义。在长达几千年的中国历史上，曾经发生过无数催人泪下的爱国主义英雄事迹。他们的行为以及他们的价值取向为后人留下了极其宝贵的精神财富，也为当代青

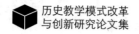
少年树立了如何选择人生的光辉榜样。可见，历史学科以其特有的丰富内容，对教育青年学生具有重要作用。正如夸美纽斯在《大教学论》中指出："熟悉历史，是整个人生教育中最重要的因素，是他终身的眼目。"[4] 因此历史学科是素质教育的重要环节。

二、历史教师素质的提高是素质教育的重要环节

在历史学科中实行素质教育，主要是由课堂教学这一过程来实现的。然而，教师在这种双边的教学活动中，居于主导地位。即一切活动都是在教师的指导下进行。如要对学生进行素质教育，其重要的一个前提条件就是教师是否具有高的素质。因为这将会影响到教师是否能胜任本职工作，将会关系到国家的素质教育方针能否收到很好的效果。教师素质如此重要，那么应该提高哪些教师素质呢？

教师素质是指教师的生理素质、心理素质、科学文化素质、思想道德品质以及其他各种素质综合反映出来的教师职业素质。[5] 一般来说，教师素质包括了教师的政治思想道德素质、心理素质、文化素质，能力结构素质等。

（一）思想道德素质提高

思想道德素质是教师的重要素质，因为教师不仅仅是教课的教师，也是培养人的教育者，是生活的导师和道德教员。然而，素质教育的根本目的是育人，而育人体现在历史教学中，不仅要注重培养学生的能力，而且要注重提高学生的思想政治素质。应将革命英雄主义、集体主义、爱国主义、共产主义等思想教育自然渗透于教学中，使学生在学习历史知识的

同时，受到思想熏陶。同时，历史学科本身就是一门具有强烈思想教育功能的学科，正如史学家所言："历史学科是穿着范例外衣的道德哲学。"[6] 因此，它对历史教师的思想道德素质提出了较高要求。

首先，提高历史教师的思想道德素质，主要是要提高历史教师的马克思主义的理论水平。历史教学离不开正确理论指导，而且历史知识本身就是具有科学性和思想性结合的特点。因此，历史教师理论水平的高低会影响到教学质量的好坏。如在"南宋抗元斗争"中，教师应以理论作为指导，讲述岳飞的英雄事迹时，把自身的感情融入里面，从而强有力地感染学生，拨动学生的心弦，这样就会达到爱国主义教育的目的。教育学家马卡连科也非常注重教学理论的作用，他在总结自己的教育工作时深有体会地说："我非常尊重教育理论，离开教育理论，我就不能工作下去。"[7] 但是我们许多历史教师上课时还存在着只热衷于对历史本身的描述而忽略理论的结合，从而削弱了历史教学的思想性。因此，这里有必要提出以引起高度重视。

其次，历史教师要有忠于教育事业而奉献的精神，要有延续中国文化的责任感。教师肩负着培养新一代社会主义建设人才的神圣使命。因此必须真心实意地热爱自己的本职工作，把全部精力和心血都奉献给教育事业。但是在当今市场经济的冲击下，一些不重视教育的中学历史教师抵不住金钱的诱惑，进入了经商热潮中，缺课的情况时有发生，或者在上课时都是草草应付，没有认真投入到教育事业中，这与我们的素质教育要求背道而驰。所以，教师应杜绝这种作风，

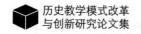
要自珍、自重，热爱自己所从事的职业，唯有如此，才能对教育事业有所贡献。

（二）专业知识素质的提高

专业知识素质是教师从事教育和教学工作最基本的素质。教师优化的历史专业知识素质不仅有利于提高教育教学效果，培养学、精、尖全面发展的人才，而且有利于教师自身思想品德和人格的完善。因为在教师掌握一定历史知识的基础上，就会知道怎样去组织材料，用什么方法来达到最佳的教学效果。比如在"秦始皇统一六国"中，如果不了解秦始皇时期的统治，就无法对其本人作出正确的评价，或褒或贬，谁能知晓。随着高科技社会的发展，素质教育对教师提出了更高的要求——"一专多能"，即作为历史教师，除具备深厚的历史专业知识外，还应懂得边缘学科的知识，这样才能在教学中游刃有余。但是现在许多中学，历史课并没有被给予充分的重视，甚至安排一些非专业教师兼任，这样无法对学生进行素质教育。因此，中学历史教师应在原有专业知识基础上，全方位多层次地扩充自己的专业知识面，并恰当地应用到教学中，提高教学质量，使学生学有所成。

（三）教学技能素质的提高

一名中学历史教师一方面要努力提高自己的专业知识素质和思想修养素质，另一方面还要认真提高自己的教学技能素质，这样整体素质才得到提高。教学技能素质一般包括备课技能、讲课技能、课堂技能、组织历史课外教育活动技能、板书技能等。

讲课技能是指要熟练掌握多种在历史课堂教学中行之有效

的教学方法和教学技巧，并能在具体教学时机动灵活地自如运用，以确保教学顺利进行。如情感教学法可以对学生进行爱国主义教育，而情境复现法是讲课过程中最常用、且效果最好的一种方法。讲到战争史，教师通过生动的语言，对战争的过程详细描述，使学生感到很逼真，起到一种潜移默化的作用。由于历史课堂教学情况千变万化，因此教师要根据不同的教材性质和特点进行优化选择，综合使用，尤其要学会多媒体教学技能，因为它可以提高教学效果，是时代迫切要求。

此外，组织历史课外教育活动技能对于指导历史教学也是比较重要的，因为历史知识涉及面极广，获得历史知识的渠道又十分广泛。尤其是可以通过课外活动对学生进行教育，再加上大多数的中学生是独生子女，缺乏独立能力，心理素质弱项较多，因而学校应有意识地在课外活动课中开发"两史一情"的活动或利用传统的节假日和纪念日开发纪念性活动，或是采访革命前辈、先进人物等活动，可以增长学生的爱国主义意识，培养学生良好的品德与行为习惯。

总之，思想道德素质、专业知识素质、教学技能的素质构成了教师进行高质量教学的重要条件，有待于教师不断提高。

三、培养学生学史兴趣与实行素质教育

教育教学过程是师生双边活动过程，教师不仅要了解自己，而且要研究学生，只有这样，才能出色地完成教学任务。这是因为学生是学习和自我教育的主体，没有学生学习的主动性和积极性，即使有好的教材和其他优越的教学条件，学

生都无法很好地吸收知识，教育过程也无法进行。所以在历史教学中，除了教师自身的条件外，更重要的一点就是要对影响学生接受知识的因素加以探寻。

根据学生学习特点可以知道，兴趣就是学习积极性中最活跃的因素。兴趣是一个人力求认识某种事物和从事某项活动的意识倾向。[8] 兴趣反映人的内心倾向，是心理学的重要组成部分。武汉市的一所普通中学对 190 名初中生学习历史的心理特征进行了问卷调查，有 150 名学生自称对"历史人物"和"历史事件"的记忆最好，其中 95 名回答"感兴趣"。[9] 可见，学生的学史兴趣与学校素质教育有密切关系。但在过去的"应试教育"机制中，教师为学生的考而教，忽视了学生的兴趣，满堂灌，在很长的时期里出现了"读史无用论"，培养人才也就无从谈起。面对教育政策由"应试教育"向"素质教育"的转变，学校应立足于历史学习兴趣的培养和历史学习动机的培养，这对素质教育是很重要的。达尔文曾经说过："学校时期，后来对我发生影响的就是我有强烈而多样的兴趣。"[10]

要培养学生的学史兴趣，就要从心理特征加以分析。美国心理学家布鲁纳认为："内在的学习动机由三种内驱力引起的。"[11] 学生的兴趣取决于教师上课时能否满足他们的好奇追问。然而，教师满足学生好奇心的方式应有所区别。初中学生的思维发展特点是抽象思维逐渐占主导地位，但是思维的具体形象仍起重要作用。[12] 与此相适应，他们的好奇心往往集中于对生动、形象的事物关注，带有直观特点，所以在初中历史教学中，应注重直观教学。如讲一段生动的历史故事，直观演示等。而高中学生的思维具有更高的抽象概括性，并且开始形成辩证逻辑思维。[13] 所以在高中历史教学中，要引发学生的好奇心，应更多地借助于思辨的力量，譬如说，引导学生围绕"历史与人生需要有无关系"这一问题进行理性思索等。

总之，兴趣是一种非智力因素，对智力发展有重要的影响，良好的兴趣是学习的动力，这份可贵的求知欲定会造就许多未来的人才。

四、小结

综上所述，素质教育是社会和时代对教育提出的要求，历史学科是素质教育的重要环节。现在的中学生都是未来的劳动者和创造者，学生整体素质的高低是关系着我国在未来一个世纪中能否达到高智能、高科技、高水平管理、高品德社会的重大问题。让教师、学生上下求索，为祖国事业而奋斗！

参考文献：

[1][5] 梁俊雄、王世成、徐鸿钧：《中华教育与教学实践》第 21 页，第 56 页。

[2][6] 彭树智、孟庆顺：《谈史学的社会功能》，《人文杂志》1992 年第 2 期，第 70 页，第 75 页。

[3] 参见吴家吉：《略论历史教学与素质教育》，《中学教育》1997 年第 1 期 41 页。

[4] 参见张月华：《浅谈在历史教学中如何实施素质教育》，《上海教育》1997 年第 9 期第 42 页。

[7] 沈自强、邱伟光、张盅仁、高凤勤：《教师修养简明教程》，辽宁教育出版社，1986 年版，第 31 页。

[8] 全德、刘耀中、陈传锋：《心理学概论》，新疆大学出版社，1996 年版，第 244 页。

[9] 徐策伟：《初中生学习历史的心理持住和教育对策》，《高师函授学刊》1991 年第 5 期第 18 页。

[10] 赵慧珠：《历史活动课中如何落实素质教育》，《中学历史教学参考》，1996 年第 12 期第 35 页。

[11] 裴广才：《试论影响中学生历史学习兴趣的心理因素》，《中学历史教学》1992 年第 2 期第 11 页。

[12][13] 章永生：《教育心理与教学法》，北京出版社，第 26 页。

本文作者：申友良，岭南师范学院历史系教授，历史学博士；麦向华，湛江师范学院历史系本科生。

论初中历史教科书的真实性和准确性

—— 以中图版《中国历史》第一册为例

于卫青　　张宪才

　　随着教育改革的推进和教学研究的深入发展，相较于过去历史教学单纯传授知识的缺陷，现在的历史教学更加注重思维能力的培养、历史情感的熏陶、实践技能的锻炼。历史教科书的编写越来越科学完善。例如中央教育科学研究所和中国地图出版社编著的初中 6 册历史教科书，是经过全国中小学教材审定委员会 2003 年初审的义务教育课程标准实验教科书。该教科书紧扣新课标的要求，内容设计科学合理，注重"探究和实践"环节，便于学生进行专题性研究学习，有利于培养学生的创新精神和实践能力。较为新颖的是，该教科书在每一课特设了"研习升级"栏目，包括"智能开发""读书明理""知识扩展"三个方面。在学生必须掌握的历史知识的基础上，利用最新研究的新成果和不同的学术观点，设计各种开放性问题，培养学生多方面的能力素质。因此，该教科书受到广大师生的欢迎，被众多学校采用。

　　历史学科是建立在历史真实的基础之上的，编写教科书必须非常谨慎，材料的引用必须真实无误。在此基础上的阐发才稳妥可靠，有说服力。根据笔者研究，该教科书在研习升级部分材料的运用和阐发上存在一些不足。现以中国地图出版社 2004 版的《中国历史》七年级上册为例，例举如下。

例1 第三单元　统一国家的建立：研习升级智能开发（教科书第 58 页）

课文原文是：秦统一全国后，秦王嬴政自以为功大无比，以前帝王的称号"皇""帝""王"哪一个都不足以涵盖他的功劳。于是，他将"皇""帝"连在一起，规定最高统治者称"皇帝"，自称"始皇帝"。

但是，《史记·秦始皇本纪》中记载：

丞相绾、御史大夫劫、廷尉斯等皆曰："昔者五帝地方千里，其外侯服夷服，诸侯或朝或否，天子不能制。今陛下兴义兵，诛残贼，平定天下，海内为郡县，法令由一统。自上古以来未尝有，五帝所不及。臣等谨与博士议曰：'古有天皇，有地皇，有泰皇，泰皇最贵。'臣等昧死上尊号，王为'泰皇'。命为'制'，令为'诏'，天子自称曰'朕'。"王曰："去'泰'，著'皇'，采上古'帝'位号，号曰'皇帝'。他如议。"

古代有"三皇五帝"的传说，按照《史记》的说法，三皇指天皇、地皇、泰皇；五帝指黄帝，颛顼、帝喾、尧、舜。《风俗通义》解释说："皇者，中也，光也。""皇"是至高无上，光明无比的神圣称号。德合天地者称帝。帝是统御万民，象征人间权力的称号。夏商周时期，"帝"不是人间君主的称号，大都指天帝、天上的神。商周的最高统治者称"王"。

春秋战国时期，周王室衰败，各国诸侯纷纷称王。战国后期，各诸侯普遍称王，"王"的称号失去了独尊的地位。一些势力强大的诸侯又不满足，把过去专指天神或远古圣贤的"帝"加到自己头上。如秦昭襄王自称西帝，齐湣王称东帝。秦王嬴政不满足于臣下尊称的"泰皇"，自以为功过三皇五帝，定号为"皇帝"。可见，秦始皇自己直接与远古传说中的三皇五帝相比，从未把夏商周时期的统治者"王"放在眼里。教科书没有把秦始皇所比较的对象清晰准确地指出来，就不能充分体会他目空前人的心态。

例2 第四单元 政权分立与民族融合：研习升级智能开发（教科书第77页）

课文原文是：刘备死后，诸葛亮继续伐魏，说："汉、贼不两立，王业不偏安"。"不偏安"，意思是不满足只割据一方。魏、吴建立时，都分别用"黄初""黄武""黄龙"作为年号，这里用了当时人们的一种迷信说法，意思是说汉朝是"黑帝"，而代替"黑帝"的应该是黄颜色的帝王。结合课文内容，你能明白魏、蜀、吴三国在政治上追求的目标吗？这种追求对我国的发展有什么好处？

这段材料本意是启发学生思考三国时各国对统一的追求及其积极意义。"不偏安"的解释已经完全可以启发学生思考了。年号问题的提出不仅对问题无益，反而出现知识性错误。

所谓的迷信说法是中国古代一种历史哲学思想"五德终始论"。战国时期，齐国人邹衍把中国古代的自然哲学阴阳五行说结合、扩充，并牵强附会到社会历史领域。这种学说

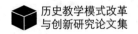
认为，每一个朝代都代表一种"德"，其一切制度设施都要和这种"德"相应。一部历史就是在这种水、木、金、火、土五德的相生相克的规律支配下，循环发展下去。这种理论渗透到社会意识形态的各个领域，影响广泛而深远。

根据《史记·封禅书》第六记载：今秦变周，水德之时。昔秦文公出猎，获黑龙，此其水德之瑞。于是秦更命河曰"德水"，以冬十月为年首，色上黑，度以六为名。另外，《汉书·高帝纪下》卷1下：汉承尧运，德祚已盛，断蛇著符，旗帜上赤，协于火德，自然之应，得天统矣。《汉书·律历志下》卷21下：汉高祖皇帝，著《纪》，伐秦继周。木生火，故为火德。天下号曰"汉"。五行中的金、木、水、火、土、对应的五个颜色白、青、黑、赤、黄。也就是说。秦朝被认为是"水德"，与五色相配的是黑色。汉朝认为是"火德"，与之匹配的是红色。而不是教科书的"黑帝"。

史料记载，魏书曰：以夏数为得天，故即用夏正，而服色尚黄。魏略曰：诏以权火行也，火忌水，故"洛"去"水"而加"佳"。魏於行次为土，土，水之牡也，水得土而乃流，土得水而柔，故除"佳"加"水"，变"雒"为"洛"。《魏书·文帝纪》卷2：今朕承帝王之绪，其以延康元年为黄初元年，议改正朔，易服色，殊徽号，同律度量，承土行，大赦天下；自殊死以下，诸不当得赦，皆赦除之。"意思是说，曹魏自认为是"土德"，颜色与黄色相一致，所以年号为"黄初"。至于吴国孙权使用"黄龙"的年号，据说是在武昌和夏口出现了黄龙，与这种五德终始没有关系。《三国志·吴书》卷2载：黄龙元年春，公卿百司皆劝权正尊号。夏四月，夏口、武昌并言黄龙、凤凰见。丙申，南郊即皇帝位。实际上，孙权所使用的年号"嘉禾""赤乌""神凤"均与当时传说出现的这些象征祥瑞的动物有关。

例3 第五单元　古代科学技术与思想文化（一）：研习升级、读史明理（教科书第99页）

课文原文是：华佗不追求功名利禄，一心为百姓治病。当时，曹操已控制了北方地区，并且是东汉丞相，地位显赫。他患偏头疼，发病时疼痛难忍。华佗用针灸给他治疗，针到病除。曹操怕旧病复发，强迫华佗留在丞相府，专为他治病。华佗想为更多的百姓治病，不愿侍奉权贵，假托妻女有病回家了。曹操多次利诱威逼，他都置之不理。后来，曹操将他逮捕入狱并杀害。华佗不为名利所动，不怕权贵欺压的精神，为后人敬仰。华佗的高尚的人格，对你有哪些启发？

然而，根据史料的记载，与教科书所写的事实有较大出入。《三国志·魏书·方技传》卷29：佗之绝技，凡此类也。然本作士人，以医见业，意常自悔，后太祖亲理，得病笃重，使佗专视。佗曰："此近难济，恒事攻治，可延岁月。"佗久远家思归，因曰："当得家书，方欲暂还耳。"到家，辞以妻病，数乞期不反。太祖累书呼，又敕郡县发遣。佗恃能厌食事，犹不上道。太祖大怒，使人往检。若妻信病，赐小豆四十斛，宽假限日；若其虚诈，便收送之。于是传付许狱，考验首服，荀彧请曰："佗术实工，人命所悬，宜含宥之。"太祖曰："不忧，天下当无此鼠辈耶？"遂考竟佗。佗临死，出一卷书与狱吏，曰："此可以活人。"吏畏法不受，佗亦不强，索火烧之。佗死后，太祖头风未除。太祖曰："佗能愈此。

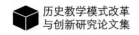

小人养吾病，欲以自重，然吾不杀此子，亦终当不为我断此根原耳。"

按照上述原文解读，华佗虽然是身怀绝技的名医，但对于自己作为读书的士人，没有能够学而优则仕，却做医生有时感到不满。自己远家思归，不愿待在相府，侍奉曹操。所以，他托词请假回家，假托妻子生病，屡次拖延，逾期不归。曹操认定他"养吾病，欲以自重。"对曹操的病，华佗也不是针到病除，坦白地告诉曹操，无法根除。只能经常予以治疗，才能延长寿命。所以，曹操才留他在丞相府。曹操固然是专横残暴，但很难根据这一内容推论华佗有"不为名利所动，不怕权贵欺压"的高尚人格。从历史记载中挖掘材料，对中学生进行情感教育和价值观教育是非常必要的，但不能脱离历史真实，随意发挥。

例4 第五单元　古代科学技术与思想文化（一）：研习升级知识拓展（教科书第105页）

课文原文是：公元前3500年左右，在尼罗河下游的古代埃及出现了象形文字。古埃及人把文字写在纸草上。……古埃及于公元前525年灭亡后，他们的文字逐渐成了死文字。公元前3500年左右，亚洲两河流域的苏美尔人发明了楔形文字。他们用木棒或芦苇秆把字写在泥版上，笔画一头粗一头细，像一个个木屑。后来，随着两河流域被外族征服，楔形文字也成了死文字。

我国比较权威的研究古代西亚北非的研究成果刘文鹏教授主编《古代西亚北非文明》（中国社会科学出版社1999年版）。根据专家们的研究成果，埃及的象形文字大约流行了 4000 年。由于埃及的文字形体复杂，书写速度缓慢，所以在使用过程中，埃及文字出现了类似行书的僧侣体和类似草书的世俗体文字。公元前 525 年，波斯人征服埃及，但对埃及的语言文字没有产生影响。公元前 332 年，亚历山大大帝征服埃及后，希腊语成为官方语言，埃及的语言和文字开始发生变化。直到公元 3 世纪，由于基督教的传播，采用 24 个希腊字母和 7 个补充字母的科普特文逐渐取代了古埃及的文字。所以，教科书所讲的"古埃及于公元前 525 年灭亡后，他们的文字逐渐成了死文字。"是错误的，没有丝毫根据。

对于楔形文字，吴宇虹教授等学者指出：苏美尔文字最早出现在公元前 4 世纪末，失传于公元前 1 世纪左右。阿卡德文字是古代两河流域楔形文字使用范围最广、时间最长的一种，起源于公元前 3 世纪下半叶，完全废止于公元 1 世纪左右。实际上，公元 1 世纪前，在两河流域地区，除苏美尔人外，阿卡德人、阿摩利人、赫梯人、亚述人、米底人、巴比伦人、加勒底人、波斯人、希腊人等外族人征服和统治该地。楔形文字并不是"随着两河流域被外族征服，楔形文字也成了死文字"。

例5 除此之外的，该册教科书在正文的表述上也有些欠缺和不足。例如：第 87 页，谈到北魏孝文帝改革的意义时，课文写道"通过这些改革，拓跋鲜卑族与汉族迅速融为一体，北方民族融合达到前所未有的高度。""拓跋鲜卑族"的提法显然不够科学。第 117 页，谈到佛教的传入时，教科书写道："东汉初年，朝廷开始重视佛教，派人去印度研究佛学，

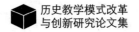
佛教逐渐在上层社会流传。"根据《三国志·魏书》《魏略·西戎传》等史料记载,汉明帝夜梦神人,始派遣使者到大月氏国求取佛经,不存在"朝廷开始重视佛教,派人去印度研究佛学"。

（本文发表于《魅力中国》2009年第2期,第115-117页。）

本文作者:于卫青,岭南师范学院法政学院历史系教授;张宪才,系山东省高唐县赵寨子中学高级教师。

情思历史教学范式的建构与实践

陈洪义　　唐朋

摘要：情思历史是基于改变传统历史教育弊端，顺应新课程历史教学理念，发展学生历史学科核心素养而提出的一种历史教学范式，其理论基础是建构主义理论、经验主义理论、人本主义理论等。情思历史包含四个部分，分别是情境、情感、思维、思想，这四个部分是一个相互联系的整体，其主要价值追求是在历史情境中体验历史、探究历史，从而有效促进学生情智目标的实现与生成。

关键词：情思历史；历史教学；教学范式

情思历史，是指在中学历史教学中将情境教学与探究学习相结合，既关注学生的情感体验也关注学生思维训练的一种教学范式。情思历史教学范式立足于中学历史教学实践，结合了当代教育的基本理论，对于指导中学历史教学具有重大理论和实践价值。下面就其建构的理论与实践进行介绍，以请教于同行。

一、"情思历史"的现实依据和理论基础

（一）"情思历史"的现实依据

1. 基于历史学习的"工具性"与历史学科的"人文性"的矛盾，学生的核心价值观难以形成。在中学里，受应试教育的影响，学生"喜欢历史，却不喜欢历史课"成为长期困惑历史教师的一种现象。"情思历史"主张在中学历史课堂中既关注情境和情感，也关注思维和思想，既重视学习过程中的兴趣激发，也重视学习过程中学生的情智培育，对于改变传统历史教育中的弊端具有重要价值。

2. 基于教科书内容的"单一性"与培养目标的"多样性"的矛盾，学科素养难以整体培养。随着基础教育课程改革的不断深化，学科核心素养成为本次改革的聚焦点。唯物史观、时空观念、史料实证、历史解释、家国情怀这五个方面共同构成了学生的历史学科核心素养内容体系。"情思历史"在材料选择、内容重构与方法选择上兼顾了学生的情感体验和思维能力提升，能有效促进学生由浅层学习走向深度学习，有利于发展学生的历史学科核心素养。

3. 基于教学实践的"深刻性"与观念形成的"渐进性"的矛盾，教师新教学方式难以整体推进。课改理念的实现需要历史教师大胆开展教学研究与实践，但在现实之中，很多教师受传统观念影响过深，缺乏教学创新与变革的理念与意识。"情思历史"是在长期教学实践的基础之上总结升华而来，它既有丰富的教学实践案例做支撑，又有强大的教育教学理论做指导，具有理论与实践的双重价值，是课改理念在教学

实践过程中的具体体现，有利于在更广泛的领域内促进教师理念更新和关注课堂的变革。

（二）"情思历史"的理论基础

1. 建构主义学习理论

建构主义学习理论认为学生并不是被动地等待知识的填充，相反，他们积极的构造他们自己的知识。[1] 因此，建构主义学习理论认为情境、协作、会话和意义建构是学习环境中的四大要素，主张学习基于情景、基于资源、基于协作、基于探究、基于问题解决。情思历史的教学范式融合了情境创设与问题探究的教学方法，力图帮助学生主动建构历史知识和历史认识。

2. 经验主义学习理论

美国教育家杜威认为，教育即经验的不断改造，提倡学生在经验中学习，在做中学习。杜威经验主义教学法主要包括以下几个要素：第一，学生要有一个真实的经验的情境；第二，在这个情境内部产生一个真实的问题；第三；占有知识资料，从事必要的观察，对付这个问题；第四，有条不紊地展开他所想出的解决问题的方法；第五，通过应用去检验他的观念，使这些观念意义明确。[2] 情思历史教学范式吸收了经验主义理论中的情境学习和问题教学的基本方法，是经验主义理论在中学历史学科教学中的创造性使用。

3. 人本主义学习理论

人本主义学习理论强调人的价值，重视人的主观能动性、选择和意愿，认为学习者是学习的主体。[3] 在教育活动中，学生是具有发展潜能和发展需要的人，会根据自己的爱好、

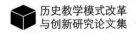
追求等来选择教育内容，并将其内化为自身发展需要的内容。因此，要重视学习者在学习过程中的自我导向和自我调节，主张发挥学习者的特质和潜能。情思历史教学范式追求学生在学习过程中的情感体验与思维能力提升，尊重学生的主体地位，是人本主义理论的具体落实。

二、"情思历史"教学范式的内涵及基本结构

（一）"情思历史"之"情"

1. 情境

情思历史中的"情"的第一层含义是"情境"。情境，在《现代汉语词典》中的释义是"情景；境地"。国内最早将情境与教学相结合，提出情境教学完整体系的是江苏省小学语文特级教师李吉林教师。她认为，情境教学是以生动形象的场景，激起学生的学习兴趣为手段，使教师的语言、情感，教学的内容连同课堂氛围成为一个广阔的心理场，作用于儿童的心理，从而促使他们主动积极地投入整个学习活动，达到儿童整体和谐发展的目的。[4] 而最早将情境教学引入历史教学中的是银川十四中的曹廷祥教师，他从自己的教学实践中总结出了在历史课堂中运用情境教学的几种方法：图示情境、语言描述、设疑情境、运用现代化教学手段。[5] 此后，关于历史情境教学的研究成果逐年增多，其中首都师范大学张汉林副教授的研究成果比较具有代表性，他将历史教学情境根据不同的标准分为了真实情境和虚拟情境、问题情境和应用情境、历史情境和生活情境。[6]

2. 情感

情思历史中的"情"的第二层含义是"情感"。情感,《现代汉语词典》对其的定义是:对外界刺激肯定或否定的心理反应,如喜欢、愤怒、悲伤、恐惧、爱慕、厌恶等。历史课程作为人文社会科学中的一门基础课程,培养学生正确的情感态度价值观是其主要目标之一。根据历史课程标准,中学历史课程主要有四个方面的情感目标:(1)民族感。主要包括民族认同感、民族自信心、民族自豪感、历史责任感等。(2)道德感。主要包括正义、理解和尊重等。(3)审美感。主要包括辨别是与非、善与恶、美与丑等。(4)理智感。主要包括崇尚民主、法制、科学,维护自由、平等、公正,坚持进步主义,坚持理性精神等。

(二)"情思历史"之"思"

1. 思维

情思历史中的"思"的第一层含义是"思维"。思维是人脑对客观现实概括的和间接的反映,它反映的是事物的本质与内在规律性。赵恒烈先生是历史学科思维能力研究的先驱,他根据中学历史教学的实际情况,将历史学科的思维能力分为一般性思维能力和创造性思维能力。其中,一般性思维能力包括阅读、观察和想象的能力;获取并处理历史信息的能力;表达与交流的能力;历史的理解能力等。创造性思维能力包括发现和提出问题的能力;分析问题和发表自己见解的能力;重新组合材料,形成新的历史认识的能力;对不同观点选择和判断的能力;从历史的发展来说明现实问题的应用能力等。[7]

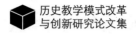

2. 思想

情思历史中的"思"的第二层含义是"思想"。思想，是指人们在社会实践中获得的对客观事物的理性认识。在中学历史教育中，其思想性体现在学习历史是一个从感知历史到不断积累历史知识，进而不断加深对历史和现实的理解过程。历史学科的思想性要充分体现学科特色，唯物史观、时空观念、史料实证、历史解释、家国情怀这五大核心素养正是历史学科思想性的最好诠释。

（三）"情思历史"范式的基本结构和流程

情思历史是情境与情感、思维与思想的有机结合。一方面，历史情境的创设可以增加学生的情感体验，促进情感目标的实现；另一方面，情境教学的实施可以激活学生的思维状态，促进学生走向深度学习。最终，历史情感与历史思维在历史课堂中深度交融，形成学生的历史思想，即历史的智慧。通过对情思历史的基本内涵及其相互关系的解读，我们设计出以下的情思历史基本结构图：

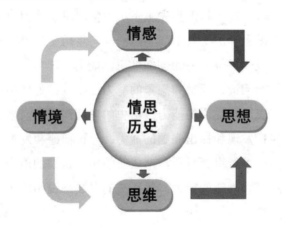

在情思历史基本理论的支撑下，基于情思历史的基本结构和特点，课题组设计出了情思历史教学的基本流程，其基本步骤是：主题确立 — 情境创设 — 情思交融 — 情智共生，具体示意图如下：

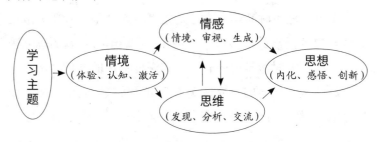

"情思历史"课堂操作一般流程

情思历史课堂操作的起点是课堂学习主题的确立，要求教师在教学中要在准确把握课标的基础上，基于课程结构和内容特点，进行教学立意，明确学习主题。通过学习主题的确立，可以"让历史课有线索、有中心、有高度、有灵魂"。确立学生感兴趣的历史学习主题后，为了发挥历史情境在历史教学中的"认知、体验和激活"功能，教师必须充分利用各种形式的历史材料和生活素材，采用合理的形式进行教学布景，营造生动的历史情境，让学生在情境体验中去感悟和思索，从而获得深刻的情感体验。然后基于学生在情境体验中产生的困惑与问题（也可以是针对课前教师根据学生的实际情况在备课中预设的问题），教师通过提供丰富的史料情境，在这里课本也被当作其中一种材料，引导学生在历史理解和解释基础上解读史料，发现、分析和交流历史问题和认识，在探究中让学生放飞"思维的长线"，最终实现课堂情境体

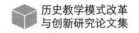
验与思维深入的交融共进。

三、"情思历史"的教学实践

(一)学习主题的确立

学习主题也称教学立意，是指"教师基于学术研究成果对教学内容提出的核心观点或主张"[8]。学习主题的确立需要建立在教师对教学内容有高度和深度把握的基础之上，是历史教师教学素养的重要体现。例如，岳麓版高中历史必修二第 18 课"中国社会主义经济建设的曲折发展"一课，主要讲述了新中国成立至"文革"结束这二十七年间中国的社会主义经济建设历程。在这二十七年里，新中国的经济建设取得了很大的成就，但同时也走了不少弯路，因此教科书的课题采用了"曲折发展"这样的表述，体现了新中国经济建设的探索性、艰巨性和曲折性。另一方面，结合必修一的相关内容我们可以得知，这一时期的前半段中国在政治上是向苏联"一边倒"，中国的经济建设也受到了苏联的影响，中国的社会主义建设之路在很大程度上是模仿的苏联模式，而 20 世纪 50 年代后期中国的社会主义建设之路出现挫折也和与苏联之间关系的恶化有关。根据以上分析，我们可以将本课的学习主题确立为：苏联模式带动下的中国社会主义探索之路。围绕学习主题，可将本课内容设计为以下几个模块：1. 借鉴苏联，积极推进。2."超英赶美"，急于求成。3."文革"迷途，动荡徘徊。4. 道路曲折，教训深刻。四个模块以时间顺序反映了新中国经济建设的阶段特征，同时又呼应了学习主题，使得本课教学主线清晰、重点突出。

（二）历史情境的创设

情思历史教学范式的一个显著特征就是在教学中创设历史情境。历史情境创设是以真实的历史为基础，运用直观形象的材料再现历史场景以帮助学生理解历史的一种方法。以岳麓版高中历史必修三第 28 课"国运兴衰，系于教育"一课为例，该课分别从扫盲教育、义务教育、高等教育三个不同层次对新中国成立后至 21 世纪初我国的教育事业发展历程进行了概述。教科书对教育事业发展的基本史实梳理的比较清楚，而在这一课里，关于人民教育事业发展的各种资料也十分丰富且都比较容易搜集，因此，可以将教育事业的发展历程情境化，创设"教育的发展"的教学情境。此教学情境内容分为五个部分：第一部分是"奠基篇"，主要介绍新中国建国至"文革"前的教育状况。第二部分是"挫折篇"，主要介绍"文革"期间的教育状况。第三部分是"发展篇"，主要介绍改革开放后教育发展的基本状况。第四部分是"番外篇"，主要选用同时期世界上其他主要国家教育发展的基本史实和数据。第五部分为"问题篇"，主要介绍当前中国教育面临的种种问题和困境。丰富的历史材料辅之以跌宕起伏的纯音乐背景，一个新中国教育事业发展历程的教学情境就此形成。通过这样的教学情境，学生可以了解教育发展过程中的基本史实，理清新中国教育发展的基本线索，同时还能在情境中体会教育事业发展的曲折与艰辛，感受教育与国运之间的休戚与共。

（三）学生思维的激活

情思历史教学范式的另一个显著特征是对学生思维的激

活。培养学生的历史思维能力是中学历史教学的一大重要任务，情思历史教学范式以历史情境为依托，让学生在情境体验中发现问题、思考问题从而解决问题。为了让学生的思维得到更好的激活，需要历史教师在情境创设中有意识地制造认知冲突，设计有思考价值的问题。以岳麓版高中历史必修二第15课"大萧条与罗斯福新政"一课为例，历史教师可以将罗斯福新政的内容情境化，通过文字、图片、图表等材料，配合音乐向学生展示罗斯福上台之后的各项政策举措，同时引导学生思考几个主要问题：1. 罗斯福新政为何要从整顿金融业开始？2. 在应对经济危机中，罗斯福的政策体现了他怎样的政治智慧？3. 罗斯福新政"新"在何处？通过对以上几个问题的思考，学生的思维被调动起来，一方面可以加深对新政措施的理解，另一方面也能进一步体会罗斯福总统高超的政治智慧。

（四）学生思想的升华

无论是情境创设还是思维激活，情思历史教学范式的最终落脚点都是帮助学生形成正确的历史认识，即历史思想的升华。历史是已经发生过了的事实，学习历史是为了通过了解过去来更好地认识现在、展望未来，因此，要想让历史的智慧变成今人的智慧就必须结合现实去思考历史。以岳麓版高中历史必修二第26课"经济全球化的趋势"一课为例，课本中主要讲了"经济全球化的迅速发展"和"问题与展望"两方面的内容。对于高中生来说，经济全球化并不陌生，它已经渗透进了我们生活的方方面面，如城市里随处可见的肯德基、麦当劳、沃尔玛，平常使用的苹果手机，大街上来来往往的国外品牌汽车,我们自己每天还要学习的外语,等等。通过这些看得见、摸得着的经济全球化的具体表现,可以引导学生思考:面对经济全球化,我们应该如何应对?这是一个开放性的问题,学生可以从自身的角度进行思考,我们既要充分利用好经济全球化带给我们的便利,同时也要积极应对经济全球化带给我们的挑战。

结语

关于"情思历史"的教学理念与思想,中国教育学会副会长吴颖民教授认为:历史是有血有肉的,历史课程中蕴含着丰富的情感元素,历史事实中也有许多未明的困惑和有趣的问题,教师充分挖掘和调动这些因子,以主题引领课堂,让历史课学习在主题探究中"情思共生",能有效激发学生学习历史的兴趣,丰富学生的历史体验,提升学生课堂学习的思维品质。按照奥苏贝尔的有意义学习理论,有意义的课堂设计必须从学生现有认知结构出发,就是从学生现有知识的数量和组织结构出发,尊重学生的起点水平,包括认知水平和能力水平。"情思历史"作为一种新的教学范式,在尊重学生现有水平基础上,从学生"最近发展区"出发,寓学以境,以情诱思。这种教学范式使学生在课堂学习、问题解决和协作交流等方面均显示出较大优势,尤其是在课堂学习中,情境和思维交互渗透营造出学生成长环境,有效促进了学生"情智素养"的发展。

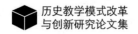
参考文献：

[1][美] 罗伯特 J•斯滕伯格、温迪 M•威廉姆斯著，姚梅林、张厚粲等译：《教育心理学》，机械工业出版社，2012 年，第 256 页。

[2][美] 约翰•杜威著，王承绪译：《民主主义与教育》，人民教育出版社，1990 年，第 174 页。

[3] 袁从秀主编：《中学历史教学设计与案例研究》，科学出版社，2013 年，第 6 页。

[4] 李吉林：《情景教学特点浅说》，《课程•教材•教法》1987 年第 5 期。

[5] 曹廷祥：《情境教学在历史课堂上的运用》，《宁夏大学学报（社会科学版）》1992 年第 12 期。

[6] 张汉林：《历史教育：追寻什么以及如何可能》，中国民主法制出版社，2016 年，第 119 页。

[7] 赵恒烈：《赵恒烈历史教育选集》，人民教育出版社，2005 年，第 341 页。

[8] 侯桂红：《试论历史教学立意的概念、确定方法和评价标准》《历史教学》2015 年第 07 期。

（本文发表于《新课程评论》2017 年第 7 期，第 76—82 页。人大复印资料《中学历史、地理教与学》2017 年第 12 期全文转载。）

本文作者：陈洪广，广州市增城区教育局教研员；唐朋，岭南师范学院历史系讲师。

融情以致深，汇思以行远
—— 情思历史的价值追求与实践特色

唐朋

情思历史是广东省特级教师陈洪义提出的一种特色教学范式，该教学范式将情境教学与探究学习相结合，注重学生在历史课堂上的情感体验与思维能力提升。经过多年的教学实践探索与不断改进，该理论范式已逐步完善，产生了一大批优秀的实践教学课例并先后在湛江市、广东省乃至全国的历史教学研讨会上进行展示交流，产生了广泛的影响力。作为情思历史研究项目的参与者之一，笔者对情思历史的理论与实践均有直接的体会，特撰此文谈一谈自己对情思历史的认识。

一、情思历史的理论基础
（一）情境教学理论

现代意义上的情境教学理论兴起于 20 世纪初，随着知识的快速增长和学校教育的日益普及，工业化教育的弊端逐渐凸显，单纯的知识灌输和机械训练越来越背离教育的初衷。1916 年，美国教育家约翰·杜威的《民主与教育》正式出版，在该书中，杜威系统地总结了他的教育思想，提出"教育即生活""学校即社会""在做中学"等教育主张。在教学方法上，杜威认为"凡是有效的方法，都可以溯源到校外日常生活中引起思考的那种情境。"[1] 基于这种教育思想，杜威提出了一套情境教学理论，其思维步骤分别是：情境—问题—假设—推论—验证。

在国内，著名语文特级教师李吉林是公认的情境教学理论开创者。李吉林教师从 20 世纪 80 年代开始研究语文情境教学，她"以儿童的个性全面发展为目标，依据马克思关于人的活动与环境有机统一的哲学原理，借鉴心理学中暗示、移情以及心理场等理论，构建情境教育基本模式"。在实践操作方面，李吉林教师的情境教学模式形成了"以培养兴趣为前提，诱发主动性""以指导观察为基础，强化感受性""以发展思维为重点，着眼创造性""以陶冶情感为动因，渗透教育性""以训练语言为手段，贯穿实践性"的五大内在机制。[2]

（二）探究学习理论

探究学习理论最早由美国课程专家施瓦布于 20 世纪五六十年代提出，他认为探究性学习是指"儿童通过自主地参与知识的获得过程，掌握研究自然所必需的探究能力；同时，形成认识自然的基础 —— 科学概念；进而培养探索世界的积极态度"[3]。在我国，20 世纪 80 年代中期就开始有了引进探究学习方面的研究，但真正对探究学习展开全面研究则开始于 2001 年。从 2001 年开始，我国开启了第八轮基础教育课程改革，在教育部颁发的《基础教育课程改革纲要（试行）》中明确规定要"改变课程实施过于强调接受学习、死记硬背、机械训练的现状，倡导学生主动参与、乐于探究、勤于动手，培养学生搜集和处理信息的能力、获取新知识的能力、分析和解决问题的能力以及交流与合作的能力"。

（三）情思历史理论

在中学，历史学科是一门增长历史知识、训练历史思维、涵养人文情怀的基础学科。然而，受应试教育的影响，历史教学方法程式化严重，重知识灌输而轻能力培养，重教师讲解而轻学生体验，造成很多学生喜欢历史却不喜欢历史课。正是在这样的背景下，陈洪义教师及其工作团队在中学历史教学一线开展了长期的教学实验与探索，从最初的情景探究式教学到"双主互动"教学再到后来的情思历史，陈洪义教师课题组在五年的时间内"进行课例实验达 600 多节，组织校内研讨 100 多次，参加市级以上的交流达 20 多次"[4]。功夫不负有心人，情思历史的课堂实验取得了越来越多的成果，情思历史的理论模型也逐渐完善，形成了一套比较成熟的理论范式[5]。

情思历史是情境教学理论和探究学习理论的有效融合，它由情境、情感、思维、思想共四个基本要素构成。该理论范式以学习主题为中心，以历史材料为依托，以教师的情境创设和问题设计为方法，以学生的情感体验和思维训练为过程，以生成学生的情智素养为目标追求，构成了一套完整的教学实践指导体系。

二、情思历史的价值追求

情思历史兼顾了历史教学中的情境激趣与情感体验、思

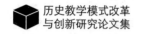
维训练与思想升华，既体现了历史教学的过程性，也关照了
历史教学的目标性。具体来说，情思历史具有如下几点价值
追求。

（一）为兴趣而教

兴趣是最好的教师，历史学科包容万象，既有鲜活生动
的历史人物，也有跌宕曲折的历史故事，既有洞微烛照的历
史细节，也有大气磅礴的历史大势，既有反映真相的历史史实，
也有彰显智慧的历史解释，这些都可以成为学生学史兴趣的
来源。然而，在中学历史教学实践中，人、故事以及细节的
严重缺失，使得生动有趣、充满智慧的历史最后都变了一个
模子里刻出来的条条框框，历史教学失去了它最本真的特点，
变成了一个让人望而生畏的学科。

情思历史的第一个价值追求是情境激趣，即通过创设历
史情境激发学生的学史兴趣。情境是指情景、境地的意思，
历史情境是指人为地还原历史的场景或制造历史的氛围。历
史情境具有写实性、直观性、生动性、多样性等特点，能直
接吸引学生的学习兴趣，为教学活动的有效开展定下基调、
做好铺垫。在中学历史教学中，创设历史情境的方法有多种，
如运用语言创设历史情境，运用直观教具创设历史情境，运
用多媒体创设历史情境，运用角色扮演创设历史情境，运用
音乐创设历史情境等。

（二）为体验而教

著名特级教师郭富斌曾说过"如果一个人从来没有感受
过人性光辉的沐浴，从来没有走进过一个历史人物丰富而美
好的精神世界……那么，他就没有受到过真正的、良好的历

史教育"[6]。作为一门人文基础学科，中学历史学科肩负着塑造社会公民精神世界的责任与使命，历史教师有责任去挖掘历史经验中的价值信息，引导学生去体验历史，汲取历史的养分。

情思历史的第二个价值追求是情感体验，历史学习的过程也是学生进行情感体验的过程。情思历史的"为体验而教"主要包括三个要点：第一个要点是"掘"，指的是在教学活动开始之前，历史教师要充分发掘历史教学内容中所蕴含的价值信息。第二个要点是"融"，指的是在教学活动进行时，历史教师要找准教学的切入点，实现教学内容与学生情感体验的融合；另一方面，学生在历史课堂上的情感体验应该是贯穿整节课，因此也要将教学方法与学生情感体验相融合。第三个要点是"悟"，指的是在教学活动结束之后，历史教师要留给学生充足的时间和空间进行感悟，因为只有学生自己的领悟才是真正的体验。

（三）为思考而教

浙江省特级教师朱可有一个观点认为"一堂好的历史课应该能够拨动学生思想的琴弦 —— 帮助学生把僵化的学科知识转化为灵动的学科认识"[7]，笔者对此深表认同。对于历史学习而言，使人明智的是历史认识而不是历史知识，要实现从历史知识向历史认识的转变，则需要学生在历史学习过程中有真正意义上的独立思考，即教师要拨动学生思想的琴弦。

情思历史的第三个价值追求是思维训练，主要是指在课堂教学中历史教师应给学生提供思考的机会，为促进学生的历史思维能力发展而教。情思历史中的思维训练主要由两个部分组成：第一个部分是问题，问题是引发学生进行思考的原动力，这就要求历史教师要在吃透课标与教材的基础上，围绕该课的学习主题设计既具有思维含量又符合学情的探究问题。第二个部分是史料，史料是学生开展问题探究的具体依托，因此需要历史教师精心挑选史料，合理设计问题探究的过程，逐步引导学生进行深入的历史思考。

（四）为理解而教

中华民国历史学家陈衡哲女士在她的《西洋史》一书中曾说过"历史不是叫我们哭的，也不是叫我们笑的，乃是要求我们明白他的"[8]。在这里，所谓的"明白他"即理解历史。对于历史学习者而言，只有理解了历史，才能更好地理解当下，也才能更好地展望未来。

情思历史的第四个价值追求是思想升华，即通过历史的学习去理解历史与现实，进而实现思想境界的提升。情思历史的思想升华需具备两个条件：第一个条件是形成对历史的理解。历史一去不复返，今天的我们想要理解历史就必须借助于史料，运用历史的眼光，同情、理解的态度，尽可能地去还原历史的真实。第二个条件是形成对现实的理解，对现实的理解来自我们生活的经验，因此，生活的经验越充足，我们对现实的理解也就越深刻。事实上，历史的理解与现实的理解是相辅相成的，对历史的理解可以帮助我们更好地理解现实，而对现实的理解也将有助于对历史的理解。因此，情思历史主张历史与现实的相互关照，从而实现为理解而教的价值追求。

（五）为生成而教

教学的最高境界是"润物无声，自然生成"，生成是对教学过程生动可变性的概括，有生成的课堂才富有生命力。传统的历史教学比较注重学生对历史知识的系统掌握，而对学生的情感体验和思想感悟关注较少，历史学习过程以既定教学目标的达成为主，学生参与度低，自然生成的部分较少。

情思历史的第五个价值追求是学生情智素养的自然生成。情智素养是指学生在历史学习过程中形成的具有个性特色的情感体验与智识提升，是对学生历史学习过程中发展核心素养的进一步凝练与升华。情思历史倡导开放式教学，主张"在情境中体验，在问题中思考，在对话中生成"，整个教学过程坚持以学生为中心，充分调动学生参与教学活动，增强学生的学习主体意识，为学生情智素养的最终生成而服务。

三、情思历史的实践特色

情思历史教学范式的形成经历了一个理论与实践相互调适不断改进与完善的过程，在这个过程中，情思历史也逐渐形成了一套自己的实践特色。

（一）"双主互动"的师生关系

新课改以来，"以学生为主体，以教师为主导"的课程理念得到了广大教师的普遍认可，也在教学实践中得到了贯彻落实。陈洪义教师的情思历史就充分体现了这一教学理念，并据此提出了"双主互动"的探究式教学模式。所谓"双主互动"是指教师为主导，学生为主体，两者相互协调，最终促进师生的共同成长。[9] 情思历史的教学实践在师生关系上坚持"双

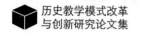

主互动"的做法，在主要教学环节如情感体验、问题探究、思想升华上均以学生为主体，注重学生自身的主体体验与自主行动。与此同时，教师的主导作用并没有被弱化，而是在具体教学环节中与学生的主体地位相配合，如情境创设、问题设计、探究引导等环节均离不开教师的指导。

（二）"融情汇思"的课堂氛围

情思历史追求的是一种"情思相融，情思相促"的教学境界，在教学实践中利用学习主题将教学情境与学习探究相结合，将情感体验与思维训练相结合，营造出了一种"融情汇思"的课堂氛围。具体来说，所谓"融情"既指教学情境与学生情感的融合，也指历史情境与现实情境的融合。所谓"汇思"，既指学生之间思维的碰撞与交汇，也指学生在思维能力训练与思想境界提升之间的交汇。正是这种"融情汇思"的课堂氛围，使得历史课堂充满了乐趣，散发出思想的光芒，吸引着学生也成就着学生。

（三）"致深行远"的效果生成

情思历史基础在情境，关键在探究，情境保证了学生学习的动力，探究保证了学生学习的成效。任何一种教学方法均不能回避其教学的最终效果，情思历史遵循了由浅入深、由直观到抽象、由情感到思维的教学规律，很好地实现了"致深行远"的效果生成。所谓"致深"是指学生在历史学习的过程中源自内心的情感体验能够深入，对历史问题的理解能够深刻。所谓的"行远"则是指学生在历史学习思考的广度和深度方面能够走得更远，进一步来说，这样的历史学习也能使学生的人生之路走得更远。

　　《普通高中历史课程标准（2017年版）》已于2018年元月正式公布，该版课程标准在教学建议中提出了教师在设计教学过程时，需要重点考虑"创设历史情境""以问题为引领""开展基于史料研习的教学活动"等建议，由此可见，基于情境的教学与基于史料的探究已经成为历史教学的必然趋势。情思历史有效融合了情境教学与探究学习，兼顾了学生的兴趣与体验、思考与理解，形成了"双主互动""融情汇思""致深行远"的实践特色，符合历史教学发展的主流趋势，相信在历史教育的新时代里，情思历史定能继续引领中学历史教学实践，发出它耀眼的光彩。

参考文献：

[1]（美）约翰·杜威：《民主与教育》，薛绚译，译林出版社，2012年。

[2] 李吉林：《情境教学的理论与实践》，《人民教育》1991年第5期。

[3] 钟启泉编译：《现代教学论发展》，教育科学出版社，1988年。

[4] 陈洪义：《重回课改现场，探寻教育智慧——基于课堂的情境探究式历史教学探索》，东北师范大学出版社，2014年。

[5] 情思历史教学范式的理论模型详见论文：陈洪义、唐朋：《情思历史教学范式的建构与实践》，《新课程评论》2017年第7期。

[6] 郭富斌：《历史教学要"眼中有人"》，《中学历史

教学参考》2005 年第 10 期。

[7] 朱可：《拨动学生思想的琴弦——一堂好历史课的观察视角》，《历史教学（上半月刊）》2014 年第 5 期。

[8] 陈衡哲：《西洋史》，岳麓书社，2010 年。

[9] 陈洪义：《高中历史"双主互动"探究型教学》，《教学月刊·中学版》2014 年第 11 期。

（注：本文已发表于《中学历史教学参考》2018 年第 2 期，第 42—45 页。）

本文作者：唐朋，岭南师范学院历史系讲师。

历史高效课堂实施策略及其思考

—— 以 2015 年湛江市高中历史教师高效课堂教学比赛为例

唐朋

摘要：高效课堂是指课堂教学效果、效率和效益的最大化。本文通过对 2015 年湛江市历史高效课堂教学比赛的现场观察，结合相关理论，总结出历史高效课堂的五大实施策略：创设历史情境、运用导学案、开展问题探究、实施课堂翻转、引入微课教学。在此基础之上，提出高效课堂要关注学生兴趣，教学组织形式要灵活多变，教学方法要适切，要渗透学法指导，要知情并重、面向全体、关注个体等思考。

关键词：历史教学；高效课堂；实施策略

高效课堂，是指教师在常态课堂教学中，通过课堂经营，引领学生积极主动地参与学习，高效益地完成教学任务，使学生获得又好又快又公平的发展过程。其核心是教学三维目标的达成度高，是课堂教学效果、效率和效益的最大化。[1]随着课程改革逐步走向深化，追求课堂教学的高效成为一个新的趋势，如何在课堂上实现真正的高效成为教学工作者关心的一个热点话题。

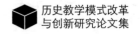
　　笔者有幸参与了 2015 年湛江市高中历史教师高效课堂教学比赛的初赛和决赛的评比活动，共有 20 位教师参赛，各位教师"八仙过海，各显神通"，为我们呈现了一道道精神大餐。通过对此次比赛的课堂观察，结合高效课堂的基本理论，我们对高效课堂有了更加深刻的认识。

一、高效课堂的特点

　　高效课堂，不仅要求教师教的"高效"，更重要的是学生学习的"高效"。具体来说，一堂高效的课堂应具备以下几个特点：

　　1. 教学理念上体现"以教师为主导，以学生为主体"

　　新课改倡导在教学中要以教师为主导，以学生为主体。以教师为主导，这就要求教师在教学活动中转变角色，由传统的知识的传授者转变成为学生学习的引导者，由学生学习的管理者转变成为引导学生主动参与教学活动的组织者。以学生为主体，则要求学生的学习过程由传统的被动接受转变为主动建构，学习方法由传统的"听讲"为主转变为"自学"为主。

　　2. 教学过程中学生参与度高

　　高效课堂是学生能高度参与的课堂，是每一个学生都能高效学习的课堂。传统课堂中学生作为知识的接受者，独立的个性化思维很难有展示和延伸的机会。在高效课堂中，教师通过对教学活动的设计和对学生学习的引导，为学生提供了充足的思考空间和展示机会，使每一个学生都能积极地参与到教学活动中来，主动动手动脑，实现真正的发展。

3. 教学评价上关注学生学习目标的达成

高效课堂的核心是课堂教学效果、效率和效益的最大化，其最终指向是学生能在有限的教学时间里较好地实现学习目标，这里的目标既包括知识和能力上的目标，也包括情感态度价值观方面的目标。教学评价是检验学习目标达成情况的重要手段，高效课堂不仅重视教学活动中的过程性评价，如教师对学生的表现进行简要的口头点评、学生自评互评等，也重视课堂教学结束后的终结性评价，如当堂检测和课后作业等。

二、高效课堂的实施策略

参加此次教学比赛的都是本市各校十分优秀的历史教师，他们在对高效课堂的具体把握上有着不同的着眼点，教学策略异彩纷呈。总结起来，大致包括以下几种：

1. 创设历史情境

历史情境教学，就是根据历史教学内容和学生的心理特点，创造一个环境，一个场合，一种气氛，让学生走进历史，感悟历史。[2] 来自岭南师范学院附属中学的杨汉坤教师在上 "'一国两制'的伟大构想及其实践"这一课的时候，课前首先播放了一曲阎维文的《母亲》，奠定了一种游子与母亲之间感人至深的情感基调，接下来在导入环节创设了"老兵回家"的历史情境，历史镜头从 1949 年老兵"乡愁"问题的产生到 1964 年金门一士兵想逃回大陆孝敬母亲结果被抓定了死罪，再到 1987 年老兵返乡探亲，将老兵这个群体的历史融入国家的历史，然后引出问题"战争给人带来了什么伤害？"，

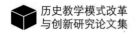

在学生回答后，顺势将本课的灵魂确定为"和平"，充分发挥了情境教学营造氛围、感悟历史的作用。

来自海东中学的陈珊薇教师在上"新航路的开辟"这一课时，为了帮助学生更好地理解"商业革命"和"价格革命"这两个概念，创设了一个虚拟人物"购物达人 Lily"，Lily 通过时光机来到了 16 世纪的欧洲，先到意大利发现无法买到足够多的商品，然后又来到西班牙发现集市里的商品琳琅满目，但最终却因为自己带的黄金不值钱只买得一点点东西归来。通过这个情境的创设，学生对新航路开辟后的欧洲有了一个比较直观的认识，在此基础之上，教师再对情境中的现象进行详细的解释，从而帮助学生突破了本课的知识难点。

历史情境的创设，可以为学生搭建一座沟通历史与现实的桥梁，不仅可以激发学生的学史兴趣，还能帮助学生更好地理解历史，是实现学生学习高效的有效途径之一。

2. 运用导学案

导学案是教师根据学生的认知水平、知识经验、个性特征，为引导学生主动建构知识而编制的方案，它是教师的教案和学生的学案的有机整合。[3] 在此次比赛活动中，几乎所有教师都采用了导学案，从使用方法上来看，大致可以分为两种。一种是将导学案作为学生自主学习的路线规划图。来自湛江农垦实验中学的徐燕教师在上"民主政治的摇篮——古代希腊"一课时，为学生设计了一份自主学案，将整节课分成了三个部分。第一部分是古希腊的自然条件，指导学生利用课本和 PPT 上提供的图片，自主学习古希腊的自然条件及其对希腊的影响然后填写导学案上的表格，此任务完成后进行一个合作探究，通过表格对比古代希腊与古代中国的不同，从而探讨地理环境与文明之间的关系。第二部分是古希腊城邦，学生通过自主学习填写古希腊城邦的特点及其对古希腊民主政治产生的相应影响的表格。第三部分是古希腊公民，学生通过一个模拟情景和课本的内容进行自主学习，归纳古希腊公民的构成、素质、权力以及地位。

导学案运用的第二种方法是将其作为学生合作探究的资源库。来自湛江市第七中学的朱小虹教师在上"英国代议制的确立和完善"一课时，在导学案中设计了四个探究问题，分别是：（1）如果你是当时的议会议员，你会限制国王的哪些权力？保障议会的哪些权力？（2）结合漫画和课本第三目，探究英国的责任内阁是怎样运行的？（3）根据君主立宪制的示意图，探究英国君主立宪制有哪些特点？（4）根据材料，英国君主立宪制的建立有什么影响？这四个探究问题都是基于材料的探究，其中第一个和第四个问题的探究材料由导学案提供。

导学案的使用，有助于发挥学生的主体作用，为学生的自主学习、主动参与、合作探究、优化发展提供一个明晰的路线图，从而提高学生学习的效率。

3. 开展问题探究

问题探究式学习是指学生在教师的引导下，通过观察事物、发现问题、分析和解决问题以及表达和交流等活动，进行知识建构和价值认同的学习方式和学习过程。[4] 在此次比赛活动中，来自湛江一中的林菁教师在上"罗斯福新政"这一课时，就很巧妙地运用了问题探究式学习。在对"罗斯福及其新政"进行评价的教学环节,林教师选用了她在美国历史博物馆拍摄的一张关于美国人心目中最有影响力的总统排名的照片,答案被有意遮挡,教师由此设问:"同学们认为罗斯福在美国人心中排第几?为什么?"学生的回答有第三、第二甚至第一,但最终教师揭晓答案才发现罗斯福只排在第五位。为什么在我们心目中能排进前三的罗斯福在美国人心中只排到了第五位?借着这个问题,教师又提供了两则她采访美国当地民众对罗斯福及其新政看法的材料,然后通过对比中美之间的历史与现实情况,最终得出两则启示:(1)立场不同,观点不同。要多角度、全方位看历史。(2)"新政"不是万能的,历史学习要破除迷信。通过这个问题探究活动,学生不仅更好地认识了罗斯福新政的意义和局限性,还增加了历史学习的智慧。

来自雷州八中的涂志刚教师在"顺乎世界之潮流"一课的教学中也采用了问题探究式学习。为了帮助学生更好地认识近代中国的思想先驱在试图改变中国现状时的艰辛和不易,涂教师设计了两个历史镜头来回归现场、还原真相。第一个镜头是洋务人士的尴尬,选取了陈旭麓先生《近代中国社会的新陈代谢》一书中描述李鸿章和郭嵩焘遭遇的一段文字,由此设问:"洋务人士为何会遭遇尴尬?如何评价"中体西用"的思想?"第二个镜头是梁启超的困境,选用了一则梁启超辗转多地买来的世界地图遭冷遇的故事,配合了梁启超本人关于自强看法和陈独秀关于维新看法的两则材料,由此设问:"'偶得一人来观,即欣喜无量'说明了什么?维新思想的意义是什么?"两个历史镜头都很好地调动了学生的思考,学生的回答十分踊跃，教师的教学意图得以实现。

一堂好的历史课应该是能拨动学生思想琴弦的课，问题探究式学习可以拨动学生思想的琴弦，挖掘学生思想上的潜力，帮助学生更加深刻地理解历史的本质，从而实现历史学习的高效。

4. 实施课堂翻转

翻转课堂源于美国，是指将传统教学过程中的知识传授和知识内化两个阶段进行翻转，知识传授通过信息技术的辅助在课后完成，知识的内化则在课堂中经教师的帮助与同学的协助而完成。[5]来自爱周中学的罗子芬教师在"外交关系的突破"一课的教学中就采用了翻转课堂的教学方式。学生在正式上课之前已经通过导学案对本课的基础知识进行了自主学习，课堂开始时，教师首先是对学生自主学习的情况进行检查，学生根据 PPT 上展示的自主学习内容的答案进行核对和修正，然后再通过几道自主检测习题进行基础知识的巩固。在此基础之上，再在教师的引导下通过两道合作探究题进行重难点部分的学习。第一道合作探究题提供了五则材料，要求学生根据材料和课本内容自己提问题然后分析归纳答案，此环节采用一个小组提出问题，其他小组进行回答的方式进行，学生回答之后，教师再进行补充和点拨。第二道合作探究题提供了三则材料，要求学生根据材料概括中美关系正常化对中国及世界有何影响？在一组学生汇报完学习成果后，其他小组进行质疑，整个探究活动在质疑和应答的氛围中走向高潮，取得了不错的教学效果。课堂的最后环节是由学生自己动手对所学内容进行归纳总结，然后构建知识网络图。

翻转课堂的实施需要学生在课前进行知识的自主学习，发现疑难问题，然后在课堂上与同学进行交流与探讨，教师成为学生学习的组织者和引导者。这种学习方式减少了教师对基础知识讲解的重复工作，增加了学生学习的针对性，有利于教学重难点的突破，从而提高了课堂教学的效率。

5. 引入微课教学

微课是一种新兴于美国的教学方式，简单地讲，微课就是指通过微视频及相关学习资料帮助学习者独立、完整地学会某一知识片段或方面的学习活动。[6]在本次比赛活动中，来自坡头区第一中学的付再丽教师在"文艺复兴"一课中运用了微课教学，在一段四分钟长的微视频里，教师以轻松的语调配合精美的图片为学生分别介绍了达·芬奇、米开朗琪罗、拉斐尔及他们的代表作品，帮助学生直观地了解了文艺复兴时期的具体表现，为后面提炼人文主义的核心和内涵奠定了基础。

来自湛江经济技术开发区第一中学的罗琳教师在"美苏争霸"一课中也采用了微课教学的方式。为了帮助学生更好地理解冷战下的世界局势及其影响，罗教师制作了一段三分多钟的微视频。视频分为前后两部分，前一部分通过哀伤低沉的背景音乐，配上冷战分裂的照片和文字，再现了冷战的残酷和绝望。视频的后一部分音调一扬，用《The Mass》做背景乐，分别展示了朝鲜战争、越南战争、古巴导弹危机等战争场面的照片，冷战上升为热战，世界局势再次受到战争的威胁。通过这段视频，不仅使学生对冷战下的世界局势有了直观的认识，而且也在情感上让学生认识到战争的残酷性，从而树立珍爱生命、热爱和平的情感态度价值观。

相对于传统课堂而言，微课更加注重对教学内容的针对性处理，有利于教学重难点的突破，微视频的呈现方式也有利于学生的接受，是提高学生学习效率的有效方式之一。

三、对高效课堂的几点思考

作为一种新兴的教学形式，高效课堂还处在不断实践和继续改进的阶段。正是这些努力为高效课堂积累了宝贵的经验，才使得我们能在此基础上进行更加深入的思考。通过对此次高效课堂比赛的分析和总结，我们可以得出以下认识。

1. 高效课堂首先要关注和激发学生的课堂学习兴趣

学习兴趣是学生学习的内在动力，没有兴趣的学习注定是低效甚至是无效的。在高效课堂中，为了帮助学生更好的达成学习目标，激发学生的学习兴趣是首要任务。与传统的以"知识灌输"为主的课堂不同的是，高效课堂更注重发挥学生的主观能动性，使学生产生一种由内而外的学习热情，这种热情可能产生于一个有价值的探究问题，也可能产生于一次与同学的思想交锋，还可能产生于一次上台发言的机会。

2. 高效课堂的组织形式要灵活多变

学生的主动参与是课堂能够实现高效的重要条件之一，为了尽可能地调动学生积极参与到教学活动中来，作为教师应当精心设计形式多样的课堂教学活动。自主学习主要针对比较容易理解的基本知识点的学习，适合用于课前预习；合作学习主要针对比较复杂的系统性知识点的学习，便于集思广益；探究性学习主要针对疑难性问题的解决，需要教师进行有效的指导。除此之外，课堂辩论赛、知识竞赛、角色扮演等都是非常好的教学组织形式，教师应当合理选择、有效利用。

3. 高效课堂中教师要选取适切的教学方法，适当渗透学法指导

教学方法大致可以分为"以教师的教为主"的方法和"以学生的学为主"的方法两大类，高效课堂提倡以学生的学为主的方法，但也并不排斥以教师的教为主的方法。一堂课究竟应当采用哪种教学方法，应当根据教学内容、学生学情等实际情况而定，做到"教无定法，贵在得法"。另外，授人以鱼不如授人以渔，教师在课堂教学中教学生学会学习比教学生学会知识更加重要，因此，教师应当在教学活动中适当地渗透对学生的学法指导。

4. 高效课堂要知情并重、面向全体、关注个体

一堂高效的课堂，应当是不仅在知识目标达成上实现高效，更应该在情感交流上产生共鸣。要实现这样的目标，需要教师有"面向全体，关注个体"的意识。所谓"面向全体"，是指教师在教学目标、教学内容、教学重难点、教学方法等的设计上体现全体意识，在教学过程中能关注全体学生的表现，努力创造适合于全体学生个性发展的机会。所谓"关注个体"，是指教师在面向全体教学的同时，特别关注个体学生的课堂表现，善于发现在学习过程中遇到困难的学生并给予及时帮助，努力让每一个学生都能在课堂上得到应有的发展。

四、结语

作为教育领域里的一个热点话题，高效课堂的理论与实践正在不断完善中，相信经过努力，课堂教学定能实现高效果、高效率和高效益的有机组合。

参考文献：

[1] 张明：《高效课堂实施障碍与改进策略》，《中国教育学刊》2011 年第 11 期。

[2] 陈洪义：《中学历史教学情境创设有效性的实践与思考》，《课程教学研究》2013 年第 12 期。

[3] 王益辉：《"导学案"的设计与实施》，《教育科学论坛》2010 年第 10 期。

[4] 张静：《问题探究式历史学习的初步研究》，《教育科学研究》2001 年第 2 期。

[5] 张金磊等:《翻转课堂教学模式研究》，《远程教育杂志》2012 年第 8 期。

[6] 钟绍春等：《微课设计和应用的关键问题思考》，《中国电化教育》2014 年第 12 期。

（本文发表于《湛江教育》2016 年第 02 期，第 29—31 页。）
本文作者：唐朋，岭南师范学院历史系讲师。

选择与重构：让历史课堂在思辨中情智共生

—— 陈穗教师"古罗马的政制与法律"一课的再思考

陈洪义　唐朋

2016 年 9 月 20 日，湛江市高一岳麓版教材培训班有幸邀请了"广东省中小学新一轮百千万人才培养工程"高中名教师培养对象汕头市聿怀中学陈穗教师进行示范教学，陈穗教师所呈的是"古罗马的政制与法律"一课，是必修一中公认的难度较大的一课。陈穗教师在准确理解课标的基础上，重视史料的选择与运用，对教材内容进行了合理的选择和巧妙的重构，整节课堂以历史解释为实施路径，让课堂在理性的思辨中情智共生，敲开素养之门。可以肯定地说，陈穗教师呈现的是一节成功实现由"教教材"向"用教材教"转变的历史教学案例。

思辨与释史：敲开历史课堂的情智之门

历史解释是历史学科核心素养的重要组成部分，在具体的历史课堂教学中表现为朱汉国教授所说的"求智"和"求证"的特征。在本课教学中，以"求智"和"求证"为课堂价值追求，陈穗教师分别使用了"览""探""寻""悟"四个动词组成一条鲜明的教学主线，以"点睛之笔"将教学内容整合成一个严密的系统，四个动词看似平常，却以"点睛之笔"饱含深意，暗合了当前历史学科情智素养的基本要求。

用"览"架构历史时空。古罗马的历史从公元前8世纪初建城到公元1453年东罗马帝国灭亡，前后时间跨度达两千多年，期间古罗马的疆域范围、政治体制以及法律制度发生了多次变化，学生很容易把相关内容混淆。因此，陈穗教师运用历史时间轴和历史地图相结合的方式向学生展示了古罗马的历史沿革、疆域变迁以及罗马法的演进历程，并将其与中国的历史时期相对应。历史时间轴能帮助学生对古罗马重大历史事件进行时间定位，形成历史时间意识。历史地图能帮助学生了解古罗马的地理位置及其历史演变，形成历史空间意识。历史时间和历史空间的准确定位，是学生历史时空观形成的关键一步。

用"探"还原历史真相。罗马法的内容及其本质是本课教学的重难点，陈穗教师将这一部分设计成"探罗马法之魅"，主要通过三个探究问题来进行突破。第一个问题是：《十二铜表法》是"涛声依旧"还是"伟大源泉"？第二个问题是利用课后"阅读与思考"中的材料进行思考：法律诉讼中，形式和内容哪个更重要？第三个问题是：谁是罗马法发展的推手？三个探究问题均有一定的难度，分别解决了《十二铜表法》的内容及其评价，形式主义对罗马法的影响，罗马法发展与完善的历程等问题。在厘清罗马法的发展历程之后，陈教师还引导学生从内容、结构和原则三个角度去总结罗马法的特征、揭示罗马法的精神实质。为促进学生有效解决上

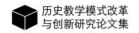

述问题，课堂提供了丰富的史料予以支撑。这种设计与实施，符合新课程中"教师主导、学生主体"的基本理念，运用史料探究历史的方法也有利于培养学生史料实证和历史解释的能力。

用"寻"觅求历史踪影。罗马法之所以可贵在于其影响深远。陈穗教师通过耶林和恩格斯对罗马法评价的材料引导学生思考：罗马法对罗马和后世产生了怎样的影响？经过学生的阅读、讨论、分析之后，教师再适时的进行总结，罗马法不仅对古罗马意义重大，其正义、契约、私产等基本精神也为近代资产阶级法律所继承，它不仅影响了近代资产阶级思想启蒙运动和资产阶级革命，还对当代中国的法律建设提供了可资借鉴的经验。"寻罗马法之影"的设计，将现象与本质、历史与现实、西方与东方结合起来考察，既锻炼了学生透过现象看本质的历史思辨能力，也培养了学生纵横联系的历史理解能力。

用"悟"体味历史真谛。在最后一部分，陈穗教师将其设计为"悟法律之价值"。首先出示日本作家盐野先生对卡拉卡拉敕令的不同看法，引导学生思考：出现认知差别的原因是什么？什么是善法？法律的价值何在？然后提供三则材料供学生阅读，分别是"古罗马法学家对法律的认识""中国西汉桓宽对法的认识""历史教科书上对法律概念的界定"。学生在阅读材料的基础之上，概括出自己对"法"和"法律"价值的认识。历史学习的最高境界在于学习者自身的感悟，陈穗教师的设计为学生理解法律的本质，体味历史的真谛提供了思维的空间，有利于学生形成崇尚法制的意识，自觉维护法律的公平与正义。

综观本课，经典之处有二，一是以"览""探""寻""悟"为明线，勾勒出课堂不断深入的知识学习路径。"览"字观其全貌，有架构时空之用；"探"字发其幽微，有明确真相之用；"寻"字纵横古今，有觅求踪迹之用；"悟"字发自内心，有体味真谛之用。"览""探""寻""悟"四个部分，用词精妙、逻辑严密，既注重科学性也讲求艺术性，将本课内容很好地整合在一起。二是以学生历史理解能力提升为暗线，借助丰富的史料，构建富有思辨的历史课堂。每一环节通过选择丰富的史料，设计富有诱思性的问题，诱导学生的历史深度学习，让课堂因富有思辨变得格外灵动与智慧，从而有利于学生历史学科情智素养的养成。

选择与再造：提升历史课堂品质的关键路径

新课程历史高考试题格外关注课程观思想，试题不拘泥于教材，常用新材料，设置新的问题情境，考查考生灵活运用所学知识与材料信息进行理解与解释相关问题的能力。这就要求教师突破原有的教材观和教学观，突破教科书的局限和束缚，从"教"教材向"用"教材转变。但在实践中我们发现，新课程改革十多年来，教师教材观、教学观普遍停留在教教材上，依然过分强调教材的重要性和唯一性。陈穗教师利用"再造之手"对教科书内容进行了大胆的取舍和整合，借助丰富的史料和资源，设置富有诱思性的问题情景，构建起了思辨的课堂，为我们成功勾画了"理解课标—梳理教材—选择史料—重构历史"实现用教材教转变的关键路径。

依标固本，把握教学方向。课程标准是教师组织教学活动必须遵循的依据，课标对本课的要求是"了解罗马法的主要内容及其在维系罗马帝国统治中的作用，理解法律在人类社会生活中的作用"。从课标要求可以看出，了解罗马法的内容及其作用属于基础知识，理解法律的精神实质是本课教学的核心所在。因此，本课的教学应以罗马法为载体，围绕法律的精神实质展开。教科书关于本课内容的呈现主要涉及"君主制""贵族共和制""共和国""元首制""帝国""习惯法""成文法""十二铜表法""查士丁尼民法大全"等概念，这些概念共同构成了罗马法的背景及其主要内容。因此，本课的教学也必须讲清楚这些基本概念，做到从了解到理解，从表面到实质。陈穗教师的教学设计正体现了"依标固本"这样的备课思路。

破立统一，突破教材局限。新课程"一纲多本"，使得教材成为教学的其中一种材料和解释，而不再是教学的"经书"，因此，新课程要求教师在教学中"用教材教而不是教教材"。对教科书体系的"破"与"立"能反映一名教师的教学素养，同时也能体现教师所持的课程观、教材观与教学观。新课程观认为，应充分利用一切对实现教学目标有利的课程资源，这就要求的教师备课要打开视野，突破教科书的局限和束缚，概括学生实际，创造性使用教材，努力开发教科书之外的课程资源为教学服务。陈穗教师的教学打破了教科书原有的的内容体系，补充了古罗马的地图、《十二铜表法》的具体条文、美国辛普森案的案例、东西方学者对于罗马法的认识等丰富的材料，然后利用自主阅读和问题探究的方式将本课内容整合成"览""探""寻""悟"四个有机结合的环节，成功实现了教科书内容的"破"与"立"统一。

融会贯通，构建教学思路。历史教学中要处理好三种逻辑关系，一是历史的逻辑，二是教科书的逻辑，三是学生认知的逻辑。历史的逻辑主要是时间顺序和因果联系，教科书的逻辑与学习的主题相关，而学生的认知逻辑则需要考虑学生的心理特征和生活经验。"古罗马的政制与法律"一课其教科书逻辑对历史的逻辑进行了重构，分别按时间顺序介绍了古罗马的政制沿革和罗马法的发展历程，两条线索各自独立，学生很难将罗马法与罗马政制联系起来。陈穗教师的教学分别从"览""探""寻""悟"四个角度把教学内容按照背景、内涵、影响、价值的逻辑进行了再次重构，既符合历史发展的逻辑，也符合高中学生从分析到综合，从表层到实质，从历史到现实的认知逻辑，很好地将历史教学中的三种逻辑融会贯通起来。

灵魂升华，实现价值引领。历史特级教师李惠军认为，一堂课应当有一个灵魂，所有教学活动都应以灵魂的升华为最终目的。对于"古罗马的政制与法律"一课而言，其教学的灵魂是法律的精神实质及其价值。陈穗教师在本课的第三部分总结了罗马法的基本精神是"平等、正义、人文、丰富、缜密、系统、私产、契约、程序"等，在第四部分又列举了东西方学者对于法律价值认识的不同观点，并要求学生根据所学内容和提供的材料，写出自己对法律价值的感悟。这样的设计，揭示了历史事物的本质，调动了学生的自我认知，体现了历史教学的价值引领功能，有助于实现本课教学灵魂

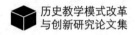
的升华。

加强学情研究，在准确把握课标和研读教材基础上，大胆选择和重构教学内容，做到"依标固本、破立统一、融会贯通、灵魂升华"，就能有效提升课堂教学品质，顺利敲开素养之门。这样的教学再造手法为我们的深度备课以及新课程教学提供了一个很好的示范，值得我们历史教师去借鉴与学习。

（本文发表于《中学历史教学参考》2016年第12期，第42—43页。）

本文作者：陈洪义，湛江市教育局教研室教研员；唐朋，岭南师范学院历史系讲师。

历史教学设计的创新方法与路径

—— 基于案例研究的思考

唐朋

摘要：教学设计是教师上课的"蓝本"，本文结合已公开发表的历史教学设计案例，分别从宏观把握和微观处理两种角度进行分析，提出历史教学设计的创新方法与路径有高屋建瓴的教学立意、打破常规的教材处理、多样有效的活动设计，透过细节感悟历史、利用故事趣化历史、眼中有"人"活化历史、挖掘思想升华历史、联系现实思考历史等。

关键词：历史教学设计；案例研究；创新路径

教学设计是指在进行教学活动之前，根据教学目的的要求，运用系统方法以及现代学习与教学心理学、传播学、教学媒体论等相关理论与技术，对参与教学活动的诸多要素所进行的一种分析与决策。[1]170 一份有创新的教学设计是一堂有特色的课的重要保障，《历史教学》和《中学历史教学参考》上刊登了大量的优秀历史教学设计，阅读分析后发现，优秀的历史教学设计各有各的创新之处。研究这些创新之处，可为历史教师制作教学设计提供一个可资

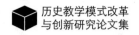
借鉴的路径。本文主要从历史教学设计的宏观把握和微观处理两个角度进行考察。

一、历史教学设计的宏观把握

教学设计把教学过程视为一个由诸要素构成的系统，需要用系统方法对参与教学过程的各个要素及其相互关系作出分析、判断和操作。[2]171 在制作历史教学设计之前，先对整个教学内容有一个宏观设计的思路很重要，这里面包括教学立意的确立、教材内容的处理以及教学活动的设计三个部分。

（一）高屋建瓴的教学立意

教学立意是教师基于学术研究成果对教学内容提出的核心观点或主张。[3] 教学立意不仅可以统领整个教学内容，帮助学生从更高的角度感悟历史，还能帮助学生巩固历史知识，加深对历史的理解。针对同一课的教学内容来说，教学立意可大可小、可高可低、可深可浅，教师可根据学情和自己对教学内容的理解确立不同层次的教学立意，一个高屋建瓴的教学立意是一堂历史课的最大亮点。

赵利剑教师在"两极世界的形成"一课的教学设计中，将教学立意确立为"要共识，搁置分歧；要对话，不要对抗；要多级，避免单极"，在学生了解基本史实的基础之上，通过材料重点探讨了"冷战"与一般意义上战争的区别，"冷战"带给世界的影响，"冷战"的启示（如何化解危机）等问题，最终生成本课的教学立意。[4] 这一教学立意淡化了教科书上关于两极世界对抗的内容，增加了学生看待历史问题的角度，能有效培养学生处理现实问题的智慧，具有相当的高度。

杨枫教师在"美国联邦政府的建立"一课的教学设计中，将教学立意确定为：美国 1787 年宪法确立了美国三权分立的总统共和制政体，是世界政治制度史上的重要创新，它是美国国情和民情及其独特的立国经验的产物。[5] 在具体教学过程中，杨教师通过指导学生了解制宪会议召开的过程，解读联邦宪法及其修正案的文本，比较美国总统制与英国君主立宪制的异同，帮助学生理解"国情和民情以及美国立国经验的特殊性是导致美国确立联邦共和政体的重要原因"。这一教学立意抓住了美国政体的创新这一关键点，突出了国情、民情以及立国经验对政治制度创新的重要性，其立意十分深远。

（二）打破常规的教材处理

历史教学内容的逻辑关系涉及三种类型，一是历史的逻辑，二是教材的逻辑，三是认识的逻辑。[6]186 通常情况下，这三种逻辑是交叉重合的，但有时为了更好地顺从学生认识的逻辑，需要对历史的逻辑和教材的逻辑进行整合与重构。

张兆金教师在"开辟新航路"一课的教学设计中，没有按照教科书上"东方的诱惑""新航路的开辟""走向会合的世界"的逻辑来组织教学，而是将教科书的逻辑进行了的重构，将其调整为以下三个环节。（1）呈现史实：开辟新航路的历史过程；（2）问题探究：为什么要开辟新航路；（3）梳理分析：新航路到底"新"在哪里？[7] 重构后的逻辑遵循了历史学习从史实到史识的规律，符合学生的认知特点，不仅增加了教学的新意，还有利于培养学生的历史理解和历史解释能力，为学生历史学科核心素养的养成提供了具体可行

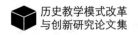
的路径。

王德民、赵玉洁教师在"空前严重的资本主义世界经济危机"一课的教学设计中，改变了教科书上背景、经过、影响的常规叙事逻辑，将这一课的逻辑调整为环环相扣的三个环节，分别是：（1）感受"经济危机"；（2）拷问"经济危机"；（3）反思"经济危机"。[8] 这样的处理方式既顺应了学生由具象到抽象的教学逻辑，又提升了整节课的教学高度，增加了学生对经济危机的理性认识。

（三）多样有效的活动设计

建构主义理论认为，知识的获得不是通过传递，而是通过建构；学习是基于经验形成意义的主动过程。[9]7 学生在课堂活动中的参与是知识建构的主要途径，因此，教师在教学设计环节就应充分考虑调动学生积极参加课堂活动的方法。从历史教学设计创新的角度来说，可以采用的活动方法有情境教学、问题探究、开放式讨论等。

1. 情境教学的设计

情境教学是充分利用形象，创设典型场景，激起学生的学习情绪，把认知活动和情感活动结合起来的一种教学模式。[10] 在历史教学中，历史情境的创设可以帮助学生感悟历史、理解历史。

赵剑锋教师在"启蒙运动"一课的教学设计中，运用一张伽利略在《星际信使》一书中勾出的月亮形象图片和一则伽利略利用自制望远镜发现太阳黑子的材料进行课堂导入，引导学生认识"过去人们一直认为上帝创造的世界是完美无缺的，但现在月亮有了斑点，连太阳也有了缺陷。这就根本动摇了上帝创造世界的基本宗教信条"[11]。然后引出自然世界的法则可以被人们所认识,因此支配人类社会的法则也可以依靠人的理性为人们所发现,启蒙思想家所做的就是这样的工作。情境导入的方式吸引了学生的学习兴趣,同时也给学生制造了认知上的冲突,给学生以探求新知的欲望和动力。

2. 问题探究的设计

依据学习内容提出问题供学生思考,是课堂教学过程中的重要环节。问题探究是发展学生思维能力的重要载体。没有思考,就没有学习。[12]89 问题探究可以帮助学生就某一历史问题进行深入的思考,从而培养学生分析问题和解决问题的能力。

王生教师在"伟大的抗日战争"一课的教学设计中,通过设置认知冲突的情境,引导学生理性地看待抗战史上的几个焦点问题,提升学生的历史研究素养和认识水平。[13] 在教学过程中,他首先提出一个具有统领意义的"母问题"——"为何称抗日战争是伟大的?",然后随着教学的深入,再依次提出"你如何认识国共两党对抗战起点和时限上的差异?""关于抗战主力的两种不同说法,你是如何看待的?""你将选用哪些证据来驳斥日本军国主义否定侵略的反动论调?""如何看待日本'终战'于美国投放的原子弹?"等问题,在每一个提出的问题之后分别给学生提供相应的史料,由学生按照小组进行讨论分析,组织观点,得出历史的认识。通过对这些问题的探究,不仅提升了学生认识历史问题的能力,还加深了学生对抗日战争这一事件的认识,有利于培养学生理性看待战争的态度。

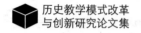
3. 开放式讨论的设计

讨论是一种使学生在集体中相互交流个人看法的活动方式。[14]162 开放式讨论是指讨论的主题是开放式的，讨论的结果也没有正确错误之分，学生可以根据自身学习经验和感悟发表不同的看法。开放式讨论可以调动学生积极参与到教学活动中来，还能帮助学生在思维的交流与碰撞中提升历史认识。

唐云波教师在"文艺复兴"一课的教学设计中，在"探源文艺复兴"和"感受文艺复兴"两个环节之后，设置了"回味文艺复兴"这一教学环节。在这个环节里，由学生用一句话来描述自己对文艺复兴最深刻的感受并将其写在课前发的卡片上，然后互相交流选出佳作，最后由学生诵读佳作，教师即兴点评。[15] 由于是开放式的讨论问题，学生的答案异彩纷呈，有人看到了文艺复兴中的人性与智慧，有人看到了文艺复兴中的科学与理性，还有人看到了文艺复兴的时代价值，也有人看到文艺复兴中人性膨胀的弊端……总体来说，这样的教学活动设计是成功的，它有效地发掘了学生的思维潜能，给学生提供了个人观点展示的机会，有利于深化学生的思考，开拓学生的思路。

二、历史教学设计的微观处理

一份有新意的历史教学设计，除了要从宏观上有所把握之外，微观上的处理也是十分必要的。经过对众多优秀历史教学设计的阅读和分析，下面主要从历史的细节，历史的故事，历史中的人，历史的思想性，历史与现实生活的联系等五个角度进行举例说明。

（一）透过细节感悟历史

细节，是指细小的情节或环节。对于历史学科而言，历史的细节包括有微观情节或环节的历史人物、历史事件、历史情境等。历史细节的使用，可以帮助学生从宏观叙事的历史长河中找到具体生动的点点浪花，从而更好地认识历史、理解历史。

李玉教师在"鸦片战争"一课的教学设计中，设计了"这场战争中国有取胜的可能吗？"的问题，学生虽然都能给出正确答案并找出制度的落后是中国战败的主要原因，但对于"为什么说落后的封建制度敌不过先进的资本主义制度"的了解却是十分空洞的。鉴于此，李教师出示了一组鸦片战争期间中英双方的数据对比，包括战争花费、投入兵力、伤亡人数及将领级别，然后在学生的惊叹中进行解释：这场战争清政府已经是尽其能力，倾其财力，清军将领也尽力了，但仍然惨败，说明这不是哪一个人的问题，而是更根本的制度问题。[16] 在此基础之上，教师再呈现茅海建、蒋廷黻等学者关于鸦片战争中国战败原因的论述，然后再用中英的军队为例论证这些观点，最终把以前一些空洞的、教条的结论落实在具体的事实中，引导学生认识到了历史的真相。

（二）利用故事趣化历史

历史就是过去的故事，对于中学生的历史学习而言，讲故事听故事永远都不会过时。历史教科书为了让学生在有限的时间里掌握尽可能多的历史知识，舍弃了许许多多生动有趣的历史故事。作为历史教师，也有必要用故事让历史生动

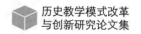

起来，让学生喜欢历史并通过故事去感受历史。

鲁东海、刘倩教师在"伟大的历史性转折"一课的教学设计中，用五个故事将整节课串了起来，分别是：改革的先声——小岗村的"生死契约"；农村改革的肇始——贫穷不是社会主义；改革从农村走向城市——第一只螃蟹的味道；为什么要对外开放——格里希效应；强化与提升——英雄相惜，毛泽东赞扬邓小平。[17] 这几个故事兼顾了历史发展的脉络和学生认知路径的共同需要，有效地推进了教学的进程，促进了教学目标的最终达成。教学内容的故事化激发了学生学习历史的兴趣，避免了枯燥的理论讲解，有利于学生理解历史。

（三）眼中有"人"活化历史

历史是人的历史，然而长期以来，各种抽象的名词和理论占据了历史教科书的主要版面，历史的"人"被遮蔽或者被格式化，鲜活生动的历史变成了冷冰冰的教条。让历史回归人性，让历史教学"眼中有人"，这是中学历史教学的必然要求。

1. 走近历史中的人

历史是昨日的真实，历史上的人和今天的人一样，都是有血有肉有感情的，因此，我们在学习历史的时候要有钱穆先生所说的"理解之同情"和"温情之敬意"。只有用心去感受，去走近历史人物的生活，走进他们的内心世界，才能体悟到历史的真谛。

黄卫军教师在"'百家争鸣'与儒家思想的形成"一课的教学设计中，为了帮助学生更好的理解诸子百家的思想根源以及他们应对时代之"变"的方略，特意设计了六个教学情境，分别是：孔子杏坛教学实录；孔子的青春期；孟子见齐宣王；老子对世界本原的认识；庄子对人生的认识；口吃缺陷造就旷世奇才，生活经历成就理论。[18]这六个情境是六个有趣的故事，内容涉及诸子的个人生长环境、生活经历、求学经历等，找到了诸子个性及思想形成的渊源，对于帮助学生拉近与历史人物的距离，用"人"的立场和视角去看待两千年前伟大的思想家是极为有利的。

2. 尊重课堂上的人

学生是课堂学习的主人，但他们的主体地位却往往得不到保证。李惠军教师曾说："他们的'天真'被历史课上那些冷峻艰涩的所谓'道理'所扑灭；他们的'童趣'被历史课上那些生僻僵硬的所谓'概念'所摧毁。""他们的'困惑'无法在看似行云流水的课堂上得以显现……甚至他们连暴露错误、流露幼稚的机会都被'教学环节'的完整逻辑和'教学计划'的完成要求所剥夺了。"[19]的确，学生是活生生的人，教师在课堂教学中一定要尊重他们，不能只顾自己的教学，也要多听听他们发出的"声音"。

佘翀教师在"太平天国运动"一课的教学中，在讲到太平天国定都天京的意义时，遭到成绩平平的学生的质疑，学生认为定都天京埋下了太平天国运动失败的伏笔。面对学生的不同意见，教师并没有置之不理或者强行打压，而是加以引导，让学生说出自己的理由，结果学生分别从军事、政治、思想等角度层层分析，说出了令人信服的理由，获得了教师和同学的一致认可。在高三复习这一课讲到农民反封建的时候，又有学生提出"农民不反封建，农民反不了封建"的质疑，面对学生的不同观点，教师再次抓住契机，顺势引导学生将自己的观点的缘由写在黑板上，学生写出了农民只反封建政府不反封建制度，农民骨子里向往等级，资产阶级才反封建等三大理由，超出了教师的预料，教学的效果实现了很好的生成。[20] 尊重学生的主体地位并不是一句空话，它需要教师给学生创造主体发挥的空间，正确对待学生的思维闪光点。

3. 发现讲台上的人

在历史新课程教学中，教师要由历史知识的传播者、灌输者转变为学生主动学习和主体发展的组织者、引导者、帮助者、合作者和促进者，要在发展学生主体性的同时，实现自我主体性的发展。[21]128 在教学活动中，历史教师的主体地位和学生的主体地位同等重要，因此，历史教师主体意识的发现对于做好教学工作也是十分重要的。历史教师的主体意识包括历史教材及课程资源的开发与利用，学生主体地位的关注与尊重，教学活动的设计与创意，教学目标的认识与生成，教师个人能力与素养的提升等。历史教师只有在教学活动中发现自己，找准自己的定位，明确自己的目标与任务，用心备好每一节课，才能真正上好历史课。

（四）挖掘思想升华历史

历史教育是一门智慧学科，它要培养的是一群有自己独立思考能力的人。因此，历史的学习不应该仅仅是去了解哪些已经发生过了的史实，而更应该教学生用反思的态度去理解历史、解释历史，并从中汲取历史传递给我们的经验和教训。

卢晓华教师在"抗日战争"一课的教学设计中，就充分认识到抗日战争史的教学应该是真实、具体，令人反思的，而不是对知识的机械记忆和仇恨的延续。[22] 因此，卢教师以美籍华裔作家张纯如的《南京浩劫——被遗忘的大屠杀》一书为基础，将整节课设计成了三个环节：（1）以细节真实还原历史真相，通过材料让学生认识南京大屠杀的悲剧除了要揭露日军的暴行之外，还要反思中国人的国民性；（2）以理论视角拓展历史视野，通过引用人类学、心理学、宗教学的研究成果来帮助学生理解日军在南京的野蛮暴行和日本人出名的讲究礼仪之间的关系；（3）以实际行动肩负历史责任，通过介绍南京大屠杀期间建立安全区解救中国难民的国际友人的事迹，鼓励学生用自己的实际行动去表达对历史的自我理解，去肩负自己的历史责任。

（五）联系现实思考历史

历史沉淀于现实中，现实里蕴藏着历史的传承。找到历史与现实的联系，历史知识的鲜活性就体现出来了。[23]45 因此，历史教师在教学过程中要善于找寻历史与现实之间的连接点，引导学生从关注历史走向关注现实，用历史的眼光来理解现实，用现实的生活去思考历史。

赵剑锋教师在"清新典雅的皖南古村落"一课的教学设计中，在完成该课教学的主要内容之后，展示给学生一张自己在宏村的一个家庭客栈里的留影，然后讲出自己的困惑：旅游开发者把古民居改造成现代化的小旅馆，破坏了古民居的内部结构，给人一种说不出的遗憾。以此引导学生思考"在大力发展旅游业的今天，我们应该如何保护世界文化遗产呢？"[24] 这是一个具有现实意义的开放性问题，学生经过思

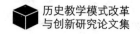

考后，给出了"保存古色古香的建筑更能吸引游客""保护第一，开发第二"等答案，历史与现实在学生的思考过程中实现了很好的对接。

三、结语

一份好的教学设计离不开授课教师的精心策划和细心打磨，这个过程既需要有高屋建瓴的宏观把握，也需要有落到实处的微观处理。一份教学设计很难同时拥有以上所有优点，因此只有将宏观与微观两者有效的结合在一起，在充分考虑教学内容和学生情况的基础之上择其优点而学之，才能制作出既具有艺术性又具有实用性的优秀的教学设计。

参考文献：

[1] 李稚勇，陈志刚，王正瀚：《历史教育学概论》，高等教育出版社，2015 年。

[2] 李稚勇、陈志刚、王正瀚：《历史教育学概论》，高等教育出版社，2015 年。

[3] 侯桂红：《试论历史教学立意的概念、确定方法和评价标准》，《历史教学》2015 年第 4 期。

[4] 赵利剑：《"两极世界的形成"一课教学立意的确立与达成》，《中学历史教学参考》2015 年第 3 期。

[5] 杨枫：《教学设计必须以教学的主题立意为核心——以人教版必修一"美国联邦政府的建立"一课为例》，《历史教学》2014 年第 5 期。

[6] 于友西：《中学历史教学法（第三版）》，高等教育

出版社，2009。

[7] 张兆金：《"开辟新航路"教学设计与实施》，《中学历史教学参考》2016 年第 3 期。

[8] 王德民、赵玉洁：《"一节好的历史课"标准的操作性维度探讨》，《历史教学》2014 年第 15 期。

[9] 何成刚、夏辉辉、张汉林、彭禹等：《历史教学设计》，华东师范大学出版社，2009 年。

[10] 李吉林：《李吉林文集（卷二）·与青年教师的对话》，人民教育出版社，2006 年。

[11] 赵剑锋：《对"启蒙"的不懈追问——《启蒙运动》教学设计及思考》，《历史教学》2016 年第 4 期。

[12] 杜芳、刘汝明：《中学历史教学设计与案例研究》，科学出版社，2013 年。

[13] 王生：《"伟大的抗日战争"教学设计及说明》，《历史教学》2014 年第 5 期。

[14] 于友西：《中学历史教学法（第三版）》，高等教育出版社，2009 年。

[15] 唐云波：《高中历史新课标教科书岳麓版"历史"必修三第 13 课"文艺复兴"教学案例》，《中学历史教学参考》2007 年第 9 期。

[16] 李玉：《教学立意统领下的历史教学——以"鸦片战争"的教学设计和实施为例》，《历史教学》2016 年第 1 期。

[17] 鲁东海，刘倩：《将故事"化"入历史教学中——以"伟大的历史性转折"教学为例》，《历史教学》2013 年第 19 期。

[18] 黄卫军：《"'百家争鸣'与儒家思想的形成"教学

设计》，《中学历史教学参考》2011 年第 3 期。

[19] 李惠军：《找回缺失的"人"！——有感于吴江"问史"论坛》，《历史教学》2016 年第 5 期。

[20] 佘翀:《化质疑危机为教学契机——以"太平天国运动"一课的教学"意外"为例》，《中学历史教学参考》2015 年第 10 期。

[21] 朱汉国、郑林：《新编历史教学论》，华东师范大学出版社，2008 年。

[22] 卢晓华：《真相·反思·责任——"抗日战争"教学的着力点》，《历史教学》2015 年第 19 期。

[23] 赵亚夫：《历史课堂的有效教学》，北京师范大学出版社，2007。

[24] 赵剑锋：《"清新典雅的皖南古村楼"教学实录》，《历史教学》2007 年第 10 期。

注：本文发表于《中学历史教学参考》2017 年第 6 期，第 35—39 页。人大复印资料《中学历史、地理教与学》2017 年第 10 期全文转载。

本文作者：唐朋，岭南师范学院历史系讲师。

"眼高"与"手低"：关于
核心素养下历史教学的思考

唐朋

　　2018 年暑假期间，一位学生给我发来消息，向我请教关于走班制和 3+3 高考改革的问题，正好我刚从宜昌参加完"探索新时代历史教育 —— 核心素养与教学改革"全国学术研讨会回来，参加会议收获颇丰，也催生了我关于学生所问问题的答案。我用两个词来回应学生的问题，即历史教师应"眼高""手低"。所谓"眼高"是指要有广阔的视野，能够从大时空、大背景、大趋势下观察具体的问题，通过仰望星空找准前进的方向。所谓"手低"是指应具有实干精神，能够抓住具体的问题，立足于实践，通过脚踏实地去做好每一件能做好的事情。在我看来，这两个词不仅关乎历史教师在面临教学改革时的态度问题，也可以基本概括我在宜昌学术研讨会上的收获。本次宜昌学术研讨会主要议程由三场专家报告、四个分会场论坛以及两节公开课构成，在我看来，这正好符合"眼高""手低"的设计，下面就通过会议的具体内容来加以说明。

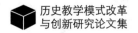
一、 "眼高"

三位专家的报告无疑是"眼高"的最好体现。核心素养作为一个舶来品，一传入中国就迅速引发了研究的热潮，然而，真正冷静思考之后，又有多少研究者能够准确地理解核心素养呢？三位专家的报告从不同的角度解析了核心素养的概念本质问题，为我们扫清了顶层设计的理解障碍，也向我们展示了高屋建瓴的考察视角。

（一）宽广的国际视野

赵亚夫教授的报告《世界基础教育改革与历史课程走向》从国际视野出发，梳理了"核心素养"诞生的背景与内涵，介绍了美国、加拿大、英国、法国、德国、芬兰、澳大利亚、日本、新加坡等发达国家基础教育改革的历程和对"核心素养"的落实情况。在此基础之上，进一步探讨了历史课程发展面临的挑战，提出在历史教育专业建设方面，需要强化历史意识或历史认识，夯实历史思维或历史思考，实现跨学科学习和研究。在促进历史教育发展方面，需要抓住几个关键课题，即历史教育的定位是公民教育，历史教育的目标是培养学生的历史思维，历史教育的实施是开展有效教学，历史教育的效果是应用历史。这些研究成果充分吸收了国际社会最前沿的历史教育知识，为我国历史教育的研究与实践提供了借鉴经验。

培养学生的核心素养不仅是各国增强自身国际竞争力的主动选择，也是时代发展的必然要求。在全球化发展的今天，没有哪一个国家可以孤立发展于世界，培养具有国际竞争力

的公民成为各国教育的共同诉求。美国等发达国家从 20 世纪
90 年代就已经开始进行了面向 21 世纪的课程改革，在核心素
养（关键能力）的研究与实践方面积累了丰富的经验，而这
对于后起的中国来说正好是很好的借鉴，赵亚夫教授的报告
正是为我们打开了这样一扇了解与学习发达国家历史教育改
革的窗户。

（二）精深的学术探源

王加丰教授的报告《再谈"史观"的问题》以历史学科
核心素养中的"唯物史观"为核心，先后谈了"如何看待经
济因素和精神因素在历史上的作用""'多元史观'的概念
要慎用""我们如何对待这多种多样的史观"这三个问题，
提出了以下几个主要观点：（1）"经济决定论"是对唯物史
观的片面理解，全面掌握唯物史观的关键在于在总体承认经
济因素或生产力的决定性作用时，要正确评价精神因素在历
史发展中的作用。（2）多元史观的内涵经历了一个从"历史
发展取决于多种动力"到"各种各样的史观"的发展演变过程，
在当前所谓的多元史观中，唯物史观、唯心史观与所有其他
史观不是并列的关系，它们是统领其他史观的史观。（3）除
了唯物史观与唯心史观是对立的，其他史观其实是互补性的。
这些观点厘清了唯物史观与多元史观的概念问题，对于消除
历史教学中关于史观的常见理论误区具有重要意义。

唯物史观本身是一个非常庞杂的理论体系。从横向上来
看，历史教学中涉及的关于唯物史观的基本观点和方法有：
实践观点及实践标准方法，生产观点及生产力标准方法，辩
证观点及分析方法，整体观点及纵横分析法，群众观点及人

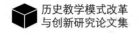
民利益标准方法，阶级观点及阶级分析方法，价值观点及社会评价方法，历史观点及历史主义方法。[1] 从纵向上来看，唯物史观在发展演变过程中有三个重要形态，即马克思恩格斯原创的经典唯物史观、二战后盛行于社会主义国家的流行唯物史观、吸收各种史观长处与精华的现代唯物史观。[2] 正是因为唯物史观本身具有复杂性，在历史教学实践中长期存在着将唯物史观片面化、庸俗化的做法，王加丰教授的报告从理论本源出发，对唯物史观进行了精准的概念解析，有利于历史教师从学术高度把握唯物史观这一核心概念。

（三）发展的应对思路

吴伟教授的报告《创新与传承——以历史学科学业水平测试和评价为例》从高中历史新课标的综合创新谈起，以新课标中的学业质量标准和评价为例，认为其创新主要体现在：学业质量与核心素养的对接实现标准化、系统化，学业质量与教、学、考统一体现连贯性、相关性，学业质量担当裁判员、监督员的"两员"角色。在另一方面，受历史学科、学科规范与规律、现实的教育模式等因素的影响，学业质量与评价也是传承的产物。新课标的学业质量给教学带来了多重冲击，主动适应或被动应付成为历史教师面临的一大抉择。鉴于此，吴教授以具体的试题为例，分别探讨了把握关键、善于实践、在传承中找出路等几种应对方式，为历史教师主动适应学业质量和评价提供了解决思路。

核心素养从概念上来说是新生的，但其本质内涵则是在传承已有教育理念与目标基础之上的创新，不管是唯物史观、时空观念等素养要点，还是教、学、考相结合，其实在过往的历史教学中都已经有一定的实践基础。吴伟教授的讲座探讨了学业质量和评价的创新与传承的问题并给出了几条应对策略，从中我们可以看出，核心素养并不可畏，历史教师应保持开放、包容的心态，在传承中实践，在实践中创新，积极主动地去应对、去适应新的素养时代。

二、"手低"

四个分论坛的专题讨论是对"手低"的很好诠释。"课堂教学改革""学生发展指导""教师专业发展""中考高考研究"这些都是中学一线教师面临的一些很实际的问题。作为第一分论坛"学科核心素养与课堂教学改革"的发言人之一，我主要从本场论坛的发言情况来谈一谈"手低"的具体体现。

（一）从教学内容入手

毛经文教师的发言《让核心素养落地的两大奠基性工程——谈谈史学真实与历史解释》认为，历史学科核心素养已经被总设计师设计好，下一步的工作是需要工程师将其落实落地。为此，毛教师提出历史学科核心素养的落实有两大奠基性工程，第一个是要保证以真实为生命底线的史学真实。历史的光荣榜，锦上不能添假花；历史的耻辱柱，批纣不能用疑罪。第二个是选用好以养育学生为主旨的历史解释，五大核心素养实际上是隐性或显性的历史解释。范江教师的发言《课堂教学中使用文献史料的处理问题》针对史料实证教学中史料存在的问题，如学生能力限制、课堂时间限制、呈现工具限制、史料长难多等，认为应该对史料进行一定的处理。

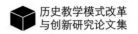

接着，范教师利用具体案例列举了处理史料的几种方法，包括删节、强调、译注、图表化（图表化又包括文字变思维导图、文字变为柱状图、表格变为曲线图等）、汇总。

教学内容是课堂教学有效开展的基本依据，也是教学目标得以实现的基础，是每一次上课都必须要面对的最基本问题之一。对于历史教学来说，历史教学内容出自教科书但又不局限于教科书，这就赋予了历史教师很大的自主性和灵活性。毛经文教师的发言侧重于阐释历史教学内容的真实性和适切性两个问题，范江教师的发言则侧重于对历史教学内容中文献史料的处理，虽然侧重点不同，但两者的发言都是直接面向中学历史课堂教学实践的探索，着手点低但可操作性强。

（二）从教学方法入手

李琴教师的发言《高中历史学科核心素养培养的策略探析》以"从'师夷长技'到'维新变法'"一课的教学设计为例，提出高中历史学科核心素养培养的主要策略有：设计有效目标——培养历史核心素养的出发点；创设问题情境——培养历史核心素养的切入点；倡导合作探究——培养历史核心素养的着力点；实现情感体验——培养历史核心素养的落脚点。刘相钧教师的发言《结构化、情境化、探究化——新一轮课改背景下的课堂教学改革》分别举例谈了课堂教学的时代要求、改革路径、备课流程、组织模式与反馈落实等几个问题，特别强调了课堂教学的改革思路是结构化、情境化与探究化。

教学方法是师生共同完成教学目标的必要手段，自2001年课改以来，史料教学、问题教学、情景教学、自主学习、合作学习、探究学习等多种教学方法在中学历史课堂上被广泛地运用，积累下了丰富的理论与实践成果。在新一轮教学改革的素养时代，我们要充分吸收上一轮改革的优秀成果，在传承的基础之上继续创新。李琴教师和刘相钧教师的发言内容就充分体现了对教学方法的传承与创新，立足于实践又服务于实践，在我看来是一线教师开展教学研究的典范。

（三）从教学实践入手

朱桂红教师的发言主题是《让学科核心素养在历史课堂落地生根 —— 以统编中国历史七年级上"东晋南朝时期江南的开发"为例》，朱教师用自己的课堂教学实践探索出了让核心素养落地的几个途径分别是：让历史课堂穿越围墙的界限，借历史问题打通认知的关卡，用历史整体强化知识的联系，创历史情境走向现实的生活，引历史整合实现学科的交融。杨琪教师的发言主题是《以"英国君主立宪制的建立"一课为例谈从"教历史"到"学历史"》，在该课教学中，杨教师设计了学生阅读历史文献、动手绘制时间轴、开展问题探究等教学活动，以学生为学习的主体，实现了从"教历史"到"学历史"的转变。

李惠军教师认为"作为一线历史教师应该多关注一点历史研究领域的前沿动态问题，多关注一点课堂中真实、具体、有用的问题，将我们的着眼点和立足点转移到历史课堂中，在课堂的实践探摸中践行学科核心素养的滋育"[3]。历史课堂就是历史教师的小宇宙，所有的问题都会在课堂中暴露，所有的理论也都需要在课堂中去检验。朱桂红教师和杨琪教师用实实在在的课堂教学案例展示了对培养学生核心素养的

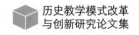
思考与探索，是接地气的做法。

结语

正如我们既要"仰望星空"也要"脚踏实地"一样，作为历史教师，我们也应拥有"眼高"的宽广视野，把握时代的发展潮流，借鉴国际社会的先进经验，理清学科发展的关键概念，在传承与创新中去迎接新的挑战。与此同时，我们还需要有"手低"的实践精神，静心沉潜于课堂，选好教学内容，创新教学方法，努力在教学实践中去发现真问题、解决真问题，让学生的核心素养实现真正的落地开花。

参考文献：

[1] 陈辉：《重新认识唯物史观指导下的高中历史教学》，《历史教学（上半月刊）》2012 年第 19 期。

[2] 冯一下：《试论现代唯物史观的基本特征——兼论当代历史教育的指导思想》，《中学历史教学参考》2009 年第 6 期。

[3] 李惠军：《沉潜课堂，倾听历史深处的声音》，《中学历史教学参考》2017 年第 9 期。

（本文发表于《中学历史教学参考》2018 年第 9 期，第 43—45 页）

本文作者：唐朋，岭南师范学院历史系讲师。

基于核心素养的历史教学主题设计
—— 以统编版七年级下册教学为例

唐朋　安玲

摘要：核心素养不是具体的教学目标，它介于教育理念与教学目标之间，体现教育的追求，引领教学实践。文章从核心素养的内涵特点与核心素养下历史教学的取向出发，以统编版七年级下册的教学为例，探讨得出基于核心素养的历史教学主题设计的思路为：突出人的价值，彰显历史教学主题的温度；拓宽历史视野，把握历史教学主题的高度；提升历史认识，挖掘历史教学主题的深度。

关键词：核心素养；历史教学主题；初中历史

随着《普通高中历史课程标准（2017年版）》的正式颁布，中学历史课程改革也正式进入了一个"核心素养"的新时代。根据新课标，历史学科的核心素养分别是唯物史观、时空观念、史料实证、历史解释、家国情怀，这五大素养上承整体的中国学生发展核心素养，下接具体的历史学科内容，既指引了历史学科育人的整体方向，又明确了历史学科教育的关键着眼点，是中学历史教学研究及实践的一个新的生长点。其实，早在新课标颁布之前，关于历史学科核心素养的研究与讨论就已经进行得如火如荼了。通过成果梳理笔者发现，有不少研究属于一线教师选取历史学科核心素养之一进行的教学实践探索。这样的实践探索无疑是十分有益的，但笔者认为，在历史学科核心素养的内涵与追求还在热议之际，片面地进行实践研究是比较轻率的，会很容易背离核心素养的本质追求。因此，加强历史学科核心素养理论与实践结合的研究，缩小理论与实践之间的落差，是一项既十分必要又十分紧迫的工作。

历史教学主题也称"历史教学立意"，是统领一堂课的中心与灵魂，它可以体现历史教师的教学理念，还直接决定了历史教学内容的选取与历史教学方法的运用。可以说，历史教学主题的恰当与否也是一堂历史课成败的关键所在，尤其是在"核心素养"新时代，历史教学主题扮演了一个衔接教育理念与历史学科教学的纽带的角色，是核心素养在教学中得到落实的重要支点。本文以理论研究为出发点，在探讨历史学科核心素养的内涵与教学取向的基础之上，以统编版七年级下册教学为例，谈一谈如何基于核心素养进行历史教学主题的设计。

一、核心素养的内涵特点

（一）育人性

核心素养的育人性是指核心素养以育人为目标追求。学生发展核心素养，主要是指学生应具备的，能够适应终身发展和社会发展需要的必备品格和关键能力。[1] 根据已经公布的《中国学生发展核心素养结构示意图》，培养"全面发展的人"是核心素养的核心，相较于三维目标，核心素养更加注重对人的主体的尊重以及人的终极价值的实现，更能体现以人为本的教育思想。从历史学科的角度来说，历史学科核心素养是学生在学习历史知识的过程中逐步形成的、在解决真实情境中的问题时所表现出来的关键能力、必备品格与价值观念，是历史学科育人价值的概括性、专业化表述和集中体现。[2] 从概念界定我们可以看出，历史学科核心素养上承中国学生发展核心素养，它们的本质追求是一脉相承的，即以"育人"为最终目标。

（二）整体性

核心素养的整体性是指核心素养的各个构成要素是一个紧密相连的整体。中国学生发展核心素养由三个方面、六大素养、十八个基本要点构成，虽然体系看上去比较复杂，但每一个都是非常必要的，他们相互联系、互相补充、相互促进，在不同情境中整体发挥作用，共同构成了未来人才应具备的特质。同理，作为核心素养的下位概念，历史学科核心素养的五大要点也是一个紧密结合的整体，《普通高中历史课程标准（2017 年版）》对其有明确的说明："唯物史观是诸素养得以达成的理论保证；时空观念是诸素养中学科本质的体现；史料实证是诸素养得以达成的必要途径；历史解释是诸素养中对历史思维与表达能力的要求；家国情怀是诸素养中价值追求的目标。"[3]4 因此，历史教师在考虑核心素养时应将其作为一个整体来看待，不可只见树木不见森林。

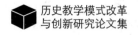
（三）聚焦性

核心素养的聚焦性是指核心素养关注最关键、最核心的能力与品格。在中国学生发展核心素养的基本要点中，除了人文积淀、信息意识等少数几个对知识掌握提出了一定的要求之外，其他要点主要都是针对能力和品格方面的要求。相较于三维目标，核心素养淡化了对知识目标的追求，但这并不意味着知识不重要，核心素养赋予了知识新的价值。核心素养下的知识是学生必备品格与关键能力实现的基础，它不在于多而在于精，不在于表象而在于意义。历史学科五大核心素养是对历史学习中学生必备品格与关键能力的聚焦，要让它们在教学中得到落实，则需要对历史知识进行进一步的聚焦。具体来说，可以从两个角度着眼，一个是精选对培养学生核心素养有意义的历史知识，另一个则是需要历史教师运用恰当的方法帮助学生去发现蕴含在历史知识之中的素养。

二、核心素养立意下的历史教学取向

根据对核心素养内涵特征的解读我们可以发现，核心素养实际上反映的是一种整体的教育追求，要让它们在教学中得到真正的落实，则需要对其进行进一步的解读，下面就从核心素养的理念、视野和目标三个方面谈一谈核心素养立意下的历史教学取向的转变。

（一）理念：从学科中心转向学生为本

核心素养的提出其主要意图在于培养能应对未来未知社会的合格人才，其立足点与最终追求都是育人。21 世纪是知识大爆炸的时代，原有的分科知识在很短的周期内都将面临更新换代，因此，我们需要转变教学观念，要开发适合学生的教育而不是培养适应教育的学生。就历史学科而言，学科中心的课程观长期以来一直居于主导地位，学生学习历史的主要任务就是记住既定的历史史实，很难有发挥的空间，学生学习的主动性不强。核心素养下的历史教育要求我们以学生为本，秉持学科育人的理念，尊重学生的主体地位，发挥学生的主观能动性。

具体来说，要在历史教育中实现核心素养的理念诉求，则要求历史教师在进行教学设计时要有整体的考虑，这其中包括：历史教学的主题应有正确的价值导向，历史教学的内容应符合学生的认知水平，历史教学的方法应该能够调动学生参与等。

（二）视野：从课时设计转向课程设计

在全球化越来越发展的今天，我们越来越需要具备全球视野的公民，这需要借助于教育的力量，核心素养也正是在此背景之下应运而生的。在传统的教育体系中，一门课程是由固定的若干课时构成，内容的规定性很强，教师的发挥空间小，学生的学习视野受到限制。核心素养的提出，要求教师要具备课程的视野，紧跟时代的发展，突破课时设计的局限，转向课程的设计与开发。

就历史学科而言，教师教学视野的拓展可以从以下两个方面着眼：第一，养成整体的历史意识，把握历史的阶段特征和主要线索，努力做到将古今中外的历史融会贯通。第二，养成历史课程资源的开发意识，注重平时的学习与积累，及时将最新的以及最有利于学生发展的资料转化成历史教学的

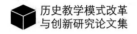
资源。

（三）目标：从历史知识转向历史意识

在现代社会里，人们的知识观发生了很大的变化。旧的知识观认为知识是客观稳定的，教育只需要做到知识的传承就算是成功的，而新的知识观认为，知识更多的是一种主观的认知，教育需要帮助学习者主动去建构属于自己的知识。另外，随着社会的不断发展，客观知识的总量越来越多，单纯依靠记忆的知识的重要性不断下降，而建立在客观知识基础之上的主观认识则越来越重要。核心素养即是针对这一问题提出的，未来社会需要的是高认知能力的人才而非强记忆能力的人才，因此，我们的教育目标也需要做出相应的调整。

就历史学科而言，历史知识是历史学习的基础，而历史意识则是一种更高阶的历史能力，它是"人类对自然、人类自身在时间长河中发展变化现象与本质的认识，是思维主体了解自身所认知的过去是什么，所要传达的概念是什么，体现的是人们对过去事物的感受力"[4]。要实现从历史知识转向历史意识的教育目标，需要历史教师以历史知识为基础，以历史理解为中心，以整体视野为视角，以批判性思考为手段。

三、基于核心素养的历史教学主题设计

根据以上理论分析可知，核心素养的作用主要体现在对课堂教学的理念引领方面，它是课堂教学风向标，只有全面地把握了核心素养的本质内涵和教育追求，才能让我们的教学更加有的放矢。历史教学主题是历史课堂教学的灵魂所在，一个好的教学主题必然要打通核心素养与学科教学的关节，

具体可从以下几个角度进行着眼。

（一）突出人的价值，彰显历史教学主题的温度

人是历史的创造者，也理所当然应该是我们进行历史学习时所要关注的主角，但现实的情况往往是以事代人，历史课堂教学中充满了理性的概念解析而很少有丰满立体的人的形象的出现。核心素养讲求以人为本，关注历史上的人可以引发学生情感上的共鸣，加深对历史的理解与感悟，下面通过具体课例进行说明。

1. 从"贞观之治"到"开元盛世"

该课是统编版七年级下册第 2 课，主要通过"唐朝的建立与'贞观之治'""女皇武则天""开元盛世"三个子目讲述了从唐朝建立到走向盛世的一百多年的历史。课本中涉及的知识点较多且主要是讲唐太宗、武则天以及唐玄宗这三位皇帝的治国措施，虽然内容比较简单，但对于七年级的学生来说政治毕竟与现实生活还有一定距离，理解起来并不容易。因此，本课教学可以以历史人物为线索，通过讲述唐太宗纳谏、武则天杀马、唐玄宗的智囊团等故事，串联起唐朝从"治世"到"盛世"的发展之路。本课的历史教学主题可以设计为：从"治世"到"盛世"—— 大唐三位皇帝的奋斗之路。这样的设计兼顾了历史发展的宏观线索与历史人物的微观细节，有利于帮助学生在轻松有趣的学习氛围中掌握历史基础知识，把握历史发展线索。

2. 北宋的政治

该课是统编版七年级下册的第 6 课，课文由"宋太祖强化中央集权"与"重文轻武的政策"两个子目构成，主要讲

述了宋太祖建立宋朝之后采取的一系列强化中央集权、稳定政权的措施。作为北宋的开国皇帝，宋太祖深知唐末五代以来分裂割据、武将专权的危害，因此，他在进行统一大业的同时，就已经开始注意解决政治上存在的这些弊端。他通过"杯酒释兵权"，解除了禁军将领的兵权；通过设立多重中央机构，分化了宰相的事权；通过派文臣担任地方要职，加强了对地方的有效控制。宋太祖一系列的治国措施加强了中央集权，奠定了北宋的政治基础，其后的继任者沿着这一政治路线继续前行，并进一步发展了"重文轻武"的政策，扭转了五代十国时期尚武轻文的风气，促进了北宋政权的稳固和社会的安定。通过以上分析我们可以得知，宋太祖是北宋政治的关键性人物，本课教学可以用宋太祖"黄袍加身""治国三纲领""杯酒释兵权"等小故事串联，并突出宋太祖对北宋政治的开创与奠基之功。因此，可将本课的教学主题确立为：宋太祖的安邦之策。这样的设计将史实与人物故事相结合，突出了人物在历史发展中的重要作用，有利于学生在轻松有趣的氛围中理解与掌握历史史实。

（二）拓宽历史视野，把握历史教学主题的高度

初中历史课程内容的设计采用的是"点—线"结合的方式。"点"是具体、生动的历史史实；"线"是历史发展的基本线索。通过"点"与"点"之间的联系来理解"线"，使学生在掌握历史事实的基础上理解历史发展的过程。[5] 历史课程内容中的"点"是显性的，比较容易掌握，而其中的"线"则大多是隐性的，需要历史教师具备一定的历史视野，从历史发展的高度去进行提炼与把握，下面通过课例进行说明。

1. 安史之乱与唐朝衰亡

该课是统编版七年级下册第 5 课，课文有三个子目，分别是"安史之乱""黄巢起义与唐朝灭亡""五代十国的更迭与分立"，主要讲述了从安史之乱到北宋建立之前的这二百余年的历史。从课题来看，本课主要是突出安史之乱及唐朝衰亡的过程，并没有包括五代十国的历史。从内容逻辑上来看，三个子目按时间顺序排列，有着内在的逻辑。安史之乱由藩镇将领安禄山、史思明发动，战争损耗了大唐盛世的元气，是唐朝由盛转衰的转折点。安史之乱平定之后，给唐朝留下了藩镇割据的后遗症，而藩镇割据也正是唐朝后期走向衰败直至灭亡的关键因素，五代十国的更迭与并立其实也是藩镇割据的延续。因此，藩镇割据可以说是这一时期历史的主角，而它的作用就是使大唐盛世走向终结，国家走向分裂。根据以上分析，我们可以把本课的教学主题确立为：藩镇割据 —— 大唐盛世终结的元凶。这样的设计可以使历史发展的线索更加清晰，有利于学生从整体的历史视野去把握大唐盛世衰亡的原因。

2. 宋元时期的都市和文化

该课是统编版七年级下册第 12 课，主要由"繁华的都市生活""宋词""元曲"三个部分组成。从表面上看，三个子目之间的联系不是很紧密，第一个子目讲都市生活，后两个子目都属于文化。但如果将这些内容放在更宽阔的历史视野之下我们就能发现，宋元时期是我国市民文化兴起与发展的时期，市民有了更多的自由时间和空间，城市的商业、娱乐等得到迅速发展，都市生活空前繁荣，而宋词和元曲作为一种文学艺术的形式其实也是市民文化的反映。根据以上分析，我们可以将"市民文化"作为本课的核心概念，将本课的教学主题确立为：市民文化的兴起与发展。当代的中学生对城市生活的丰富多彩有着直观的了解，以市民文化统领本课内容贴近学生的实际生活，能引发学生的学习热情，与此同时，将市民文化放在整个中国历史长河中去考查，也有利于学生历史大时空观念的形成。

（三）提升历史认识，挖掘历史教学主题的深度

历史教科书大多采用平实地叙述历史史实的方法进行撰写，一般很少会流露出明显的价值倾向，这样做的好处是可以保证教学内容的准确性和客观性，同时也给历史教师的教学留下了充足的发挥空间。核心素养下的历史教学注重培养学生的历史意识，因此也要求历史教师要有超越教科书上历史知识的认识，深入挖掘历史教学主题的深度。

1. 唐朝的中外文化交流

该课是统编版七年级下册第 4 课，由"遣唐使""鉴真东渡""玄奘西行"三个子目构成，主要讲了唐朝和日本以及天竺之间的文化交流。遣唐使是日本远慕中国文化，派使者到中国来学习；鉴真东渡是鉴真受日本僧人所邀，渡海赴日本弘扬佛法及中国文化；玄奘西行则是玄奘为纠正佛经的错漏，远赴天竺求取真经。概括来讲，这三种活动很好地体现了文化交流的几种形式，遣唐使体现了中国文化的向心力，鉴真东渡体现了中国文化的传播力，而玄奘西行则体现了中国文化的学习力，三种力量共同构成了中国文化的影响力，彰显了唐朝时期中国文化的繁荣兴盛。根据以上分析，我们

可以将本课的教学主题确立为：向心力、传播力、学习力——唐朝文化的影响力。这样的处理只是对知识点进行了一个更加深入的解读，并没有改变历史教科书自身的内容结构，新拟定的教学主题使得原有的教学逻辑更加清晰，有利于学生的理解掌握，同时也能帮助学生更好地认识"隋唐时期：繁荣与开放的时代"的历史阶段特征。

2. 元朝的统治

该课是统编版七年级下册第 11 课，由"元朝的疆域""行省制度""元朝对边疆地区的管辖"三个子目构成。元朝"北逾阴山，西及流沙，东尽辽左，南越海表"，也正是因为其疆域的辽阔，元朝的版图中囊括了很多不同的民族，这也注定了其实施统治的复杂性。元朝统一中国后，其统治者借鉴了之前中原历代王朝的统治措施并进行了继承性的发展，在中央实行中央集权制，在地方实行行省制，在边疆地区则采用因地制宜的方式，在东北、西北、东南、西南等地区设置相应的管理机构。从历史发展的角度来看，元朝的统治为我国统一多民族国家的形成与发展奠定了版图基础，其行省制度与因地制宜的边疆治理政策也为后世提供了经验借鉴，因此我们可以将本课的教学主题确立为：元朝的政治贡献——统一多民族国家的有效治理。历史教科书内容只介绍了元朝统治的基本概况，而新拟定的教学主题深入挖掘了元朝统治的历史意义，呼应了中国古代史中"统一多民族国家的形成"的历史主线，有助于学生形成整体的历史认识。

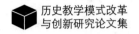
结语

核心素养已成为教育领域里的一个热点话题，几乎到了"无教学不素养"的地步。但冷静思考之后，其实有很多研究都是盲目跟风的，因为我们在还没有真正理解究竟什么是核心素养的时候，就已经开始了去培养学生的核心素养，这样的研究可能会让我们多走很多的弯路。本文从探讨核心素养的内涵特点出发，分析了核心素养下历史教学的取向，然后用具体的课例尝试着基于核心素养进行历史教学主题的设计，希望能对历史教学的研究起到一个抛砖引玉的作用。这些都只是一个初步的思考，还有很多不成熟的地方，不足之处，敬请方家批评指正。

参考文献：

[1] 核心素养研究课题组：《中国学生发展核心素养》,《中国教育学刊》2016 年第 10 期。

[2] 徐蓝：《关于历史学科核心素养的几个问题》,《课程·教材·教法》2017 年第 10 期。

[3] 中华人民共和国教育部制定：《普通高中历史课程标准（2017 年版）》，人民教育出版社，2018 年。

[4] 徐赐成：《中学生历史意识建构研究》，陕西师范大学博士学位论文，2015 年。

[5] 中华人民共和国教育部制定：《义务教育历史课程标准（2011 年版）》，北京师范大学出版社，2012 年。

附记：本文系岭南师范学院 2018 年度校级项目"核心素养立意下的历史教学设计"（项目号：WY1821）的阶段性成果。

（本文发表于《中学历史教学参考》2018 年第 7 期，第 44—47 页。）

作者单位：唐朋，岭南师范学院历史系讲师；安玲，岭南师范学院附属中学教师。

"大萧条与罗斯福新政"教学设计[①]

唐朋　姚伊琳　周仕德

"大萧条与罗斯福新政"是岳麓版高中历史必修二第15课，本课的教学内容偏多，涉及的经济概念理论性较强，因此上好本课对历史教师来说是一个很大的挑战。笔者根据对课程标准的理解，将本课内容进行了整合，重新设计了教学的思路，在此我们将对本课的认识和设计呈现出来，期待专家的讨论批评。

关键词： 大萧条；罗斯福新政；教学设计

一、教学内容分析

本课是第三单元"各国经济体制的创新与调整"中的第二课，在逻辑体系上上承"社会主义经济体制的建立"，下启"战后资本主义经济的调整"。在苏联的社会主义经济体制下，国家控制和计划经济是其主要特色，当资本主义国家陷入经济危

[①]本课获　"第五届全国高校历史教育专业本科生教学大赛"讲课一等奖。

机的恐慌之中时，社会主义苏联却欣欣向荣。罗斯福新政的思路受到了苏联经济模式的启发，国家干预取代了自由放任主义，美国通过体制内的政策调整逐渐走出了危机，挽救了资本主义。二战结束后，罗斯福新政式的调整被一些主要资本主义国家所借鉴，资本主义世界又重新焕发了生机。

课标对本课的要求是"列举罗斯福新政的主要内容，认识罗斯福新政的特点，探讨其在资本主义自我调节机制形成中的作用"。根据课本内容和课标要求，本课的教学重点是罗斯福新政对资本主义发展的影响。因此，我们将本课的教学立意设计为：从自由主义到国家干预。围绕教学立意，我们将本课的内容进行了整合重构，将教学模块设计为以下三个部分：1. 失去控制的自由主义。2. 别具一格的施政纲领。3. 重获新生的资本主义。

二、教学过程设计

（一）导入

师：同学们知道美国的现任总统是谁吗？

生：特朗普。

师：没错。特朗普于2016年11月9日当选为美国第45任总统，并于2017年1月20日正式宣誓就职。在他参与总统竞选期间，他就宣称要效仿罗斯福，而在他当选为总统之后，也有人对"特朗普能否重现罗斯福时代的基建伟业"表示质疑。那么，为什么特朗普要将自己与罗斯福联系在一起？罗斯福的"基建伟业"指的又是什么？接下来我们就来一起学习第15课"大萧条与罗斯福新政"，一探究竟。

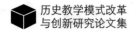

设计意图：通过特朗普欲效仿罗斯福的新闻以及人们对他的怀疑使学生产生疑惑，激发学生的兴趣，集中学生注意力。

（二）新课教学

第一板块：失去控制的自由主义

教师呈现根据历史数据制作的三张图表：

材料一：1929年美国国民财富占有率饼状图

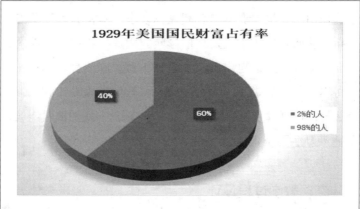

——数据来源：［美］德怀特·L·杜蒙德：《现代美国史（1896—1946年）》，北京：商务印书馆，1984年，第448页。

材料二：1923 年与 1928 年美国投机收益指数与工资指数对比柱状图

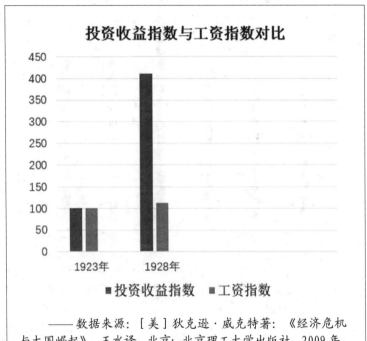

—— 数据来源：[美]狄克逊·威克特著：《经济危机与大国崛起》，王水译，北京：北京理工大学出版社，2009 年，第 7 页。

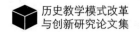

材料三：1925 年美国消费者分期付款使用比例柱状图

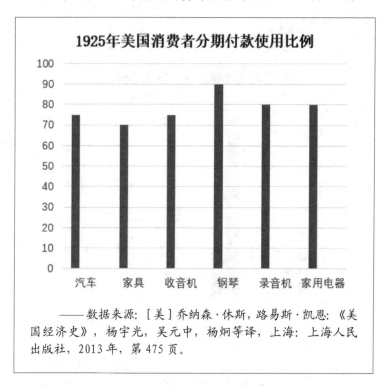

—— 数据来源：〔美〕乔纳森·休斯，路易斯·凯恩:《美国经济史》，杨宇光，吴元中，杨炯等译，上海：上海人民出版社，2013 年，第 475 页。

师：20 世纪 20 年代的美国，受益于第一次世界大战和第二次工业革命成果的普遍推广，经济高速发展，进入了所谓的"柯立芝繁荣"时期。然而，在经济空前繁荣的背后，早已埋下了巨大危机的种子。请同学们仔细观察上面的三幅图表，分析美国的经济存在什么样的问题？

（学生思考）

师：首先我们来看第一张图表，1929 年的时候，美国国民财富的 60% 被仅占人口总数 2% 的富人所占有，而其余 98%

的人只拥有国民财富的 40%，这说明虽然这一时期美国的经济高度繁荣，但贫富差距十分严重，财富集中在少数人手中，作为消费主力军的普通民众却相对日益贫困，消费能力严重不足。那么从第二幅图表中我们又能得出怎样的认识呢？

生：1923 至 1928 年，投机收益指数迅速上升，工资指数增长缓慢。

师：这种现象会产生什么样的后果？

生：越来越多的人参与股票投机。

师：股票投机是指一些股票交易者，预期到某股票会波动，于是在未升值前买进，升值后高价卖出，通过这种股票价格买进卖出获取利润。股票投机的盛行给人们虚假繁荣的假象，增加了金融经济的风险性。第三幅图表反映了什么经济现象？

生：分期付款大量使用。

师：分期付款是一种提前消费行为，不管买得起买不起都要买，它会造成消费品市场的人为膨胀。再看下面这则材料：

材料四：

在 1923 年年底，在典型的美国城市中心镇，每三个家庭中就有两辆汽车，林德夫妇和他们的调查者们访问了中心镇的 123 个工人家庭，发现其中 60 个家庭都有汽车。而这 60 个家庭中，26 户人家的住房都非常简陋，调查者们认为有必要问问他们家中是否有洗澡盆，结果他们发现 26 户人家中的 21 家都没有洗澡盆。汽车竟然比洗澡盆还快进入了这些家庭。

——［美］弗雷德里克·刘易斯·艾伦：《浮华时代：美国 20 世纪 20 年代简史》，上海：上海财经大学出版社，2008 年，

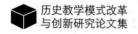
第 119—120 页。

师：汽车比洗澡盆还快进入普通民众的家庭，这说明了什么问题？

生：繁荣的经济背后存在着反常的现象。

师：对于经济领域里的反常现象，当时的胡佛政府却对早已隐伏的危机几乎毫无察觉，对经济繁荣的估计过于乐观。1929 年 3 月 4 日，胡佛在其总统就职演说中公开宣布："总的来说，我们达到了世界上前所未有的慰藉和安全，从普遍的贫困中解脱出来后，我们得到了空前的个人自由。"1929 年 10 月 24 日，纽约证券交易所股市崩溃，累积已久的危机全面爆发，胡佛政府的自由放任主义政策既没能阻止危机的爆发也无法解救陷于经济危机的美国，自由放任主义的政策失去了对资本主义美国经济的控制。

设计意图：图表材料和文字材料相结合，一方面可以增加直观性，调动学生的学习兴趣；另一方面，通过观察、分析图表材料和文字材料，可以提高学生的历史理解和历史解释能力。四则材料分别体现了经济危机前美国社会的几种反常现象，教师的引导加上学生的参与，有利于帮助学生理解自由放任主义是如何失去对资本主义国家经济的控制的。

师：在文化生活如此繁荣的今天，相信大家都能随时随地地听到喜欢的歌曲，教师想问问大家有没有听过 20 世纪 30 年代在美国十分流行的一首名为《兄弟你能分让一角硬币吗》的歌曲呢？

生：没有听过。

师：既然大家没有听过，那么教师现在就分享给大家，同学们在欣赏歌曲的同时不要忘了关注屏幕上滚动的图片信息。

（学生欣赏歌曲观看图片）

师：为什么这首歌在美国 20 世纪 30 年代如此流行？

（学生思考）

师：这首歌之所以在那时能够如此流行是因为它代表了受到工业帝国沉重打击的建筑师们和退伍老兵等为代表的失业群体发出的呼告。同学们从以上的材料信息里，结合课本第二目的内容，想一想此次危机的特点是什么？

生：时间长，范围广，破坏性大。

设计意图：流行音乐反映了一个时代的特点，低沉压抑的音乐与灰暗照片中绝望恐慌的人们共同营造了一个大萧条期间美国社会现实的情境。通过这个情境，能够加深学生对经济危机造成的严重影响的理解，为将胡佛政府自由放任政策与罗斯福新政进行对比奠定情感基础。

第二板块：别具一格的施政纲领

展示有关胡佛政府工作理念的两则文字材料，以及 1932 年胡佛与罗斯福的竞选演讲内容。

材料一：

在这场空前的经济大危机爆发后相当长的一段时间内，胡佛为代表的共和党政府一直采取不承认主义和鸵鸟政策。……胡佛政府向全国保证，危机将在 60 天内被克服。一直到 1932 年，经济情况一直在螺旋式下降，饥饿现象最严重的时候，胡佛仍然认为问题出在心理上，说什么：国家需要笑话去洗刷萧条，只要喜剧演员多向人们说笑话，就可以解决饥寒问题。

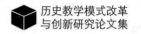
——张兹署：《美国两党制发展史》，石家庄：河北教育出版社，2003年，第392页。

材料二：

美国经济危机期间，胡佛政府曾倡导地方和民间团体实施"自愿联合政策"，为此政府批准了"邻居互助计划"，通过法令倡导轮流工作法。

——王斯德主编：《世界现代史（上册）》，北京：高等教育出版社，1988年，第318页。

师：从材料中可以看出胡佛政府应对危机的理念是什么？

生：自由放任主义。

材料三：

我国今后一百年往哪里走，关键在于恪守美国传统，而不是乱搞什么新花样。联邦政府不能成为经济和社会生活的参加者。

——1932年胡佛竞选演说

我，作为下一届总统的竞选者，正在为我的誓言付出行动。我将为你们带来"新政"与自信。我所要建立的政府将是一个强有力的巨人，它将拥有战胜一切困难的力量。

——1932年罗斯福竞选演说

师：胡佛在竞选时说"我国今后一百年往哪里走，关键在于恪守美国传统，而不是乱搞什么新花样"。而他的对手罗斯福却认为他将给大家带来新政与自信。这种情况下美国人的选择是谁呢？

生：罗斯福。

师：罗斯福究竟有没有实现他的诺言呢？同学们浏览课

本第三目,找一找罗斯福新政的措施。

生:整顿财政金融、调整工业生产、调节农业生产、实行社会救济和以工代赈。

设计意图:罗斯福新政的措施属于基本史实,学生了解知道即可。此教学环节的重点在于透过罗斯福新政的措施认识其特点,因此,我们补充了胡佛政府应对经济危机的措施,并将胡佛与罗斯福在总统竞选上的演说词进行了对比,以突显罗斯福施政纲领的别具一格。

师:依据罗斯福新政的内容,教师给大家提三个新政疑问,同学们分组讨论,讨论后派代表发言,小组之间互相补充。

问题一:新政为何首先从整顿银行开始?

(学生分组讨论)

生:罗斯福新政首先从整顿银行开始有两方面考虑:(1)经济方面,银行处于金融体系的核心地位,金融稳定是生产和消费的保证。(2)社会方面,经济危机爆发使美国国民对美国政府丧失信心,恢复银行有利于重拾政府的信誉。

问题二:你认为罗斯福新政的各项措施中,哪一项最能体现其根本意图?为什么?

(学生分组讨论)

生:《全国工业复兴法》。因为经济危机中最重要的一对矛盾是生产过剩与消费不足的矛盾,《全国工业复兴法》通过制定公平竞争法规、规定最低工资和最高工时标准,调整了生产与消费之间的关系,最能体现其运用政府干预手段调节经济危机的意图。

问题三:有人说,一个社会的文明程度取决于其对穷人

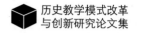
的态度。罗斯福政府是如何对待经济危机中的穷人的？对我们有什么启示？

（学生分组讨论）

生：开展社会救济，实施以工代赈。启示：国家对于社会弱势群体要给予关怀，保证其基本的生活尊严；国家可以通过举办公共工程的方式救济穷人，既可以推动基础设施的建设，也可以鼓励穷人进行自力更生。

师：大家回答得很正确。其实我们知道，美国是一个比较崇尚自由的国家，国民的自尊心极强，罗斯福新政之所以没有单纯的对穷人进行直接救济而是实行以工代赈，实际上有保护美国国民自尊心的意图在里面。

设计意图：教科书上对罗斯福新政的措施介绍得比较详细，学生自主阅读即可掌握。但是，要想让学生真正理解罗斯福新政，则需要进一步深入思考。此环节设计了三个讨论问题，第一个问题旨在帮助学生理解解决危机问题要抓住重点，找准突破口。第二个问题旨在帮助学生抓住新政的核心措施，理解罗斯福新政的主要指导思想是运用国家干预的手段调整资本主义的生产关系。第三个问题旨在帮助学生认识罗斯福政府对待穷人的态度，获取经验启示，体会罗斯福的政治智慧。

第三板块：重获新生的资本主义

课堂呈现：美国恢复生产柱状图（1929—1945）、《大国崛起》纪录片中的解说词、罗伯特·舍伍德对罗斯福新政的评价等三则材料。

材料一：1929—1941年美国国内生产总值变化柱状图

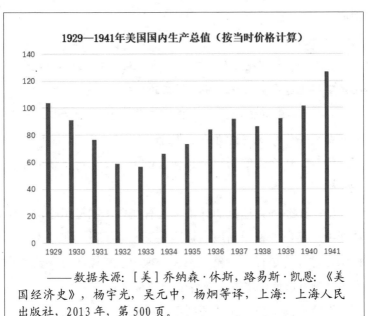

———数据来源：[美]乔纳森·休斯，路易斯·凯恩：《美国经济史》，杨宇光，吴元中，杨炯等译，上海：上海人民出版社，2013年，第500页。

材料二：

《纽约时报》每周商业指数在罗斯福就职时为52.3，6月中旬达到87.1，这是两年多来的最高水平。工厂的烟囱又冒烟了，农场主的产品又运到市场出售，而不再是把它烧掉。人民对前途满怀希望，萧条虽然并没有结束，但对萧条的担心已经解除。

———章正余编著：《罗斯福：轮椅上的英勇斗士》，北京：石油工业出版社，2014年，上册，第304页。

师：从以上两则材料可以得出罗斯福新政产生了怎样的作用？

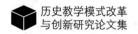
生：美国的生产逐步恢复，人民恢复了对国家前途的信心。

材料三：

资本主义经过他（指罗斯福）的手术，得到的不是死亡，而是变得比过去更强壮，并取得新的生命。

——[美]舍伍德：《罗斯福与霍普金斯——二次世界大战白宫实录》，北京：商务印书馆，1980年，上册，第114页。

师：为什么说罗斯福新政使得资本主义获得了新的生命呢？

生：在经济大危机的冲击下，有些资本主义国家走上了法西斯道路，罗斯福新政通过国家干预的手段，在资本主义体制内对经济进行了调整，不仅是挽救了美国，还挽救了资本主义制度，使资本主义获得了新生。

设计意图：图表材料和文字材料相结合，帮助学生更加直观、全面地认识罗斯福新政的深远影响。

师：罗斯福总统因为新政和在二战中的重要功绩，成为美国历史上唯一一位连任四届的总统。前不久教师有位朋友去到了美国，在华盛顿哥伦比亚特区的美国历史博物馆给教师带回了一则信息①：美国有一项关于"你认为谁是最有影响力的总统？"的调查，根据调查结果制作了排名表，我先不告诉大家答案，请同学们猜一猜，你们认为罗斯福总统在美国人心中排名第几？（遮挡人物姓名信息，采用一边与学生

———————————

①此处信息素材来自湛江一中林菁教师，在此特别鸣谢。

对话互动，一边逐条展示结果的方式。）

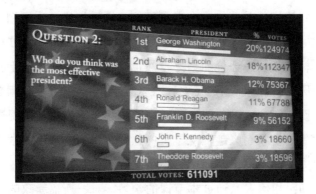

生：第一名！

师：不对，第一名是华盛顿，开国元勋，大家再猜猜看。

生：第二名或者第三名！

师：不对，第二名是林肯，第三名是奥巴马。

生：第四名！

师：第四名是里根，大家再想想看。

（学生陷入沉思）

师：罗斯福在美国民众的心目中排名第五，同学可以讨论交流一下这是为什么呢？

（学生讨论交流）

师：从同学们刚才给出的答案可以看出，罗斯福总统至少在大家心目中的地位还是蛮高的，但是出乎意料的是，他在美国人民心目中的地位却只排到了第五位，这是为什么呢？其实这涉及一个评价立场和评价标准的问题。虽然罗斯福总统挽救了美国挽救了资本主义，但即使在当时，其新政的一些做法都是备受争议的。很多人认为他的做法赋予了政府太

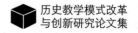
大的权力，影响了美利坚自由主义的根基，《全国工业复兴法》被判定违宪就是其中一个典型案例。通过这样一个案例，相信大家对历史事件和人物的评价会有新的认识，所谓立场不同、标准不同，评价的结果自然也会不同。因此，对于我们学习历史而言，重要的是要破除迷信，学会换个角度看问题。

设计意图：以美国人心目中的总统影响力排位情况表激发学生历史学习兴趣，从学生的认知情况出发，帮助学生破除历史迷信，养成历史智慧。

师：相信大家通过本节课的学习，对罗斯福新政的相关史实有了一定的了解，为了帮助同学们更好地理解记忆知识点，教师给同学们编了一个顺口溜，请大家和教师一起来念一遍。

师生：（齐读）

供需矛盾危机潜，投机过渡导火线。

自由放任难解决，资本世界全乱遍。

白宫易帅新政来，资本制度等待改。

首帮金融复信心，再调工农业生产。

社会救济工代赈，莫让失业人徘徊。

新政影响确可见，危机缓解笑颜开。

国家干预新时代，资本主义获新生。

设计意图：顺口溜的形式简洁、轻快，可以激发学生的兴趣，教师将史实连串起来，有助于学生理解记忆，有效地掌握本课的知识点。

教学设计的反思

回顾本课的教学设计，以下几个问题需要提出讨论：

第一，关于教材的处理问题。教材是教师教与学生学的主要凭借，是教学活动内容的主要载体，利用好教材内容进行教学是对教师的基本要求。本设计虽然没有完全抛开教材，但也对教材内容进行了大幅度整合与调整。根据教学立意，本课强调资本主义经济指导思想从自由放任到国家干预这一过程的转变。本设计中的第一个子目是"失去控制的自由主义"，意在说明自由放任主义的经济政策失去了对资本主义国家经济的控制。第二个子目是"别具一格的施政纲领"，通过对比胡佛政府与罗斯福政府应对危机的不同思路和做法，凸显罗斯福新政别具一格的特点。第三个子目是"重获新生的资本主义"，通过几则史料帮助学生认识罗斯福新政的国内及国际影响。这样设计的目的旨在突出罗斯福新政在资本主义自我调节机制形成中的作用。与此同时，这样的设计淡化了对凯恩斯主义的讲解，所以这样处理内容是否合理，还需讨论。

第二，关于知识的纵向深度。现代教育家叶圣陶先生曾说过："教师之为教，不在全盘授予，而在相机诱导。"在本设计中，针对罗斯福新政的内容，由于课本已经有详细解读，故采用让学生查阅课本的方式进行学习。对于罗斯福新政的作用及其内容实质，本设计采取"新政三疑问"的方式，借助问题探究，使学生在回答问题的过程中，主动领悟重难点。新政的内容包括四大领域众多知识点，但限于时间关系，本设计只选择了新政的突破口、新政的核心措施、新政的政

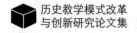
治智慧三个点进行了深入探讨，这就难免会造成其他知识点的处理难以兼顾的问题。

第三，关于教师的学情把握。教师在课堂教学中如果要实现其有效性，关键是研究学生、把握学情。本课的经济概念较多，理论性较强，同时与学生日常生活联系不够密切，学生学习起来有困难。一般认为，历史应该贴近学生经验，为了解决此问题，本设计在导入中采用了关于美国现任总统特朗普的时事材料，对于反映经济现象的数据也尽量采用比较直观的图表形式进行展示。在对罗斯福新政进行评价时，引入了美国人心目中最有影响力的总统排位情况表，引导学生参与评价，再根据评价结果进行拓展延伸，实现了教学与学情的有效互动。在教学实践中，学情是最大的变量，因此，如何根据学情及时调整教学策略对于历史教师是一个很大的挑战。

（本文发表于《历史教学》（上半月刊）2017年第7期，第3—8页。）

本文作者：唐朋，岭南师范学院历史系讲师；姚伊琳，岭南师范学院法政学院历史系2014级历史学专业本科生；周仕德，岭南师范学院教育科学学院教授。

基于教学立意的教材内容整合
—— 以"辛亥革命"一课的教学设计为例

景东升　　唐朋

摘要：教学立意为教材内容的整合提供了新的视角，文章以"辛亥革命"一课的教学设计为例，探讨基于教学立意的教材内容整合，基本思路是：分析教材，确定立意的角度；剖析立意，找出教学关键词；围绕教学关键词，梳理教学逻辑；增删查改，整合教学内容。

关键词：教学立意；教材整合；辛亥革命

一、问题缘起

在各类历史教学评比及教学公开课中，是否具有教学立意已经成为评价一堂课的重要标准之一。固然，一个好的教学立意不仅可以点题凝神、深化主题，还能很好地体现教师的学科素养。然而，随着教学立意影响力的不断扩大，也存在一些有教学立意但其作用未能完全发挥出来的情况，归根结底则是对教学立意的运用还存在一些认识上的偏差。从本质上来讲，教学立意是教师对教学内容的把握，体现的是一种视角或主张。因此可以说，对于一堂历史课而言，教学立

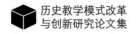
意最主要的作用就体现在教师对教学内容的处理上，那么，如何去基于教学立意整合历史教材的内容呢，本文以"辛亥革命"一课的教学设计为例，谈一谈基于教学立意的教材内容整合思路与方法。

二、基于教学立意的教材整合思路与方法

（一）分析教材，确定立意的角度

教材[1]是开展教学活动最主要的凭借，教学立意的确立也必须以教材内容为根基。课程标准对本课的要求是"简述辛亥革命的主要过程，认识推翻君主专制、建立中华民国的历史意义"[2]。三种主流版本[3]的历史教材在对本课教学内容的处理上均很好地遵循了课程标准的要求，对辛亥革命基本史实的选择和评价也都大同小异。在辛亥革命的性质方面，三种教材均将其定位为"资产阶级民主革命"，但是对比最新版的教材《中外历史纲要》，笔者发现新教材对辛亥革命的性质定位是"民族民主革命"，虽然只是几字之差，但却反映了两种不同的历史认识。通过查阅文献[4]，笔者弄清楚了两种提法的来历，"资产阶级民主革命"的说法可以追溯到 1940 年毛泽东的《新民主主义论》，而"民族民主革命"的说法则是改革开放后史学界研究的新成果，并且这些新成果已得到了史学界和政治界的普遍认可，在 2011 年"胡锦涛在纪念辛亥革命 100 周年大会上的讲话"以及 2016 年"习近平在纪念孙中山 150 周年诞辰大会上的讲话"中，均无一例外地将辛亥革命的性质表述为"完全意义上的近代民族民主革命"。

通过以上分析我们可以得知，辛亥革命的性质是"民族

民主革命"已经成为主流认识，因此，吸收史学研究新成果，更新历史教学内容成为中学历史教学中的一种必要之举。鉴于此，我们将本课的教学立意确立为"辛亥革命是近代中国一次比较完全意义上的民族民主革命"，并以此为中心进行本课的教学设计。

（二）剖析立意，找出教学关键词

教学立意，在宏观上是历史教学的取向或意旨，承载了历史的内涵和价值，体现了历史教育的理念和视野，能帮助学生从更高的角度体悟历史；在微观上则统摄着教学内容的选择和组织，以及为之服务的教学策略和教学评价。[5] 教学立意源于历史教学内容而又高于历史教学内容，因此，只有对其进行深入的剖析才能更好地发挥其作用。前面确立的本课教学立意是"辛亥革命是近代中国一次比较完全意义上的民族民主革命"，其中最能体现本课内容主旨的是"民族民主革命"这一内容。具体来说，"民族民主革命"又可以细分为"民族革命"和"民主革命"两个部分，而这两部分又分别有不同的内涵。《辛亥革命辞典》中对"民族革命"的定义是："中国资产阶级民主革命的任务之一。中国近代民族运动即建立近代资产阶级民族国家的必然途径。近代中国半殖民地半封建的社会性质及其尖锐的国内民族矛盾，决定其近代民族运动不同于欧洲的类型，而是与反对外国帝国主义的斗争紧密相连，并且必须采用国内革命战争的形式。在清末，这一革命的首要目标是革以满洲亲贵为主体的清政府的命，结束其一贯推行的民族压迫和民族歧视政策，争取国内各民族的平等。"同一本辞典中对"民主革命"的定义则是"资产阶级民主主义革命的简称。民主革命的基本任务是推翻封建地主阶级的统治，建立资产阶级的专政。因在革命过程中需要利用人民群众的力量，大都以'自由、平等、博爱'等作为动员群众的口号，夺取政权后，亦相应实行资产阶级的民主政治制度，故称为民主革命。"

从以上两种定义我们可以看出，民族革命的主要任务是争取民族独立，而在清末，这一革命的首要目标则是先要争取国内各民族的平等。民主革命的主要任务是推翻封建专制制度，建立资产阶级民主政治制度。辛亥革命"民族民主革命"的性质表明了其既有反对民族压迫的民族革命任务，也有反对专制的民主革命的任务，因此我们可将"民族民主革命"作为本课的教学关键词。

（三）围绕关键词，梳理教学逻辑

在中学历史教学中存在着三种逻辑，分别是历史发展的逻辑、教材编写的逻辑以及学生学习心理的逻辑。历史教学需要尽量将这三种逻辑结合起来，构建一个历史课堂的教学逻辑。教学逻辑的构建需要围绕教学关键词展开，本课的教学关键词是"民族民主革命"，因此，可根据教学关键词把本课的教学逻辑梳理如下：1. 民族民主革命的由来。包括民族民主革命的概念，民族革命的由来，民主革命的国内外背景等问题。2. 民族民主革命的发展过程。包括晚清各种爱国革命团体的建立，革命党人的历次起义，武昌起义，中华民国的建立及《临时约法》的颁布等内容。3. 民族民主革命的成就。包括民族革命中民族平等的实现与民族独立的任重道远，民主革命中君主专制的终结与民主制度的艰难实践。其基本结构可以图示如下：

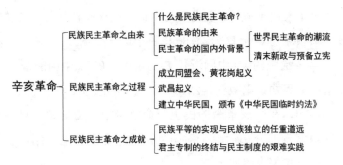

教学立意：辛亥革命是近代中国一次比较完全意义上的民族民主革命

（四）增删查改，整合教材的内容

历史教材中已经包含了丰富的教学内容，然而根据教学立意确立的历史教学结构已经发生了变化，这就需要对原有的教材内容进行相应的处理，具体来说有如下几种处理方式。

1. 根据新的教学结构增加部分内容

例如，辛亥革命中民族革命的内容向来容易被忽视，历史教材中虽然提到了同盟会的宗旨是"驱除鞑虏，恢复中华，创立民国，平均地权"，但在具体教学中却往往并不重视辛亥革命的民族革命意义。事实上，正是因为清王朝长期以来对其他民族实行民族歧视和民族压迫政策，孙中山先生才会将"民族主义"放在三民主义中的第一位，针对这一内容，教师可以补充关于民族主义的相关内容如下：

在清朝268年的统治中，反满情绪自始至终从未消失，清初汉人思想家如顾炎武、王夫之反复地提倡"反清复明"的思想。尽管他们的活动并未导致满族统治的立即覆灭，但革命的萌芽却在地下组织与秘密会社中保持着活力。各种由

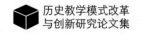
明朝遗民发动的运动、三藩之乱、天地会的活动、白莲教起义，以及太平天国革命，都表现了无休止的民族或种族反抗趋势，孙中山领导的革命正是深深地根植于这一传统。

———徐中约：《中国近代史：1600—2000，中国的奋斗》，北京：世界知识出版社，2013 年版，第 339 页。

再如，在辛亥革命的民主革命背景中，历史教材只注重对国内背景的介绍而疏于对国外民主革命潮流的介绍，教师可以补充相关内容如下：

近代西方的伟大革命，如英国光荣革命、美国独立战争，以及法国大革命，均对中国产生了深远的影响。民主、独立、人权、平等、自由等观念风靡于中国青年的思想中。而且，意大利与德意志在 1870 年民族统一的成功，也为前瞻的中国人提供了光辉的榜样，推动他们采取相类似的行动。此时，民族主义、民主、共和思想成为中国革命性变革的推动力。

———徐中约：《中国近代史：1600—2000，中国的奋斗》，北京：世界知识出版社，2013 年版，第 339—340 页。

2. 根据新的教学结构删减部分内容

整合后的教学结构主题更加明显，为了更好地服务于教学立意，有时需要对原有部分教学内容进行一定的删减。例如，广义上的辛亥革命包含了从 1895 年兴中会的成立到 1912 年中国民国的建立这十多年间发生的革命事件，涉及的历史人物和历史事件众多。教材中先后提到的相关历史人物有孙中山、康有为、梁启超、章炳麟、邹容、陈天华、林觉民、黄兴、熊秉坤、金兆龙、吴兆麟、黎元洪、溥仪、袁世凯等，涉及的历史事件包括兴中会的成立、同盟会的成立、革命派与改良派的论战、黄花岗起义、保路风潮、武昌起义、中华民国的成立、《中华民国临时约法》的颁布、清帝退位、袁世凯就任临时大总统等。教材的内容已经是精选了最基本、最重要的历史史实，但即便如此，每个历史人物背后都有讲不完的故事，每一个历史事件背后也都有数不清的细节，这就需要历史教师在具体教学中要有一定的取舍。在历史人物方面，本课教学可以着重塑造孙中山和袁世凯两人的个人形象，讲清楚两人早期的经历以及在辛亥革命中的所作所为，如此可以帮助学生更好地理解民族民主革命历程的复杂性，呼应本课教学立意。在历史事件方面，本课可以挑选同盟会的成立、黄花岗起义、武昌起义、建立中华民国、颁布《中华民国临时约法》等关键事件进行详细介绍，帮助学生建立对辛亥革命发展过程的完整认识。

3. 改变部分原教学内容的呈现形式

历史教材主要运用文字进行历史建构，而在实际教学中，教师可以根据需要改变原教学内容的呈现形式。例如，在民族民主革命之成就中"民族平等"方面，教材中只提到了"中华民国人民一律平等""以五色旗为国旗"等，但却并没有解释五色旗中蕴含的民族平等的含义，对此，教师可以展示五色旗的图片并加以解释。

五色旗：五色旗又称五族共和旗，是中华民国建国之初北洋政府的国旗，旗面按顺序为红、黄、蓝、白、黑的五色横条，分别表示汉、满、蒙、回、藏五族共和，所选用的五色为五个民族传统上所喜爱的颜色。从"驱逐鞑虏，恢复中华"到中华民国建立后的"五族共和"，在中华民族的团结和统

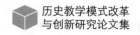

一方面的确是一大进步，具有伟大的历史意义，为日后多民族国家的团结发展，起了先行作用。

再如，在民族民主革命之成就中"民主制度的艰难尝试"中，教材中提到《中华民国临时约法》规定中华民国的国家组织原则为立法、行政、司法三权分立，同时实行责任内阁制。中国民国的政治体制借鉴了西方各国的民主政体但又与其中任何一国都不完全一样，因此，教师可根据《中华民国临时约法》中的规定条文将其转化为直观的权力结构图如下：

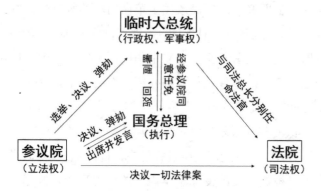

将《中华民国临时约法》中规定的国家组织结构图示化，可以帮助学生更加直观地了解民主权力的运行机制，从而加深对"中华民国的建立推动了民主革命的进程"的认识。另一方面，从结构图中也可以看出《中华民国临时约法》也存在一些问题，如将已经实施的总统制改成了责任内阁制，"带有限制袁世凯专权的明显意图，但这一举措犯了因人立法之忌"。另外，分权制衡是双向互动的，而《中华民国临时约法》赋予了参议院很大的权力但却没有给它设计相应的制约，总统只有"同意权"而没有"解散权"，"揆诸参议员之本意，大概是想操政治上之主动，制人而不受制于人。殊不知这种做法却因与其鼓吹的分权制衡理论不相吻合，不但不能收限制行政首脑之效，反而授人以柄，引起反对派的激烈反对"[6]。权力结构的不完善预示着这种民主制度的不稳定性，这也进一步反映出民主制度在当时中国的实践是十分艰难的。

三、总结与反思

（一）教材整合的力度要考虑学情

教学立意以教材内容为基本出发点，但其作用的发挥则有赖于学生对历史知识的理解与接受能力，因此，教材整合的力度要充分考虑学情。对于基础知识较弱的学生而言，教学立意的选择可以考虑比较直观的角度，如"孙中山的救国梦""革命青年的热血时代"等，在教材内容的整合方面，也尽量以教材内容为主，同时选择直观形象、生动有趣的补充材料。而对于基础知识比较扎实的学生而言，教学立意的选择就可以适当拔高高度，可以从"辛亥革命与中国近代化""民族民主革命的里程碑"等角度进行立意，在教材内容的整合方面，可以更多地使用教材之外的内容，同时提供多种视角下的不同材料帮助学生进行深入的学习。

（二）教材整合不能偏离教学重心

教材内容的整合为历史教师开展教学提供了更多的可能性，但是需要注意的一点是，教材整合不能偏离教学重心。课程标准要求和历史教材内容是教学的重心所在，教材整合需要建立在对课程标准的准确把握和对历史教材的深入理解基础之上。就"辛亥革命"一课而言，教师在进行教材整合之前应当首先抓住课程标准中的单元主题即"近代中国的民主革命"，然后在此基础上再详细分析课本内容，理清辛亥革命发展的基本历程，准确定位辛亥革命的历史地位，最后再将宏观视野与微观内容相结合并最终确定教材整合的重心与视角。

（三）不是每一课内容都需要整合

教材整合是教师根据实际教学需要对教学内容进行的一种或增或减或改的处理方式，其主要目的是为了帮助学生更好地理解历史。事实上，教材整合也有一定的适用范围，并不是每一课的内容都需要整合。对于历史教材中时间线索比较清晰，内容结构比较完整，教学主题比较明确的课文来说，历史教师的首要任务就成了如何利用好教材自身的内容而不是另辟蹊径进行新的整合。

参考文献：

[1] 此处的教材是狭义上的教材，特指教科书。文中的教材均为此意。

[2] 中华人民共和国教育部制订：《普通高中历史课程标准（实验）》，人民教育出版社，2003 年，第 7 页。

[3] 人教版、人民版、岳麓版。

[4] 具体可参照：冯一下：《重视辛亥革命性质的新表述——"历史教学中的辛亥革命"专题研究之一》，《中学历史教学参考》2012 年第 3 期。

[5] 侯桂红：《试论历史教学立意的概念、确定方法和评价标准》，《历史教学》2015 年第 07 期。

[6] 王建朗、黄克武主编：《两岸新编中国近代史》民国卷（上），社会科学文献出版社，2016年版，第45页。

（本文发表于《中学历史教学》2018年12期，第21—23页。）

本文作者：景东升，岭南师范学院法政学院历史系教授；唐朋，岭南师范学院历史系讲师。

"湛江特色历史文化"校本课程建设与实践

梁哲

《普通高中历史课程标准（修订）》在"课程资源开发与利用建议"中要求学校和教师：要因地制宜开发校外历史课程资源，充分利用乡土和社区课程资源，促进学生的历史学习和历史感悟。我校历史教研组充分利用我校的博物馆以及本土历史文化资源，认真建设与实施"湛江特色历史文化"校本课程，根据学生的认知特点和新课程改革精神对课程内容进行科学设计与编排，力求在多样化的教学方法和形式中引导学生主动参与课程学习，培养学生的家国情怀，让学生全面而深刻的理解家乡的历史文化，增强对家乡的认同感和自豪感，主动地继承和弘扬中华民族的优秀传统文化。

一、课程建设的理由、目标和结构

我们开设这门课程叫"湛江特色历史文化"。这门课程属于综合课程，它以湛江的历史发展脉络为主轴，包含地理、政治、经济、民俗等学科内容，是"跨界"学科了。这门课是选修课程，我们试图满足学生们的学习兴趣和需求。湛江是全国十四个沿海开放城市之一，海上丝绸之路始发港之一，是一片神奇的土地。湛江四季如春，树绿花艳；历史悠久，风水宝地，人才辈出；传统文化，丰富多彩，影响深远；社会生活，日新月异，目不暇接；美好湛江，不胜枚举，令人神往。学生们生于湛江，但不一定了解湛江，比如"湛江"是什么意思？管治湛江地区最早的行政机构是"徐闻县"，"徐闻"是什么意思？为什么是西汉时期重要城市等，学生们都会有兴趣了解家乡的事情。"爱之则先知之"。

建设和实施这门课程，除了上述因素，我们还基于三个原因。一是培养学生们创新能力的需要。这源于大科学家中国两弹元勋钱学森著名的"钱学森之问"，他虽然讲的是大学教育、高等教育，其实我们中小学教学体系都忽视了学生创新能力的培养，所以到大学了再提培养创新能力那是太晚的了，因为人最有创新意识是在中小学阶段。重视"钱学森之问"，亡羊补牢，还为时不晚。把学生们在小学、初中丢失的创新素养教育机会补回来，当然是我们的应有责任。二是有培养学生们的求异思维的载体。因为创新能力的前提要有求异思维，思考问题和做事情，不能人云亦云，不能拾人牙慧，需要有独立见解，有个性化的主张，开放性的课程容易做到这一点。三是我们学校办学特色的内在要求。我校的办学目标、办学理念特别是德育理念提倡的"以人育人，协同成长"和"见贤思齐，躬行悟达"等，是很有学校特色的核心价值观。通过这门课程，让我们学校的核心价值观包括是德育理念，教学理念，校风学风等，成为学生们的人生成长素养的重要组成部分。

我们从三个方面来建构这门课程。第一，让学生通过了解

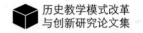
湛江有特色的历史文化元素，比如湛江著名的书院东海觉民书院、徐闻的贵生书院、雷州的雷阳书院等，了解湛江历史文化的丰富性和历史价值，可以激发同学们热爱湛江家乡的情感，形成湛江情怀。第二，让学生了解湛江乡贤名家的生平事迹，让同学们感受我们湛江本土的名家乡贤的高风亮节，比如被康熙大帝赏封的清朝大清官雷州人陈滨，中国近代第一位驻美大使吴川的陈兰彬，粤西最早的共产党员牺牲时才 29 岁遂溪的黄学增，抗日名将吴川的张炎、李汉魂等，粤西地区独一无二的状元吴川的林召棠等。第三，让学生初步掌握学习和研究历史的基本方法论。因为这门课没有教材，教师们自编教材，收集相关史料，需要学生跟着教师一起做，让学生初步了解历史研究怎么做的过程和方法，做一些我们教师所做的事情，这是创新能力培养的重要方式，也是高中课程方案的要求，希望这门课程的价值能够发扬光大开来，使学生的校园生活更丰富生动！这门课程的具体内容分为两个部分，一是湛江特色历史文化，分为六个小专题，分别是湛江的前世今生，湛江的乡风民俗，湛江的古迹名胜，湛江乡贤名家，湛江的美食美味、红色湛江。二是学习方法论专题，简要介绍历史材料的收集方法，小课题的设计与研究，小论文的撰写方法等。我们尝试探索将专题学习与研究结合起来的历史学习新形式，激发学生的创新增长点。

二、课程的开设和实施情况

本课程有课程方案、简编教材、上课 PPT 和学业考核四个教学资源组成，内容包括前言和七个专题，需要 16 个课时，分别由我和其他五位教师执教。本课程采取开放性的教学方式，包括课堂讲授、访谈，课外调查，成果展示等。课程需要每周一个学时，一个学期完成；学生学完课程内容后，要接受学业考核和评价，考核方式是重点关注学生学习过程和体验，是开放性的，可以是单个人学习成果的考核，也可以是学习小组集体的成果的考核。学生提交学习成果，经评价合格，给每人2个选修学分。希望通过这样的要求，让学生们学有所悟，学有所得学有所成，个人发展素养得到提升，从而达成三个教学目标：一是学生通过了解湛江市有特色的乡风民俗、古迹名胜等历史文化元素，从而认识湛江市历史文化的丰富性和历史价值，激发学生热爱湛江家乡的情感和传承家乡优秀传统文化的愿望。二是学生通过了解湛江市乡贤名家的生平事迹，让学生感受乡贤名家们的高风亮节，体验做湛江人的自豪感，从而自觉践行"见贤思齐"德育理念。三是学生通过学习和掌握收集湛江市特色历史文化资料和得出相关结论的主要技法，使学生学会"论从史出"的证据意识和历史思维能力，提升历史素养。现将本课程的讲授情况简述如下

1."湛江的前世今生"，让学生了解家乡的历史变迁和文明演变

本专题本人执教。我首先播放湛江宣传片视频，从湛江市的时政热点切入，阐述课程开设的理由，并说明了课程目标及课程内容，鼓励学生们积极参与到课程实践中。接着，我图文并茂地讲述了湛江的名称由来、地域区划构成和历史变迁，让学生互动起来，学得津津有味，积极参与教学。通过本专题教学，不仅增进了学生对家乡湛江的了解，也激发了学生对探究家乡湛江的历史文化的热情和行动。

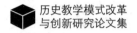
2．"湛江的乡风民俗"，激发学生传承家乡优秀传统文化的情感

湛江市的广大城镇乡村，存有古老、丰富多彩的乡风民俗，它们一般都是以祭祀为主，主旨是敬神、拜宗、祭祀社稷的群体性节庆，祈祷风调雨顺、国泰民安，形式丰富多彩，富有神秘色彩，如年例、广府庙会等。

湛江市的草龙舞和飘色

"南方兵马俑"雷州石狗

本专题教学，我从民间舞和民间艺术两个大的方面给同学们介绍湛江市特有的几种乡风民俗，例如草龙舞、蜈蚣舞、

关公磨大刀、飘色、石狗信仰等，帮助学生们认识湛江市丰富的历史文化，激发学生热爱家乡的情感。此外，学生通过认识和分析湛江市的乡风民俗产生的条件、重要特征、表现形态和影响，从而认识到了传统文化既有精华也有糟粕的二重性。

3. "湛江的乡贤名家"，激发学生以家乡名贤伟人为榜样的自豪感

湛江这片红土地，自秦入版图，汉置郡县，悠悠两千余年，唐宋以来，人文渐盛，清代以来，英才辈出，涌现了大批各领风骚的精英人物，他们为家乡、为国家、为社会做出了贡献。

本专题课程由魏嘉嘉教师主讲，从政界、工商界、文化界分别选择湛江的历史名人陈文玉、许爱周、林召棠，对这些人物的成长历程、社会贡献进行了详细的介绍，让学生通过了解湛江历史名人的生平事迹，追寻湛江历史名人的成长历程，探求人生成才的精神财富，树立正确的人生观、世界观和价值观，指引学生"扣好人生第一粒扣子"。

4. "湛江的名胜古迹"，让学生了解家乡的文化遗产

湛江，别称"港城"，位于广东省西南部，三面环海，东濒南海，南隔琼州海峡与海南省相望，西临北部湾，拥有1556公里长的黄金海岸线，是一座激情浪漫的海湾城市。这个史称"广州湾"的美丽半岛，一半火山，一半海水，城在海滨，海在城中，都市风情与古老雷州文化交相辉映，享有黄金海岸、生态绿都、天南古邑、魅力港城的盛誉。

玛珥湖——湖光岩　　　　徐闻县的大汉三墩

　　本专题赵梅教师主讲，首先让学生观看关于湛江的旅游视频，激发同学们的学习兴趣，然后选择了湖光岩、寸金桥公园、大汉三墩、雷州三元塔等湛江四个最具特色的自然和人文景观，让学生们了解家乡的历史遗存、古迹名胜及其历史价值、历史意义，让学生了解湛江人民的革命英雄事迹以及湛江在国家"一带一路"倡议中的定位和地位等。通过让学生了解湛江的名胜古迹，让学生对湛江的历史和文化有探究兴趣，感受华夏文明的丰富多彩，产生对家乡的热爱之情。

　　5."红色湛江"，让学生崇拜和热爱家乡英雄人物

　　湛江市区历史上属遂溪、吴川两县。在中国近代史上，湛江人民面对帝国主义入侵和国民党的压迫，进行了多次不屈不挠的反抗斗争。

　　本专题由程李凤淑教师主讲，首先引用闻一多先生的《七子之歌·广州湾》导入，然后从湛江人民的抗法斗争、抗日战争、南路人民革命等小专题特别是抗战老兵——陈子波等英雄人物的事迹指导学生学习，让学生了解湛江人民在近现

代的革命斗争史中的英勇事迹和英雄人物，培养学生的保家卫国的情怀，使学生明白今天幸福生活的来之不易，升华学生的捍卫英雄、热爱英雄的情感。

6."湛江的美食美味"，让学生了解家乡的舌尖文化

湛江，是粤西最大的海滨城市，食材资源非常丰富，几乎全世界所有的海鲜品种都可以在这里找到。湛江菜属于正宗的粤菜，但与广东其他菜系相比，由于地域、历史、风土人情、文化特性的影响，又具有其浓郁的地方风格和独特的魅力。

湛江美食"白切鸡"

本专题课程由吕海榕教师主讲，她从海鲜、地道湛江菜、风味小吃、热带水果及其美食特色等方面给学生介绍湛江"舌尖上的美味"文化。学生通过了解独具风格的湛江美食美味，养成健康有益的饮食习惯，并产生对家乡味道的眷恋之情。

7."历史学习与研究方法简介"，让学生掌握学习与研究方法论

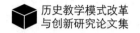
本专题课程，刘潇教师从什么是历史，什么是史料，如何收集史料，如何整理史料四个方面给学生进行了详细的介绍，培养了学生对历史学科的认知，扩大了学生的知识面，使学生对历史学有了更加清晰的了解，加深了学生历史学的认识。另外，刘教师还讲授了历史小课题的设计与研究，小论文的撰写方法等，让学生掌握了历史小课题的研究的步骤和要求、小论文的写作方法等。

三、课程开发和实践中的反思

在两年多的历史校本课程开发和实践中，我们取得了不少经验和成效，但也遇到了一些困难，有待深入研究和解决。

1. 教师的专业能力及素养有待进一步提高。因为校本课程是一门综合性课程，需要教师具备更为丰富的课程设置、教材编写、学业测量评价等专业知识和跨学科知识的储备，对教师的专业能力提出了更高的要求。课程活动的组织上，因为是走班制教学，是跨年级教学活动，教师对于学情的了解度较低，在教学过程中师生之间存在陌生感。

2. 历史校本课程的体系化和制度化有待进一步完善。学校自主开发校本课程的制度还未成熟，所以在课程资源的资金、场地和时间支持上往往会受到学校其他活动的影响，因此课程教学计划偶尔会被打乱。

3. 专家指导需要进一步加强。校本课程开发和实践事关课程专家、地方历史文化专家的学术支撑，是课程理论和教学实践的交会点，是专家的学术研究成果向教师教学实践转化的教学产品。校本课程开发由于缺乏专家引领、工作沟通和信息支持而存在一定的随意性，走了不少弯路，更影响了课程的品质。我们渴望得到课程专家的指导，让专家们"高屋建瓴"式地进行审视，指出我们在课程开发中的不足，提出创造性的意见，为我们的校本课程保驾护航。

4. 学生学业评价的客观性有待进一步提升。因为对学生的学业评价体系是开放性的、体验性的，所以学生或多或少对学业评价会有所放松，而且教师对学业评价评分标准的把握也难免宽严不一，往往使评价带有更多的主观性。如何提升评价的客观性需要我们进一步探索。

总之，历史校本课程值得我们花费更多的精力去不断挖掘、开发和实践。我们充分利用丰富的乡土课程资源，开发乡土教材，指导学生系统学习，给学生创造广阔的历史学习和历史感悟的空间，让学生在学习、探究、体验中得到更多启迪和收获，使课程成为提升学生素养不可或缺的资源。

主要参考书目：

[1] 湛江市志办公室:《湛江两千年》，广东高等教育出版社，1993年。

[2] 湛江市政协:《湛江人物》，中国文史出版社，2005年。

[3] 景东升等:《广州湾历史与记忆》，武汉出版社，2014年。

[4] 林涛等:《雷州历史文化大观》，花城出版社，2006年。

[5] 吴建华:《雷州传统文化初探》，天津古籍出版社，2000年。

[6] 邓碧泉等:《雷州历史文化丛书》，广东人民出版社，2013年。

[7] 邓碧泉等：《湛江文化系列丛书》，岭南美术出版社，
2013 年。

本文作者：梁哲，湛江市爱周高级中学校长、正高级教师、
中学特级教师。

例谈基于课堂实践的教师论文写作

—— 以"情思历史"项目系列成果为例

陈洪义

摘要：教学论文写作是中小学教师反思教学，提升教学认知，发展自身专业能力的重要途径，也是教师实现和同行分享教学经验与智慧的重要方式。本文对一线教师教学论文写作中的常见方式进行分类归总，归纳出教学论文创作的基本特点和路径，以"情思历史"项目相关的成果为例，深入分析不同类型论文创作的共性，指明不同类型论文写作的要领和创作方式，为一线教师教研论文写作提供有效的理论指导和实践借鉴。

关键词：中小学；教学论文；写作

教学论文写作是中小学教师反思教学，提升教学认知，发展自身专业能力的重要途径，也是教师实现和同行分享教学经验与智慧的重要方式。笔者尝试对一线教师教学论文写作中的常见方式进行分类归总，归纳出教学论文创作的基本特点和路径，以"情思历史"项目相关的成果为例，深入分析不同类型论文创作的共性，指明不同类型论文写作的要领

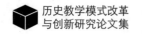
和创作方式，以期为一线教师教研论文写作提供有效的理论指导和实践借鉴。

一、教学论文聚焦两大特点：融合与汇焦

教学论文写作是中小学教师反思教学，提升教学认知，发展自身专业能力的重要途径，也是教师实现和更多同行分享教学经验与智慧的重要方式。很多教师害怕教学论文写作，最主要原因是缺少应有的写作实践。中小学教师教学论文写作的基础是课堂与教学实践，课堂教学是中小学教师每天必做的"家常菜"，中小学教师不缺这些教学的菜，缺少的是将这些美丽的"家常菜"烹调成思想大餐的实践和技巧。

中小学教师撰写教学论文的首要特点可以用一个"融"字来概括，什么是"融"呢？例如，一瓶水加上一瓶水等于两瓶水，这种 1+1 = 2 的效果就不能用"融"来形容。"融"是一瓶水倒进另一瓶水中，再也无法区分谁是第一瓶谁是第二瓶的状态和效果。教学论文写作基于课堂、基于教学，作者的写作灵感与写作素材直接来源于课堂实践与反思，所以，拥有好课例、好案例是教学论文写作重要的前提。同时，教学论文写作作为教师深度思维的过程，其思维的深入需要借助相关教育理论和理念的引领，而思维的结果也最终表现为基于主题的理论概括与提炼。所以说，教学论文写作过程是理论与实践（课例和案例）有机融合、共同演绎精彩的过程，只有理论没有实践，就会内容空虚；只有实践，没有理论，就会缺乏思维的深度和论证的厚度。

理论与实践（课例和案例）的融合必须借助于教学论文

写作的第二个特点"汇焦"来实现。所谓"汇焦"，指教学论文写作无论是实践案例的选择还是理论分析，都要紧紧围绕一个点来进行，这个点就是论文写作的主题立意。聚焦主题，才能保证论文的内容说理目标明确，重点突出，所以，如何准确确立这个焦点，是教学论文写作时必须优先把握的。参加"2017年广东省首届青年教师初中历史教学技能大赛"后，湛江的选手王晓焕教师围绕自己的获奖课例"洋务运动"进行主题反思，反思的聚焦点是"情思历史教学脚手架运用"，以教学设计为反思的载体，借用"脚手架理论""情境教学理论""问题探究理论"等相关理论，对本课中"情思历史教学脚手架运用"的原理与表现进行系统的剖析，最后撰写成《情思历史教学"脚手架"的运用—— 以"洋务运动"一课教学为例》。从中可见，理论剖析与实践案例之间的融合桥梁就是文章的主题立意。理论与实践的融合方式主要有：理论阐述＋案例评析、案例呈现＋评述反思、问题导向＋案例反思和案例对比＋实践策略等几种方式。

二、教学论文写作的两种结构：并列与递进
（一）并列式结构

"并列"在《新华字典》中的解释是：并列，指排名顺序不分高下。教学论文并列式结构是指文本中分论点之间的逻辑关系是并列关系，分论点之间不强调先后和主次，彼此的前后位置是可以任意调整和调换的。并列式教学论文创作要求教师在行文时具备发散性思维，寻找为最终观点服务的各类写作视角，这些视角或者思维落脚点间的关系是平等的，

可以进行段落间的调换，并不影响作者观点的逻辑形成和整合。例如，笔者发表的《细节导入，构建高效的历史课堂》一文，文中"生活细节导入""历史细节导入"和"虚拟细节导入"[1]三个分论点和三个不同的导入案例用于论证"细节导入在历史课堂教学中的价值与作用"这个主题，文章主题与三个分论点之间的关系是总分关系，三个分论点及其选用的三个案例从三个不同的角度共同阐述一个"细节导入，构建高效的历史课堂"这个主题，彼此之间不包含逻辑关系，是一种平等意义上的排列组合，它们在文本中的前后位置无论作者如何调整都不会影响文章的论证逻辑和效果。

（二）递进式结构

"递进"在《汉语词语》中的解释是：事物按一定顺序推进。解释中"一定顺序"实际上强调的是一种逻辑联系，事物彼此的前后位置是因为这种逻辑联系而固定的。教学论文中几个基于主题的分论点之间，如果彼此之间存在一种由浅入深、由表及里或由简单到复杂的逻辑联系，那么这种文本结构几个分论点的前后顺序有严格要求，不能随意改动的，否则会影响文章的说理逻辑和效果。例如，陈婧教师发表的《深挖人物历史内涵，细促情智素养落地——以岳麓版必修二"战后资本主义经济的发展"情思教学为例》一文中，重点围绕"人物式情境教学"如何从"情"与"思"两个层面深挖人物历史背后的历史内涵，对课堂中进行的深度学习引导作了深刻的说理和剖析，全文由"一、走近人物生活场景，开启学生的情感和思维""二、体验生命的绚丽曲折，调动学生的情感和思维""三、感悟历史的多面复杂，升华学生的情感和思维"三个分论点构成[2]，三个分论点中学生的"情感和思维"从"开启"到"调动"再到"升华"，是一个程度不断加深和境界不到提升的过程，这个变化过程与教学流程相一致，文本的阐述谁先谁后位置是不可调动的。

教学论文文本表达的两种基本表达方式，如果说并列式是属于汇合型写法，各种分论点均围绕主题而展开，最后汇合成一个基于主题的多角度论证；那么递进式就是立骨型写法，先树立起论点和确立问题，然后用递进方式层层推进，不断深化论证。在具体行文时，教师选择并列式还是递进式结构，关键要看论证的展开方式，如果主要围绕一个案例展开由浅入深的方式来深入论证文题，一般宜采用递进结构；如果行文是围绕多个案例，对文题进行多角度论证，宜采用并列式结构。教师行文时无论选择哪种文本表达方式，要有整体设计的理念，只有基于主题将几个分论部分布局成整体论证说理的逻辑，说理才能严密有序。

三、基于课堂实践的教学论文写作几种常见模型
（一）基于教学理念的展示性写作

理念的展示性写作，换言之就是展示教学理念的写作，展示的内容是教学理念，所以写作时先要明确这一堂课或这一个案例背后教师的理念是什么？有什么先进性？教学理念的凝聚需要认真对教学内容和教学策略进行鞭辟入里的分析，要寻找教学各环节所蕴含的本质特征，要始终保持敏锐的观察力，注重提炼与升华。理念内涵敲定之后，就要结合教学实际操作充分阐述课程或案例是如何践行这个理念的。

例如，为了展示"假设是历史创新教育的有效切入点"这个教学理念，笔者以人民版必修二"伟大的历史性转折"一课的情思教学为例，基于教学流程设置四个论点"一、开门见山，将历史假设引入课堂""二、扩充材料，指导学生研讨历史""三、整合知识，诠释验证历史假设""四、新的假设，将历史探究引向深入"[3]，由表及里阐述"假设"如何引导历史教学和创新，教学操作的进程与理论剖析的过程紧密结合。理念展示写作，展示的核心是教学理念，教师重在借助于课堂案例来说明理念。在教学实践中，教师可以先根据预先确立的教学理念备课，上完课后，在这个理念的引领下将操作与思考成文；也可以在课后根据本课教学的特点与特色寻找理念，以理念为线，再串联各个教学环节。无论是先有理念，再有案例操作，还是先有案例操作再寻理念，在写作时一定要将教学理念精准定位，教学操作的叙述与理念阐述也要做到同步深入。

（二）基于教学经历的串联式写作

教师日常教学中一些很好的教学案例，一些很有价值的教学经验与思考，零零碎碎，往往都分布在教师教学经历的不同场景之中，它们就像珍珠散落在不同的地方，这些案例和经验大大小小，不成体系，串联式写作就需要教师找到一个合适的主题作为主线，有机地串起这些散落在不同教学场景中的经验与案例，并赋予它们新的理论生命力。

例如，前述《细节导入，构建高效的历史课堂》一文中的"生活细节导入""历史细节导入"和"虚拟细节导入"三个不同的导入案例分别来自不同的教学经历，记得当时用

"生活细节"拨动学生学习的情感之弦的教学经历让笔者意识到细节导入的魅力，于是笔者开始在自己的教学经历中搜索，寻找类似的细节导入案例，结果发现一次历史细节导入的经历与案例，又联想起夏辉辉教师有过一个"虚拟历史细节——帕帕迪的故事"[4] 的案例，这些经历与案例散落在不同的时空里，笔者借助"细节导入，构建高效的历史课堂"这条主线将它们有机地串联起来，通过理论分析与案例展示相结合的方式进行主题阐述。可见，串联式写作的关键是典型经验和案例的寻找，案例是否鲜活，经验是否有思维的张力，直接决定了论文的质量。由于典型经验和案例往往分布在不同场景中，所以，需要教师在教学中有意识地做好日常的收集和积累工作。

（三）基于教学问题的行动性写作

教师在教学过程中总会遇到这样那样的问题，产生这些问题原因是什么，如何解决这些难题？面对这些问题，教师往往要通过调查、分析、研究等手段，寻找真像与答案。教师把解决问题的整个行动过程用文字展示出来并上升为具有可信度的理论概述就是基于教学问题的行动研究及写作。例如，《师生评课文化冲突背景下的教师课堂教学研究》一文，开篇就直面教学中遇到的问题"在课堂教学中，经常遇到这样的情况：听课教师认为是好课，听课学生却不认同；或者听课学生认为是好课，但教师不认同的师生课堂教学评价不一致的情景。导致师生课堂教学评价不一致原因是什么？"接着点明这个问题解决的方向是"本文以实验课例"近代工业的兴起"为例，从师生评课文化的差异与冲突角度去探寻其中原因，同时，进一步探讨师生评课文化冲突背景下教师课堂教学的追求"。就文中的问题和解决问题的方向，笔者通过"一节受争议的实验课"，组织"一次不完整的调研"[5]，再根据调查的数据探讨问题根源，再从教育的相关原理出发，构建结论。整个问题探索的过程由浅入深，由表及里，过程真实可信，结论有说服力。可见，基于教学问题的行动研究及写作有三个步骤：明晰问题、分析问题、得出结论，能否写出好的此类论文关键有二：一是提出的问题要有代表性，符合典型性特征，因为只有典型才有强的吸引力和应用价值。二是问题解决过程的真实性，教师所做的行动探究是真实可靠的，结论是可信的，而不是凭空杜撰的。

（四）基于教学实录的反思性写作

实录反思性写作是教师将围绕课堂实录进行的反思过程和结果文本再现。实录反思性写作，实录是载体，反思是方式、目的，有好的实录，才能发生有意义的反思。所以，反思性写作关键要把握两个步骤：一是教学过程的生动再现；二是对教学过程的深刻反思。例如，刘剑教师发表在《历史教学》2017 年第 6 期的《课堂造境：情思历史的"脚手架"—— 以岳麓版"夏商制度和西周封建"一课为例》一文共分为两大部分：第一部分是呈现的岳麓版"夏商制度和西周封建"一课的教学实录，第二部分是基于实录对教学中"课堂造境"的思考。为了突出后面的反思，在课堂实录的叙述过程中，作者一方面将教学过程基于主题程序化，另一方面不时围绕反思主题进行问题的点拨，为后面的剖析做好铺垫。实录的反思性写作关键是要有值得反思的精彩课例，做得好，才能写得好。

（五）基于教学案例的解剖性写作

解剖性写作是指教师对教学中的典型案例进行有机解剖与剖析的一种文本写作。教师在长期的教学过程中不缺乏一些好的，甚至是经典的案例，在这些案例的背后往往隐含着丰富的教育理念、教育艺术和教育智慧，通过深刻的剖析把它们挖掘出来，整理成体系的实践总结和理论观点，能有效促进教师的教学思想和教学能力的提升。例如，唐朋教师在《中学历史教学参考》2016 年第 12 期发表的《选择与重构：让历史课堂在思辨中情智共生 —— 陈穗教师"古罗马的政制与法律"一课的再思考》，第一部分作者从"探""览""寻""悟"四个字四个角度高度概括和剖析陈穗教师"古罗马的政制与法律"一课的特点，认为本课是用这四个字作为点睛之笔敲开历史课堂的素养之门，第二部分作者从"选择与再造"角度剖析如何才能构建出陈穗教师那种好课。[6] 从文本结构剖析可知，第一部分案例剖析，力求多角度审视与剖析，如果说第一部分解决"课堂是什么"的问题，第二部分思维聚焦要解决的是"怎么样"的问题，第一部分的描述是第二部分论述的前提。所以，解剖性写作的关键是对课例的多维审视，准确地剖析和挖掘出案例背后的理念与思想、方法与策略，最终才能与同行产生深度的共鸣。

中小学教师教学论文写作是一种基于课堂反思的文本写作，是教师面对教学过程中产生的困惑与问题、萌动的灵感与感动、萌生的兴趣与好奇时，通过"提炼比较""质疑转换""研究探索""挖掘拓展"等方式所进行的实践反思。如何有效地把这些反思的过程和结果用文字描述出来，这是每一个教师，尤其是年轻教师提高教学能力、增进教学智慧的重要途径。有意义的教学反思需要教师有深厚的学养、专业的教育心理学知识、敏锐的观察力。他山之石可以攻玉，青年教师要在实践中多走进他人的课堂去感受同类型教学内容是如何操作的，观别人的优点察自己的不足。读万卷书，掌握最新的历史学科专业知识，把学术型、思辨性内容融进课堂，反思学生创造性思维能力是否在教学动态过程中有效形成。另外要认真体会最新的课程教学改革要求，反思自己的教学行为是否突出历史学习核心素养的培育，素养落地是否顺其自然，浑然天成。"基于实践，基于反思"是教学论文写作最基本的特征，细心收集好案例，加以揣摩，积极反思，总结提升，坚持写作实践是教师写好教学论文的重要途径。

参考文献：

[1][4] 陈洪义：《细节导入，构建高效的历史课堂》，《教学月刊》2013 年第 4 期。

[2] 陈婧、陈洪义：《深挖人物历史内涵细促情智素养落地——以岳麓版必修二"战后资本主义经济的发展"情思教学为例》，《中学历史教学》2017 年第 11 期。

[3] 陈洪义：《让假设成为历史创新教育的切入点——以人民版"伟大的历史性转折"一课为例》，《现代中小学教育》2013 年 11 期。

[5] 陈洪义：《师生评课文化冲突背景下的教师课堂教学研究》，《广东教育（综合）》2012 年第 9 期。

[6] 唐朋、陈洪义：《选择与重构：让历史课堂在思辨中情智共生——陈穗教师"古罗马的政制与法律"一课的再思考》，《中学历史教学参考》2016 年第 12 期。

（本文发表于《新课程评论》2018 年第 9 期，人大复印资料《中学历史、地理教与学》2018 年第 12 期全文转载。）

本文作者：陈洪义，广州市增城区教育局教研室教研员。

历史课堂小组合作探究问题设置的路径选择

刘永红

伴随着课程改革的推进与实施，教师的教学行为发生了显著改变，为了能体现新课程理念，"充分发挥学生的主动性、积极性与参与性"，小组合作探究成为历史课堂常用的教学组织方式之一。欣赏和揣摩各类比赛课、公开课，觉得有些历史课堂的小组合作探究不够真实、自然，甚至流于形式。如有的教学内容比较浅显，大多学生通过自学可以完成，却设计了小组合作探究活动导致历史课堂气氛活跃而缺乏思想；有的教学内容比较抽象，大多学生的已有知识不足以支撑独立思考却采用了小组合作探究方式，造成课堂讨论时学生答非所问而缺乏理性……这样的课堂小组合作探究活动，往往给人一种故弄玄虚、形式大于内容的感觉，更谈不上课堂教学水到渠成的流畅感与历史教育的大视野了。建构主义主张在概念框架的某个节点上设置问题情境或抛出一个与当前学习主题密切相关的真实性事件（或问题）作为"锚"，促进学习者相互合作交流，达成知识的构建。如果教师能找到一个这样的启动点，即在节点上设置问题，就能让小组合作探究活动不只是体现"以学生为主体"的学习，更是一次"有意义"

的学习。下面就如何在节点上设置问题，最大化地实现小组合作探究的意义谈一些实践性认识。

一、在"学科核心知识"处设置问题

一次赛课后的议评中，充满激情的年轻教师设计的小组合作活动引发了大家的争议，这位教师上的是"抗日战争"，课堂教学中，他花了四分之一课时组织学生小组探讨日本右翼没有"正视、反思历史与钓鱼岛问题"。不少听课教师认为，该课忽视了课程标准的要求："列举侵华日军的罪行，简述中国军民抗日斗争的主要史实，理解全民族团结抗战的重要性，探讨抗日战争胜利在中国反抗外来侵略斗争中的历史地位。"没有把重点放在"理解全民族团结抗战的重要性"上，而是对课程标准的过度开发，在时间分配上喧宾夺主，更像一堂时政课。也有一些教师认为，这位教师没有按照课程标准来找准学科核心知识，忽略了特定历史学习的要求和价值。回想赛课教师的表现以及听课教师的争议，结合自己的所见所闻、所作所为反思我们的教学，应该说这种现象在必修三文化史的教学中还是比较常见的——由于忽视历史学科的教育教学价值而上成纯粹诗歌欣赏的语文课或绘画作品鉴赏的美术课的情况比比皆是。如有位教师以"中国古代文学的时代特色"为课题上公开课，在课堂教学中设计了这样一项小组活动："请小组任选诗经、楚辞、汉赋、唐诗、宋词、元曲、明清小说中的一项，收集、整理相关优秀作品及其作者并进行交流。"在布置该任务时，这位教师没有向学生呈现进一步学习的任务和要求，这样就只是做到了课程标准要求的前半句："知道诗经、楚辞、汉赋、唐诗、宋词、元曲、明清小说等文学成就"，忽视了课程标准的后半句要求："了解中国古代不同时期的文学特色。"即要引导学生挖掘不同时期的文学特色所折射出的当时政治体制、政局变化、思想潮流、经济发展水平、地域文化特色、文化交流状况和劳动人民丰富多彩社会生活的状况。笔者认为，根据课程标准的要求，"中国古代文学的时代特色"主题可以定为"欣赏文学之素雅，感受历史之厚重"。如何才能处理好知识点众多的这节课，让学生通过学习"欣赏文学之素雅，感受历史之厚重"，我从学科核心知识入手，采用以点带面的方式设置小组合作探究问题："'诗圣'杜甫的诗是大唐盛世背后的苦难缩影，是本饱含着时间重量的史书。探究：从杜甫的诗歌作品看大唐从盛到衰。"因为学生对杜甫及其诗歌有一定的了解，所以小组合作探究有声有色，不仅实现了"以点带面、落叶知秋"的示范效果，还让学生明白了历史学习应该通过不懈追问而获得知识的意义。

二、在"教学难点"处设置问题

一般情况下，我们会把教学难点定在新旧知识矛盾、冲突处或学生在自学中无法解决的困惑处。笔者曾在"同课异构"活动中观察并体会到在"教学难点"处设置问题的高低差异。

关于"新航路的开辟"的"同课异构"，教师甲开篇阐述学情分析："高中生思维活跃，有表现欲，有利于课堂互动；不缺乏兴趣，但厌倦死记硬背，故在教学中将记忆史实的过程问题化、系统化。"由此导出设计意图："提高学生的兴趣，为课堂教学进行必要的知识积累。"设计的小组合作探究问题是："根据学习小组分配航海任务。"

教师乙的设计与实施时这样的：先用约 20 分钟的时间与学生一起重温、串联基础知识，帮助学生搭建一定的学习框架后，转入问题合作探究：

15、16 世纪以来人们通常使用"哥伦布发现美洲"的提法，"发现"的意思是"使所有人和所有民族都并入欧洲文明"。1984 年，部分拉美学者倡议改称"美洲发现 —— 两个文明汇合"。1992 年，联合国教科文组织主张以"两个大陆相遇 500 年"为主题，举行哥伦布航抵美洲纪念活动。

以小组为单位，选择以上任一提法展开讨论，说明其合理性是什么？期间你是自觉或不自觉地运用了哪一史观？这种史观有何特点？

课后研讨会上，有些教师认为，教师甲的设计可以激发学生的学习兴趣，比较好；有些教师认为，该内容初中已经学过，我们要考量初中与高中教学的侧重点各在哪里？教师甲的设计只停留在初中水平，过于简单和表面，矮化了高中学生的智能，因而更倾向于选择教师乙的设计。他们认为，虽然"了解"是"理解"不能截然割裂的思维阶段，但不是高中历史教学的主要目标。"哥伦布发现美洲"属于初中的"了解"要求，"美洲发现 —— 两个文明汇合""两个大陆相遇500 年"属于高中学段的"理解"要求。关于这一内容，初中课程标准的要求是"通过哥伦布发现美洲、麦哲伦环球航行，初步理解新航路开辟的世界影响"。而高中课程标准的要求是"概述迪亚士、哥伦布开辟新航路的史实，认识地理大发现对世界市场形成的意义"。由于课程标准过于简略、泛化，在保证专题内部历史知识系统、完整的前提下，应对课程标准进行二次开发，将新航路开辟"对世界市场形成的意义"拓展为运用多种史观多角度评价新航路开辟对世界的影响：新航路是世界市场联系之路（全球史观），是人类文明交流融合之路（文明史观），是西欧资本主义发展之路（现代史观），是物种流动和人口迁移之路（社会史观）。通过这样的小组合作探究，以提升学生的历史思维能力，彰显高层次学科素养。

孰是孰非，见仁见智。笔者认为，"教学难点"是相对的，针对性强，具有学生个体差异、学校差异和地区差异，无论如何，符合自己学生"最近发展区"的就是恰当的。

三、在"逻辑链断裂"处设置问题

历史教学是教师鼓励学生探索与了解历史的过程，在这一过程中，教师要补充多元材料，在时序和逻辑上还原出一个完整的历史事件、历史现象，帮助学生认识历史事件、历史现象的复杂性、多样性及其来龙去脉和发展演变规律。如在学习"宋朝通过收精兵、削实权、制钱谷等措施加强了君主专制中央集权，改变唐末五代以来藩镇割据的分裂局面"时，由于初中教科书中略有涉及，限于篇幅，高中历史教科书就省略了对"陈桥兵变"的叙述，导致不少学生不理解上述结论。实践中，为了开阔眼界，我先铺垫"陈桥兵变"的历史背景及其主角赵匡胤的个人经历：

唐朝末年，藩镇割据加剧，唐朝灭亡后，进入五代十国时期，武将夺权，政权更迭频繁。宋太祖赵匡胤军人出身，

948年投在郭威幕下，屡立战功。郭威称帝建立后周，赵匡胤补东西班行首，周世宗时官至殿前都点检。960年，他谎报契丹联合北汉大举南侵，以"镇定二州"为名，领兵出征，在陈桥驿发动兵变，黄袍加身，代周称帝，建立宋朝。赵匡胤当上皇帝后彻夜难眠，唐朝后期以来地方军阀割据的情况给他留下深刻印象，他自己也是通过掌握军权而登上皇位的，担心宋朝会成为继五代后的又一个短命王朝……

为了激发学生探索历史的兴趣、思考历史的复杂性，我将教科书的缺漏问题巧妙地转换成能够刺激课堂讨论的问题："赵匡胤当上皇帝后会最关注什么问题？他怎样才能解决这个问题？他当上皇帝前的经历有没有对宋初制度的设计产生影响？对此你有什么看法？"基于这一问题的小组合作探究，学生一定程度上形成了对历史事件的多重解释，加深了对人性的理解。

四、在"历史与现实衔接"处设置问题

如何拉近历史与现实的距离，结合现实生活为学生提供知识建构、反思和鼎新的机会，让学生在合作探究中获得情感、态度、价值观的发展，使历史教学真正成为育人的过程，是我们历史教师一直在探索的重要课题。在一次学校竞赛课中，科组教师听了郭教师执教的"古代中国的手工业经济"后提出完善意见，即在收尾处设置了"湛江传统手工业何去何从"的小组讨论活动：

中国过去有"北有姑绒，南有女葛"之说，"南有女葛"指广东省湛江市雷州妇女织的葛布。雷州妇女精工纺织出的

葛布布质精细、光滑耐用，颜色像褐色象牙，质量胜过绸缎，重量仅有数铢，薄如蝉翼，故而"百钱一尺，盛行天下"，从汉代起就是进献皇室的贡品。随着人们消费观念的转变、传统手工业的没落，湛江葛布日暮途穷。除了葛布，湛江的太平、沈塘等乡镇蒲织业也面临同样危机。

纺织葛布　　　　　　　　　沈塘蒲织

小组合作探究：作为一个湛江人，读了这段材料后有何感受，你觉得这些传统手工艺有没有继续存在的必要，出路何在？

历史可以使人们了解过去、展望未来。通过情境问题的设置，帮助学生明晰现在所学知识与现实社会生活的联系，让学生体会到历史学习"对我关系重大"并"与我的生活紧密相连"，产生求索的渴望和克服困难的意志。

五、在"需要思想升华"处设置问题

要增强学生的历史洞察力和历史使命感，教师就要根据教学内容设计能强化人文底蕴、刺激学生多向思维发展的问题情境，让学生在小组合作探究中提升认识。如"古代希腊民主政治"一课，在系统学习古希腊的民主政治时，必然会

触及"民主"这个深层问题的解读。实践中,我抓住学生普遍"以感性经验代替理性思考"的思维缺陷,创设情景,抛出问题:

> 苏格拉底是一位爱智慧的哲学家,善于雄辩。苏格拉底案由来自社会各阶层的 500 名陪审员组成的法庭来审理。民主制的基础是言论自由,雅典这个以言论自由著称的城市,却对一个仅仅运用言论自由而没有任何犯罪的哲学家起诉、判罪、处死,这足以让号称民主的雅典蒙羞。在严格遵守民主程序的地方,事情愈发显得荒唐。苏格拉底是被"人民"杀死的。苏格拉底的审判留给我们更多的思考。(整理自蔡飞:《苏格拉底之死》)

我希望通过小组合作学习促进学生反思以获得思维的发展和认知的完善,故而引用蔡飞《苏格拉底之死》中的疑问:"如同希特勒通过民主选举合法地成为法西斯德国的统帅一样,民主真的是一个无条件的好东西吗?"安排了 30 分钟的小组、全班讨论交流。虽然有教师觉得这样做太浪费有限的课时了,但我认为,如果能增进学生一点点正确的公民观,这个"浪费"也是值得的。

多年的历史教学经历让我深深地感受到历史的复杂和独特:我们不仅要落实课程标准的要求,还要引领学生在一个更为丰富和开阔的视野下进行思考,让历史教学真正走向教育。面对浩如烟海的历史教育宝库,如何设置小组合作探究问题以有效地帮助学生完成对知识的意义建构,不仅需要我们教师精通学科知识,掌握学生的认知规律,更要具有透过纷繁复杂的教学实践敏锐地捕捉有研究价值问题的能力,设

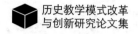

计适合小组合作探究的情境问题，对学生的学习给予深层次的引导与具体的帮助，促进学生的学习和发展，成就教学的质感。

（本文发表于《中学历史教学参考》，2014 年第 8 期）

本文作者：刘永红，湛江经济技术开发区第一中学正高级教师、中学特级教师。

创新作业测试，滋养生命成长

赖海波

摘要：初中作业与测试是新课程改革最薄弱的环节，是制约课改深入发展的瓶颈。创新作业测试，就是按照新课标的要求，根据学生的年龄特点以及认知水平，使作业测试目标层次化、形式趣味化、内容多维化、过程共享化、评价多元化，从而滋养学生的生命成长。

关键词：创新作业测试；滋养生命成长

随着课程改革的深入，历史课堂教学"新"劲十足，广大教师越来越注重课堂教学的创新，探索了很多新型的教学方法和模式。但令人遗憾的是：作为新课程实施重要环节的作业测试却"涛声依旧"——作业形式单一，"味同嚼蜡"；测试机械重复，毫无趣味……作业测试不但不能激发学生的学习兴趣，反而有形无形地加重了学业负担，影响学生创新思维能力的培养和个性的发展，成为新课程改革最薄弱的环节。

新课程理念下的作业测试不仅是课堂教学的延续深化，还是挖掘新知的沃土，体现生命意义的载体。一线教师如果

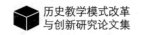
没有对起着承上启下作用的作业测试进行改革创新，就不可能突破教学的瓶颈，也不可能在新课改中走得更远。

创新作业测试，就是按照新课标的要求，根据学生的年龄特点以及认知水平，使作业测试在目标、形式、内容、完成、评价等方面更灵活多样、更富有思考和创造性、更有现实性和可操作性。那么，我们中学历史教师应该以怎样的"作业观""考试观"来适应新课改的变化和挑战？如何把握重"质"少"量"、求"异"略"同"的原则，使学生达到举一反三、触类旁通、事半功倍的训练效果？怎样让作业测试成为学生释放生命、获得心智发展的载体？这些都值得我们深思、探索。下面我结合自己在教学实践中一些有效的探索和尝试，分享几点浅显的认识，供大家商榷。

一、作业测试目标分层化，学生自由选择体现个性差异

学生的个性差异是客观存在的。然而，传统的作业测试过分强调目标的"同一性"，用同样的习题考查学生，用同样的答案评价学生，忽视了对学生个性的培养，抑制了学生个性的健康发展。

因此，教师在布置作业和进行测试时，首先要树立"弹性"意识，以学生的个体差异为出发点，充分考虑不同层次学生最近发展区的差异，对不同的学生制定出不同层次的各自经过努力可以达到的教学目标，设计难易适度的习题，对作业测试的具体内容不做刻板规定，让学生根据自己的学习能力和兴趣，自由选择，使每个学生通过不同度、不同量的作业

测试在原有的基础上各有收获。例如：我采取"作业超市"的方式，针对不同层次的学生设置不同层次的题目，让学生像购物一样在罗列的题目中选择自己喜欢的，认为自己有能力完成的作业测试；同时，我还针对每个学生的接受能力把作业测试设计成"肯德基"式的套餐，增加作业的可选择性，让学生根据自己的需要和能力去选择，如A套餐多为比较简单的巩固性作业，B套餐的题型较A套餐要高一层；C套餐的题灵活多样，偏重于理解、想象、归纳、运用，以满足不同层次学生的需求。

作业测试目标多层次，有利于不同层次的学生都能"各取所需"地学习，让每个学生"跳一跳都可以摘到桃子"从而展现个性，发展心智，充分享受学习的乐趣。

二、作业测试形式趣味化，学生重拾兴趣彰显个性才华

很多学生害怕记忆历史事件，出现今天学，明天忘的现象，所以对于呆板的作业测试，也只是机械、厌倦地完成。成功的作业测试首先要在形式上吸引学生的兴趣，引发学生做题的欲望。为了改变传统的命题形式，在把握课程标准和考纲的前提下，我尝试将原本枯燥的历史通过活泼生动、形式多样的题型，甚至游戏活动呈现给学生，如"巧走迷宫""填字游戏""对号入座"以及广告语设计、手抄报比赛等新颖、趣味的形式，力求给学生带来耳目一新的感觉，调动学生做题的兴趣和思考的积极性，让学生在玩乐中学习，在学习中掌握知识，享受学习的乐趣，感受历史的魅力。

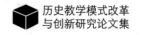
案例 1："商鞅变法"标语创作大赛

公元前 356 年，商鞅在秦孝公的支持下开始变法。假如你是商鞅，请你设计一些宣传标语，向百姓推广你的改革方案，以寻求他们的支持。

学生作品：（杨青青）土地自由买卖，你也可以拥有！

（曾凡昆）你想拥有良田豪宅吗？快来当兵，战场论英雄！

（文一彬）生产多，徭役免！

案例 2：关于"五四运动"的新闻报道

请你以当时记者的身份写一篇有关"五四运动"的新闻报道。（要求：注意自己的角色定位；所写的新闻报道要体现"五四运动"的基本内容；200 字左右）

学生作品：《泰晤士报》1919 年 6 月 5 日（记者纳达尔·王乐）上海大乱！中国人情绪激昂，高呼"外争国权，内除国贼""废除二十一条""还我青岛"口号，爆发出从未呈现的激愤高昂。学生罢课，工人罢工，商人罢市，形势不容乐观！中国各界人士在国仇家恨面前表现了极大的爱国热情，以自己的方式表达对不平等条约的愤怒。尊敬的女王陛下，中国人醒了，我们的噩梦开始了。

实践证明，形式活泼的作业测试可以将特定的、有趣的情节融入其中，让学生在不可预见的新知识挑战中，带着自己的兴趣和情感学习历史，掌握知识，享受成功的喜悦。

三、作业测试内容多维化，学生享受学习演绎真我风采

在旧课程体系下，中考历史主观题的考查大多是单向封闭的，学生基本可以从教科书上找到答案。但新课改后的命题内容不断创新，走向多维开放。这就要求我们教师充分挖掘教材，从多维度设计作业测试的内容。

（一）设计开放性作业测试，点燃学生的思维火花

作业测试也是学习方法与过程的体现，其本质是为了促进学生思维的发展。传统的作业测试主要训练学生的逻辑思维，而发散思维的训练明显缺乏，不利于培养学生的创新意识和创新精神。历史学习活动是一个生动活泼、主动且富有个性的过程，其学习方式不能采取单一的、枯燥的、以被动练习和抄写背诵为主的方式，必须让学生有广泛的信息来源。为此，我经常设计一些以激发学生的创新思维为目的的开放化作业测试，让学生在做习题的过程中灵活运用所学知识，思考教材以外有创意的内容。例如，在单元测试中，我摒弃以往考查毛泽东参加重庆谈判原因的做法，采用让学生写演讲稿的形式，点燃了学生思维的火花。

案例3：中央电视台拟拍电视剧《重庆谈判》，假如你是编剧，请你结合所学知识，为毛泽东设计一段到达重庆机场时的讲话稿（要求：要着重说明来重庆谈判的原因，100字左右）

学生作业（梁若琳）：各位好！这次我能来到重庆，多亏了中正先生的再三盛情邀请。打了那么多年的仗，百姓累

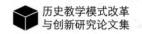
了怕了，中国穷了惨了，该是时候坐下来谈谈了。我带着万分诚意来了，希望中正先生真正有诚意地坐下来和我们好好谈谈。

开放性的作业测试让学生通过对基础知识的整理、概括、迁移和探究，形成运用知识分析问题、解决问题的能力，锻炼学生思维的灵活性和创造性，帮助学生发现学习的价值和快乐。

（二）设计探究性作业测试，挖掘学生的创造潜能

学习过程是学生不断提出问题、解决问题的探索过程。许多常规性问题换一个问法，不仅可以激发学生探究的欲望，还可以锻炼学生灵活运用所学知识解决问题的能力。

案例4：你想穿越历史时空吗？假如我们乘着时光隧道回到唐朝，我们将怎样生活呢？（提示：你可以是农民、手工业者、商人、官吏、皇帝等；要求是符合唐朝经济生活的实际情况，200字左右。）

学生作品一（李珊珊）：作为大唐的公主，我穿着最具有唐朝特色的真丝裙衫，华丽的房间摆放着的越窑青瓷。我可以在饭后尽情品味清茶，品出大唐的魅力，品出大唐的皇家独尊，感受一种高雅的生活。

学生作业二（陈青梅）：

三月里，好天气。虫食稼，不用怕，

曲辕犁，来耕地，有姚崇，消灭它。

既省时，又省力。年年底，收成好，

筒车妙，灌溉苗，收低税，免去役。

不挑水，真正好。好皇帝，阳光照。

学生作品三（王力）： 我是一名商人，在东市经营一家文具店，在西市经营一家丝绸店。文具店主要销售从扬州运来的纸，东市离国子监比较近，又有春明门在左，进京赶考的学子们可以从我手中卖到他们心仪的笔墨纸砚；而西市紧临官邸，我销售从扬州运来的上好的丝绸，给那些达官贵人穿。我经常一次进货，既可以进丝绸，又可以进纸张，可省下不少路费。

学生作品一想象符合唐朝农业、手工业方面等方面的实际情况，让我们领略了大唐公主优雅的生活气息，感受了盛唐的非凡气概；而作品二不仅有曲辕犁、筒车、姚崇治理蝗虫、轻徭薄赋，符合盛唐时农业方面的实际情况，而且模仿三字经的形式写成，可见国学功底深厚；作品三中的学生经商前先将长安的专门商业区东市、西市了解得一清二楚，能够抓住商机，将纸张、丝绸卖给不同的人，还懂得怎样节约成本，真是一位商业奇才。实践证明，多一个维度为学生创造自由发挥的平台，他们平时被压抑的个性就会得到张扬，埋藏在身上的潜能就会释放出来，学习的积极性、主动性、创新性就会激发出来。

（三）设计现实性作业测试，拓展学生的学习时空

我经常有意识地联系当今社会生活、热点问题设计作业测试，历史和现实结合，既可以增加问题的现实性，考查学生运用知识的实践能力，又能让学生从历史中汲取智慧，养成现代公民应具备的人文素养。

案例5： 中考模拟试卷28题——请你借鉴战后西欧和日本经济腾飞的原因，为我们茂名市建设滨海新区出谋献策。

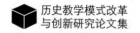
　　学生作品一（李燕）：滨海新区建设需要人才！请加大教育的投入，让我有机会搭上高中义务教育的头班车，学好知识回报家乡。

　　学生作品二（陈剑菊）：茂名发展大飞跃既要挖掘地方优势，又要加强与周边地区的合作，资源互补。

　　（四）设计体验化作业测试，养成学生的人文精神

　　历史的过去性决定了历史的不可亲身经历性，但我们可以创设多种情境，运用多种感官，间接地体验历史，感悟历史，培养学生的道德情感，完善学生的人格，塑造学生的人文精神。

　　案例6：20世纪歌曲中的"历史"——历史在谱写着歌曲，歌声中凝聚着历史。请以小组为单位，收集、聆听20世纪不同时期的歌曲，并派代表在班级召开的小演唱会上演唱，介绍歌曲的时代背景和历史价值。

　　学生作品一（青春之火小组）：齐唱《毕业歌》，一组员旁白——20世纪30年代日本帝国主义加紧侵略中国，国土不断沦丧。歌曲表现了觉醒的爱国青年学生走出课堂，奔赴抗日前线，甘为民族解放牺牲的精神。时代不同了，我们毕业后不用上战场，但我们一样要勇于承担责任！

　　学生作业二（青苹果小组）：一组员清唱《让我们荡起双桨》，一组员深情演讲——新中国成立，带来一个火红的年代。天真烂漫的少年儿童，沐浴着祖国的阳光，纵情歌唱。是谁给我们安排幸福的生活？是伟大的党！饮水思源，我们要珍惜今天的幸福生活，创造更美好的明天！

　　谁说历史是一堆毫无生气的秦砖汉瓦之类的"老古董"？歌声叙说历史，当历史不再遥远和枯燥时，学习兴趣就会油然而生；歌动情，史明理，学生在情理交融的历史体验中关注中华文明的发展和中华民族的兴衰，关注历史人物和普通人的生活，在潜移默化中养成公民的良好道德。

可见，教师设计多维开放的作业和试题，就是提供条件与机会，让学生体验学习的快乐和成功的喜悦。学生完成开放多维的习题需要从不同的角度考虑问题，探索解决问题的办法，在这过程中所闪现的智慧、所表露的思想、所呈现的喜悦就是一种评价，是对历史教学的一种肯定，也是对自己的一种接纳和欣赏。这比反映到试卷上的分数和评价量表上数据更有意义，也更有价值。

四、作业测试过程共享化，学生协同合作培养团队精神

《历史课程标准》要求中学历史教学要引导学生主动参与、乐于探究，培养交流与合作的能力，因此，作业测试需要在完成方式上创新。我在教学中采取了"闯关竞赛""小组轮流作业"等新策略，营造宽舒互动的氛围，创造条件、积极引导，有意识地在作业测试过程中培养学生的交流与合作能力。

（一）"闯关竞赛"，共同进退

所谓"闯关竞赛"就是选择题的专项训练。茂名市中考历史试卷第 I 卷共设 25 道选择题，占 75 分，其重要性不言而喻。我每接手一个新班，就提出"决胜就在第 I 卷"的口号，以班级历史小组为竞赛单位，每周开展一次选择题"闯关竞赛"。具体方法与规则是：教师精选 25 道选择题，学生错 3

题以下闯关成功；个人成绩与小组成绩挂钩，实行"连坐"；连续三次闯关成功的个人或小组有奖，闯关失败小组则必须重新闯关，直到人人过关方可进入下一轮。

几个月下来，每周一次的"闯关竞赛"成了我们班的"节目"，"今天你过了没有？""超低空飞过"（刚好错3题）成了班级的流行语。同学们在分享闯关成功的欣喜、品尝"败走麦城"的遗憾过程中，也体会到团结协作的乐趣，培养了处变不惊的应考素质。

（二）"轮流作业"，群策群力

虽然茂名市中考试题第Ⅱ卷的主观题仅占"四分之一江山"（25分），但却是拉开学生中考历史成绩差距的关键，也是制约学生历史成绩提高的瓶颈，所以从备考角度看，主观题训练一样重要。但是传统的主观题训练形式单一，加上惯用的题海战术，给学生带来了沉重的负担，使学生缺乏兴趣和动力。我在主观题训练中采用了"小组轮流作业"方式：以历史小组为单位，每个小组共用一个作业本；我每天精心准备一道历史主观题（根据难度差异设置不同分值）；小组长每天负责安排、督促一位组员完成；每位组员在完成自己作业的同时，还要认真阅读组员所做的其他习题答案，进行修改、完善；一周为一个轮流周期，月末反馈各小组答题情况，进行小组间的评比和评价。

兴趣是最好的教师。"轮流作业"以其开放性、合作性、新颖性、综合性吸引了学生，点燃了他们的学习热情。学生不再惧怕作业，不再以"抄、编、凑"来应付教师，从"要我做"变为"我要做"；为完成作业而完成作业的苦闷和负担大大减轻，取而代之的是表达与交流的快乐。为了小组在月末评比中名列前茅，组员群策群力，优化组合，唯恐输给对手；轮到书写潦草的同学"上阵"，组员就主动提醒其注意整齐规范，以免丢分；遇到疑难问题，更是全组动手动脑，集思广益，力争尽善尽美。小组轮流作业使每一位学生在完成作业的过程中体验到学习的快乐和合作的意义，在体验的过程中形成了丰富的人生态度和情感经历，促进了学生间合作意识的提高和合作能力的养成。

"闯关竞赛"和"小组轮流作业"等做题方式的创新使学生由传统的独立完成走向协同合作，把学生个体间竞争变成小组间的竞争，形成了一种组内合作、组间竞争的局面。这种"参与、互动、协商"的学习氛围与合作意识，会使他们受益终身。

五、作业测试评价多元化，师生激励互动滋养生命成长

过去，学生完成作业，教师只是简单地在本子上打上一个"√"或"×"，或者画上一个潇洒的"优"或"良"。新课改下作业测试的创新设计需要多元化的批改方式。我实行学生自评、组员互评、家长帮评、教师促评等多种评价方式。

1. 让学生在自评中树立自信

学生在自评过程中，可以查找不足，认识自我，展示自我，树立自信。

2. 让学生在互评中学会欣赏

学生互评可以欣赏别人的优点，学人之长补己之短，无

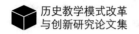
论对学生的文化素养还是道德修养，都能产生潜移默化的影响。

3. 让师生在激励中共同发展

心理学研究表明：得到肯定是学生在思维和行为表现后重要的心理需要。实施激励性多元评价，不仅让我从以前千篇一律的"勾叉"式批改作业测试中解放出来，而且最大限度地发挥作业测试对学生发展的促进作用。我坚持针对不同学生的不同情况作出最有意义的评价，坚持每天在学生的作业本上根据不同情况写上赞赏、鼓励、期望和教诲，因此，我的评价是促使创新的作业测试顺利实施的重要原因，是在答题方法和技巧等方面引导学生的重要手段，是师生沟通思想、教学相长的媒介与工具。

作业测试的创新设计，需要一线教师投入更多的精力，无形中加重了我们的负担。然而，这些创新的"苦"是"磨难之苦"，是幸福之"苦"。

作业测试是一种教育观的体现和浓缩。作为课改的新兵，我们只有积极主动地学习，不断地探索创新，才能摆脱历史传统作业测试模式的束缚，才能在不断创新中走向成功，才能发挥评价促发展的作用，张扬学生个性、启迪学生心智，真正为学生终身发展留下充分的空间，照亮他们以后的人生道路。

参考文献：

[1] 王海芳：《学生发展性评价的操作与案例》，中国轻工业出版社，2006 年。

[2] 黄牧航：《历史教学与学业评价》，广东教育出版社，2005 年。

[3] 朱慕菊：《走进新课程———与课程实施者对话》，北京师范大学出版社，2002 年 6 月。

本文作者：赖海波，茂名市祥和中学高级教师。

核心素养下科组教研活动的转型

黄劲涛

摘要：科组是学校基层的教师专业团队。围绕新课标开展核心素养下的教研活动，使教研重点从三维目标到核心素养的转型，成为当务之急。我们通过典型课例剖析、备课组深度教研、主题式教研活动，探索科组教研活动的新模式。提高教师业务水平。

关键词：科组教研；典型课例；深度教研；主题式教研

科组是学校基层的教师专业团队，主要任务是传达和执行学校的工作精神和指示、组织教学教研活动。随着 2017 年《普通高中历史课程标准》的出台，"核心素养"成为广大教育研究者和一线教师行动的指南。科组应该怎样组织教研活动，使教研活动重点从三维目标到核心素养的转型呢？下面结合笔者近两年（2017、2018 年）在学校历史科组的实践谈谈粗浅之见。

一、剖析典型课例使学科素养的落实有章可循

通过上级教育部门及学校的培训活动，教师们知道培养

学生历史学科素养是高中历史课程改革的核心内容，大家对历史学科五大核心素养的内涵也有了一定的理解。落到学校科组层面的任务就是指导教师们在课堂当中践行新的教学理念。科组长首先需要收集整理优秀课例，向教师们剖析课例中的教学思想、教学方法、教学内容是如何体现学科核心素养的。用案例分析法使教师们对核心素养下的历史课堂有直观的感受。

例如我们组织教师观看上海特级教师李惠军"追寻秦始皇"一课，阅读《中学历史教学参考》上登载的该课例的分析文章。李教师的设计以发展学生核心素养为教学立意。"时空观念"是历史学科五大核心素养之一。新课标指出："时空观念是在特定的时间联系和空间联系中对事物进行观察、分析的意识和思维方式。"李教师在"小国蓄能"和"大国崛起"这一环节，从大动荡和大转型的春秋战国的时代格局中回溯嬴政的发展轨迹，阐释了嬴政出生"逢时"，即位"逢运"。新课标指出"史料实证是指对获取的史料进行辨析，并运用可信的史料努力重现历史真实的态度"。李教师通过"秦始皇究竟是不是暴君"这一环节的探究讨论，使学生明确"一切要从证据出发"，要带着"史料实证"的意识和方法一步步破解秦始皇"暴君"说。

通过剖析典型课例，我们看到名师的课堂往往以生动的史料贯穿始终。史料阅读是设计出高质量的历史课的基础。何成刚先生认为："提高历史教师的史学素养，最重要的途径，就是要重视和加强史学阅读，……将史学研究成果、优质史学资源与历史教学进行深度融合。这一点，实事求是地说，

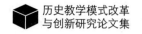
恰恰是目前中学历史课堂教学和历史教师专业发展过程中最欠缺的。"[1] 学习名师课例，研究他人教学智慧，为我们自己的成长寻找途径。

除了学习名师的典型课例外，也要重视对本科组教师课例的学习推广。身边榜样的激励作用是强大的。林教师的"罗斯福新政"一课参加市级比赛获得第一名的好成绩。她设计了一道十分有趣的课堂讨论题。美国历史博物馆有个美国民众的投票排行榜，在最有影响力的美国总统排行榜上，同学们认为罗斯福在美国人心中排名第几？为什么？

学生小组讨论并回答问题。学生都认为罗斯福应排在前三名，并且也能说出自己的一些理由。

而教师揭榜，出乎意料，在美国历史博物馆的排名榜上罗斯福只排名第五。学生猜想原因后，教师展示美国民众对罗斯福的评价。有人认为"罗斯福带领国家经历了困难时期——大萧条和二战，但是他极大地扩大了联邦政府的权力。作为一个小政府和国家权力倡导者，我不喜欢他的做法。就我所知道的，一些美国人觉得他往着坏的方向改变了这个国家"，也有人认为"罗斯福在任时给予了政府太多的权力。实际上，当我们生活中有需要时，我们会找律师或者会计师而不是直接和政府打交道。在大萧条的非常时期，罗斯福的做法是必须的，但放在今天我不会支持他的决定"。

林教师暑假到美国旅游，在历史博物馆拍下"最有影响力的美国总统排行榜"的照片。并通过自己的关系采访了不同领域的美国学者，让他们谈谈对罗斯福及新政的看法。林教师在教学中设计的这道讨论题，不但激发学生的学习兴趣，还培养了学生历史学科素养。对罗斯福新政评价不同，实际上体现了同一个历史事实，往往由于视角、立场、时代的差异而产生不一样的解释。这个案例也启发我们，身边处处有历史，用慧眼发现素材，我们可以收集整理和利用身边的历史，创设情境、探究问题，培养学生的历史学科素养。

在过去的教学当中其实大家也在不自觉中培养着学生的学科核心素养，只不过更多强调的是通过某种教学模式实现三维目标。现今要求我们的课堂围绕的是学科核心素养开展，教学模式要为学科核心素养服务。

二、以深度教研提高集体备课的实效性

科组工作的推动必须发挥各年级备课组的作用。如果科组缺乏对备课组的引导，每周一次的集体备课容易流于形式。集体备课观念守旧，构建学科素养为核心的课堂就难以实现。为此我们改革了备课组集体备课的模式，提出了深度教研的要求。深度教研的"深"应该在哪里？一是指探讨学科专业知识，二是专业知识的讲授与培养学科素养的对接，三是命题中对学生核心素养的培养。备课组长首先要设计好集体备课的流程，进行分工合作。主讲人结合新课标要求讲授总体的上课思路。组员从历史知识、教学方法、作业布置、试题命制和讲评等角度发言，全面而有深度展开研讨。备课组长在开学初就安排好中心发言人、组员的任务。为了达到真正有深度，要求每位教师必须认真准备，有理有据进行发言。

科组组织三个年级的备课组公开"深度教研"集体备课活动。全科组教师都参与其中，互相学习如何备一节好课。

以高三备课组一轮复习课"百家争鸣"集体备课为例：主讲教师重点围绕"诸子百家"主张的不同点与相同点展开说课。为了说明诸子百家的共性，他引用了桓占伟先生的观点："诸子之学的目的是一致的，只是准则各异，方法不同罢了。他们的思想之所以有生命力，就在于他们具有共同的政治责任感，具有强烈的历史使命感，正是这种责任感和使命感驱使着他们直面现实的苦难，力挽狂澜，以图天下大治。一句话，就是希望天下大治、社会和谐，这是诸子的共同心愿，也是战国文化精神的整体诉求。"[2] 该材料起到了培养学生家国情怀的作用。备课中有教师专门介绍史学界有关"士阶层"研究的新观点；有教师则对百家争鸣这个考点近年的高考真题进行解读。深度教研提高了备课组工作的实效性，也促使教师努力打造有深度、有灵魂的历史课堂。

一个人的能力有限，但如果他融入团队中来，那么他就会变得强大。许多青年教师就是在参与备课组、科组、级组、学校的活动中慢慢脱颖而出的。而备课组、科组则要尽量发挥每一位教师的作用。

三、开展主题式教研活动提高教师的业务水平

讲到教学研究，给人一种高大上的感觉，有的教师觉得门槛很高。实际上教师们经常参加的集体备课、听课评课就是在教研。主题式教研活动可以说是科组较为高端的教研活动了。例如我们举办的"核心素养下的探究式教学"同课异构活动，内容包括两节公开课、骨干教师点评、科组教师议课等。活动前两位上课教师在备课组内进行了集体备课，科

组指定两位骨干教师作为点评教师。课后围绕新课标理念和课堂模式进行评课议课。主持人总结提炼出共识并推广好的做法。

以高二备课组两位教师上的岳麓版必修三23课"孙中山的民主追求"为例，执教的黄教师是有30年教龄的老教师，另一位是教龄不到10年的魏教师。黄教师的课程设计紧紧围绕教材内容展开，对重要的知识点深入挖掘，课堂教学层次清楚，线索分明，课堂教学设计步步深入，层层剥笋。通过主题探究孙中山"民族主义"内涵的变化及原因，培养学生学科素养，力图贴近高考的能力要求。魏教师对教材进行重整，大胆取舍，以人为立意，以孙中山的一生贯穿课堂始终。课前布置学生查找身边三民主义的历史足迹，课中学生填写时间轴、进行角色扮演、小组合作探究等。形式新颖、生动活泼，体现青年教师的创新性。

在评课议课中，点评教师对两节课是如何进行核心素养的培养进行了剖析；对传统的讲授法与小组合作探究教学进行了比较；对"理性型"与"情感型"教学风格的优劣提出自己的观点。主持的教师总结道："同课异构课堂是教学试验场，每一位教师的探索都值得尊重。他们的课堂给我们养分、给我们启迪就是成功。"这次主题教研活动，既研讨了课堂实践中的"问题"又研讨了新课标理念的"主义"，提高了教师的业务水平。

魏恤民说过："学科教研组要努力成为教师专业发展的共同体。作为一个组织，在共同的核心价值追求与支撑下，让教学活动与开创性学习结合起来，让各个成员在组织内由

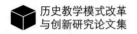
工作中活出生命的意义。"[3] 这正是我们科组努力的方向。在 2017 年新课标出台后，我们对科组教研活动的转型做了一些探索，有不足之处，愿得到同行的赐教。

参考文献：

[1] 夏辉辉、唐正才、何成刚：《世界古代史·前言》，北京师范大学出版社，2015 年。

[2] 桓占伟：《百家争鸣中的共鸣——以战国诸子"义"思想为中心的考察》，《史学月刊》2014 年第 6 期。

[3] 魏恤民：《加强学科教研组建设，提升教师专业发展水平》，《历史教学》2011 年第 11 期。

本文作者：黄劲涛，湛江市第一中学，中学历史高级教师。

历史思辨教学实践探索

—— 从美国人民四个时期的脸部变化再看罗斯福新政

林良展

　　罗斯福新政不但是美国历史上，而且是世界历史上一次重要改革。在美国人民面对"世界末日"的恐惧时，美国伟大的总统罗斯福"在宪法赋予权力的范围内"顶住社会的压力，排除万难，集思广益，大刀阔斧进行改革，用残疾之身躯、钢铁般决心，挽救了美国人民，也挽救了世界资本主义，谱写了一曲艰辛而优美的赞歌。所以，深入学习并理解罗斯福新政，对当今中国的纵深改革，走出当前世界金融危机灰霾，有着重要的参考意义。

　　多年来，对于罗斯福及其新政措施的评价，多从生产力、经济体制调整、经济成果、政治局面的变化等角度去看待与分析，但往往忽视了关乎社会可持续性发展的因素 —— 民生问题。

　　民生、幸福感是当前的热点问题。如果说 GDP、GNP 是衡量国富、民富的标准，那么，百姓幸福指数就可以成为衡量百姓幸福感的重要标准。百姓幸福指数与 GDP 一样重要，它是社会运行状况和民众生活状态的"晴雨表"，也是社会发

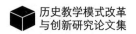

展和民心向背的"风向标"。人们普遍认为幸福指数是体现老百姓幸福感的"无须调查统计的"反映，是挂在人民群众"脸上指数"。[1]

因此，"脸上指数"也成为评判改革成功与否的重要标准。本课以最细微的环节——美国人民脸部变化——为主线，以民生问题为中心，重在关注罗斯福新政的民生措施，旨在重新深度认识罗斯福新政的背景、特点，深入挖掘罗斯福改革之智慧，深刻理解罗斯福新政的成功之效。

[教学设计思路]

本课以美国人民在四个时期的脸部变化特征为主线，分别是 20 世纪 20 年代（脸部特征：狂妄——理性的丧失）、1929—1933（脸部特征：绝望——末日的到来）、1933—1939（期望——新生的曙光）、二战后（脸部特征：希望——繁荣的光临），通过对相关材料（视频、图片、文字等）的分析，使学生从感性上和理性上认识脸部变化的相关背景及各种相关措施，并从中进行归纳总结，认识到罗斯福新政是美国人民从狂妄、绝望走向期望和希望的关键之处，是美国人民从丧失理性和末日恐惧到新生曙光、繁荣光临的核心所在，从而使学生深入、全面、透彻地认识罗斯福及其新政。

[教学过程]

（新课导入：以一般人物的脸部表情变化为切入点，让学生从感性上提取脸部变化的信息。）

师：请同学们概括下面有关体育运动的人物脸部表情变化的特征。

生：表示狂妄、表示痛苦与伤心、表示期望、表示高兴与希望

师：很好。资料显示，人民的笑脸是国家幸福感的最重要指标，改革成功与否与人民的生活息息相关，笑脸是检验改革是否成功的最根本体现。现在，我们透过美国人民在四个不同时期脸部的变化再看罗斯福新政，进一步探讨罗斯福新政的成功之道与成功之效，从而为中国改革的纵深发展提供经验借鉴。

一、狂妄——理性的丧失（20世纪20年代）

师：下图是美国在20世纪20年代时的一张宣传画，上面写着"世界上最高生活标准"。请同学们结合宣传画和视频分析此时期美国人的脸部表情。

20世纪20年代的美国，一切似乎都有可能，天空一片蔚蓝。人们觉得好日子才刚刚开始。20年代的美国，享受着经济增长带来的无尽繁荣。看看纽约证券交易所吧，所有的股票都在一路飞涨，美好的未来还需要证明吗？[2]

生：兴高采烈，骄傲……

师：这个时候的美国的确令人骄傲。1929年夏天对大多数美国人来说是一个极为愉快的季节，一个高度稳定的持久繁荣状态似乎已实现。商品的产量和方便的劳务达到了空前的顶点。企业普遍获得了丰厚的利润，经济形势看上去一片

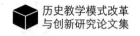
繁荣。

美国领导人、企业家和普通民众如何看待繁荣呢？请阅读如下材料分析。

（问题设计意图：使学生分析各阶级各阶层对繁荣的看法，认识到美国社会在各种宣传下埋下了祸根的丧失理性的表现，也让学生更加理解什么是真正的繁荣——只有理性下的繁荣才是真正的繁荣。）

材料一：胡佛在竞选时的口号十分鼓舞人心。他说"如果我当选，将使美国人，家家锅里有一只鸡，家家有一辆汽车""我们美国今天比任何地方历史上以往时代更接近于取得消灭贫穷的最后胜利"，他在接受提名演说时继续说道，"我们这里的贫民院正在消失。我们尚未达到目标，但是，只要让我们继续执行过去八年的政策，我们借上帝之助，很快将看到贫穷从这个国家消失的日子"。[3]

材料二：前总统卡尔文·柯立芝在告别词中还说"从来没有一个美国的国会开会时曾经看到比今天更为可爱的景象了"[4]。

师：美国领导人如何看待贫穷与繁荣？

生：认为贫穷将会消失，繁荣就要实现。

材料三：《新编剑桥世界近代史》一书也说："在1929—1933年，人们发现对于这个巨大经济机器，企业领导人并不了解，也无法控制""在崩溃的最初几个月，难以理解的是，就在不久以前，乐观主义者还曾经相信，'世界作为一个整体而言'，正在以'前所未有的步伐朝着以前认为不可能的繁荣水平前进'，有时还预言繁荣将是永久的。"[5]

师：企业家是否看到危机的到来？

生：没有，他们认为繁荣是永久的。

师：通过领导人和企业家的宣传，普通民众如何看待呢？

材料四：在20世纪20年代，人们的观念不完全是这样了，更多的想法是，纺织勤杂工一流的人可以把他的积蓄投资于美国企业的普通股票而一跃跻身于企业巨头的行列。因此，在20年代，关于如何发财致富的良方主要是银行经理、证券交易所的高级职员、金融大亨和市场分析家们开出的。

这种良方在1928年和1929年被广泛地加以宣扬、采纳和实行。从商业区的理发师到华尔街擦皮鞋的，形形色色的小财迷，无不拜倒在这些了解金融行情的人的脚下，洗耳恭听他们的开导，而且空前未有地像一窝蜂似的投入了金融"市场"，试图挤进他们中等收入的顾客的行列。他们没有理由怀疑生产和股票价值的令人眼红的增长会在可以预见得到的将来转向低落。[6]

生：普通民众认为投资股票即可发财致富，就可进入繁荣。

师：在1928年秋天，很明显，绝大多数美国人只希望那种似乎实现了经济稳定并保证前面甚至还有更好时光的领导和政策，能够继续下去。美国共产党内的洛夫斯东集团也鼓吹美国例外论：美国是特殊的资本主义，它的核心是健全的，美国已进入了"永久的繁荣"时代，"胡佛时代是美国的维多利亚时代"，美国没有经济危机的前景。

但是，事情真是那么美好吗？美国经济学家R.L.海尔布鲁克说："姑且不论，最后的结局是否无可避免，至少在当

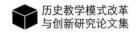
时是没有人看出这种结局的。"经济学家保罗·萨缪尔森认为"还在 1929 年,仅在那次股票市场的大崩溃以前,专家们把美国说成处于永久繁荣之中的'新时代'。上帝对那些过分骄傲的人实施了报复"。

20 世纪 30 年代美国流行一段民谣"梅隆拉起警笛,胡佛敲起钟,华尔街发出信号,美国朝地狱里冲"。时任总统的胡佛在沉浸在繁荣梦的同时,固执地挥舞着老祖宗的大棒,结果使美国进地狱里冲。阅读如下材料,分析胡佛经济政策的思想来源。

(问题设计意图:通过分析胡佛经济政策的思想来源,使学生更加全面深入理解胡佛的思想 —— 盲目追求所谓的发明创造、所谓的经济建设、所谓的自由平等,一味去限制政府管理,加强自由放任,忽视人民的生活。把人民彻底推向了对立面,胡佛成了贫穷的代名词,民生成了泡影。)

材料五: 胡佛在 1928 年 10 月 22 日关于靠奋斗的个人主义哲学的著名演说中强调"即便是政府管理企业能够提高而不是降低效率,我们对它的根本反对态度将依然如故和不会减轻。因为它将破坏政治平等,它将增加而不是减少滥用职权和贪污腐化的现象。它将窒息创造发明精神,它将损害领导能力的发展,它将束缚和削弱我们人民的精神力量,它将消灭平等和机会,它将耗尽自由和平等的精神。主要由于这些理由,政府管理必须受到限制"[7]。

师:胡佛认为政府管理与企业是什么关系?为什么他这么认为?

生:政府管理必须受到限制,因为他认为政策管理企业会降低效率。

师：那他采取了什么政策？

生：自由放任的经济政策。

师：当时占主导地位的经济思想是自由放任主义。持这种经济思想的人欣赏市场的自由调节而不需政府的强力干预，认为主要通过政府的自由竞争、自由放任政策就可以自行解决资本主义社会的各种矛盾，渡过经济困境。他们认为自由资本主义是"理想社会"，一旦国家强力干预经济生活，只能使这个社会变坏，而不能使它变得更好。在这种思想指导下，显然不可能正确认识和处理危机。他们否认危机的不可避免性，并认为资本主义的自由放任可以应对任何经济周期的影响。胡佛的危机观正是这一思潮在 30 年代的典型代表。

但是，自由主义的政策并不是万能的，在经济高速发展的时代，政府的不作为终究使它背离了经济发展的轨道。在四处泛滥的狂妄中，在政府宣传的假象里，理性已成为泡影，人们在危机到来之前，丧失了理智。

二、绝望——末日的到来（1929—1933）

师：请同学们概括出危机发生后美国人脸部表情特征。

生：失望，绝望，悲哀。

师：毫无幸福感的表情深深烙在美国人民的脸部，与危机前形成了鲜明的对比。为什么会出现这种表情？阅读材料，认识当时美国人民的生活，分析出现这种表情的原因。

（问题设计意图：使学生从民生的角度，认识经济危机对普通人民生活的影响，经济危机导致了人民生活的下降，

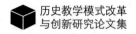
毫无幸福可言，从侧面上反映旧政府下台、新政府上台的必然性，也给了新政府的一个使命，就是要关注民生，关注人民的幸福指数。）

材料六：工业生产下降 55.6%，下降到 1905—1906 年的水平……城里到处是施粥站；许多男人、妇女、儿童蜂拥着在争抢旅馆外面的垃圾桶；成千上万的美国人露宿在荒郊野外，冬夜垃圾焚化场的余温吸引无数的人到那里去……到 1933 年有 100 万个家庭无家可归，这些人住在大城市近郊的荒地上用破铁皮、纸板和粗麻布搭起的窝棚里……一个名叫罗纳德·里根的青年回忆说"饥饿的人群在垃圾堆里觅食。一个寡妇在拾取臭肉时特意取下眼镜，以免看到蛆虫"。[8]

材料七：1933 年春天，各地农民都已面临失望或造反的边缘。不过，没有一个地区农民的不满像在中西部玉蜀黍地带那样紧张和危险。[9]

材料八：在 1932 年的竞选运动中当胡佛到艾奥瓦州时，农民向他示威。一些标语牌上写着西部惯用的警语"我们当初曾信任胡佛，而今我们哀哉呜呼"。[10]

生：经济危机爆发，工人失业率剧增，农民破产，生活水平急速下降。

生：人们不再信任胡佛政府了。

生：人们普遍认为世界末日到来了。

师：这时，美国人民除了恐惧之外，更多的是思考什么？

生：旧政府下台，期望新的政府带领他们走出危机。

师：所以，在这种情况下，挽救人们的信心，让人们露出笑脸，提高美国人民的幸福感成为新政府的主要任务，也是人们选择新总统的主要标准。

三、期望——新生的曙光（1933—1939）

师：人们为什么会选择一个自己都站不起来，又怎么让国家站起来的残疾人当总统呢？

（问题设计意图：使学生充分认识到罗斯福改革的决心与信念，人民对罗斯福及其新政府的热切期望"授予一道进行改革的明确命令"。）

材料九："胡佛悲观失望，罗斯福生气勃勃；胡佛认为萧条的根源在美国之外，而罗斯福则认为在美国内部；胡佛一味要求谨慎从事，罗斯福则热衷于进行改革实验。……美国人民在11月参加大选投票时，以横扫一切之势把民主党推上了执政党的地位。"罗斯福获得的普选票超过了57%，并以选举人票472张∶59张的绝对优势而获胜。很明显，"这次投票是对胡佛政府的一次抗议，授予罗斯福一道进行变革的明确的命令"。[11]

材料十：1933年3月4日，罗斯福宣誓就任美国总统那天，天气阴森。美国的经济机构几乎停止转动，人民都指望从华盛顿听到某种希望之声。当美国人民挤坐在收音机周围时，这个声明的意义他们是能够体会的。[12]

生：罗斯福生气勃勃，热衷于改革实验，给美国人民带来期望。

师：是的，美国人民选择罗斯福，也是期望他能够带领美国人民走出危机，而这一切都来自他对当时美国国情的认识，只有对国情有充分认识，改革才能获得成功。邓小平这样说过，判断一切工作成败得失的重要依据，就是看"人民满意不满意、人民高兴不高兴、人民赞成不赞成、人民答应不答应"。胡佛的下台与罗斯福的上台，不是恰好说明了这一点吗？人民需要什么？罗斯福通过什么措施让美国人民满意与高兴呢？

（阅读材料，概括罗斯福改革的民生措施）

（问题设计意图：让学生紧紧围绕"民生"这一中心，关注罗斯福新政关于美国人民的生存、就业、生活与发展等方面改革，深度认识罗斯福新政的特点，理解罗斯福成为伟大总统的民意因素。）

材料十一：罗斯福之所以成功，首先是因为他能 —— 亲身通过无线电广播或新闻短片 —— 直接与人民通声气，并将他的热情和信任发射到各类人民的心灵之中。[13]

材料十二：3月12日，罗斯福在他和美国人民的第一次广播谈话中，解释了政府正在做的事情，并呼吁公众相信银行制度，反应非常迅速。到4月的第一个星期，货币便有超过十亿美元回流到银行，储藏者已将黄金送返联邦储备银行，财政部官员则只需发行小量新联邦储备货币。[14]

生：进行了炉边谈话，恢复了银行信用。

师：罗斯福以"我的朋友们"开头，用平和轻松的语调，把大政方针传达给听众，化解了人们心中的疑团和不满。

"炉边谈话"通常在周日晚上进行，因为人们在周末不用上班，都会在家里。每到此时，都有成千上万的人在家里、在炉火边、在收音机旁，等待聆听总统的声音。

生：人民对罗斯福是充满期望，充满信心的。

师："我们唯一恐惧的就是恐惧"，通过炉边谈话，使美国人恢复了信心，减少了恐惧。（阅读如下材料，分析新政其他的民生措施）

材料十三： 1933年5月国会通过《联邦紧急救济法》，成立联邦紧急救济署，由后来成为罗斯福得力的私人顾问的霍普金斯主持救济署的工作。霍普金斯以其卓越的组织才能把救济款拨往各州。次年开始把单纯救济改为"以工代赈"，给失业者提供从事公共事业的机会，维护了失业者的自尊心。[15]

材料十四： 1935年，国会拨款45亿美元，加强公共工程。仅霍普金斯主持的工程振兴局，1936年就吸收了300万人员兴建遍布全国的立体交叉公路、体育馆、美术馆、医院等。新政期间最惊人的开发自然资源的工程是田纳西河的开发。1933年5月国会通过《麻梭浅滩与田纳西河流域发展法令》，据此法令成立田纳西河流域管理署，开发计划包括控制洪水泛滥、改良土壤、航运、建立水电站等宏伟目标，该工程成为新政功绩中最杰出的一项。工程开始后，田纳西地区农村中的用电家庭由10%增至90%。一种崭新的生活在这原来经济落后地区展开，该地区经济有了飞跃的发展。[16]

材料十五： 1935年8月14日，国会通过《社会保障法》，对失业者、老人、残废者给予一定的社会保障。该法规定，对残废无谋生能力者提供救济，年满65岁的退休劳动者，根据其原工资水平，每月获10～85美元养老金，失业保险金的一半保险费由工人和雇主各交付相当工资的1%，另一半保险费由联邦政府拨付。这项法令，加上1935年通过的对大公

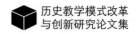
司征收超额累进税的法令，使社会财富分配的差距相应缩小，有利于社会稳定。[17]

材料十六： 1938 年 6 月，国会又通过了关于最低工资和最高工时的立法。该法规定每周工作 40 小时，七年后每小时工资不得少于 40 美分。[18]

生：罗斯福政府通过救济、以工代赈、社会保障等措施。

师：罗斯福新政关注民生，即人民的生存（就业）、生活与发展，并用法律保障民生利益，这是新政府对人民的承诺，得民心者得天下，也是罗斯福新政府获得成功的原因。

（阅读如下材料，分析新政对二战前民生的影响。）

（问题设计意图：让学生从民心、就业、社会反响等方面分析新政对民生的影响，把目光下移，关注普通人民的反响，关注普通人民的失业率等。）

材料十七： 1936 年，在美国历史上大多数黑人选民第一次支持民主党总统候选人。在这次 1920 年以来最大的占压倒优势胜利中，国会民主党人也占大多数。[19]

材料十八： 1933 年至 1936 年间，患病的美国经济开始恢复健康。国民收入从 1933 年的不足 425 亿美元，增加到 1934 年的 490 亿美元和 1935 年的 571 亿美元。生产、就业与制造业工资总额的指数，分别从 1933 年 3 月的 56，62.3，38.2，增加到 1935 年 12 月的 104，94.2，80.5。[20]

材料十九： 在罗斯福领导下进行改革与恢复的希望，激励着知识分子。自 1917 年以来，他们从来不曾这样振奋过。政治思想家、各学科教授、编辑、关心社会的律师、牧师和作家们，抛弃了 20 年代曾经磨灭他们影响并将他们与中产阶级隔离来的麻痹状态与犬儒主义。[21]

生：新政振奋了人民的精神，使经济恢复了健康与发展的希望。

生："人民的裁决是不会错的"。

师：罗斯福身体力行，全力贯彻他在竞选时的口号，深入到人民群众中，重新建立了人民对政府的信任，并采取一系列关注民生的措施，使美国人民摆脱了世界末日的阴霾，看到了新生的曙光。

四、希望——繁荣的光临（二战后）

师：请同学们观看视频，概括二战以后美国社会的情况。

播放视频：《战后美国出现经济繁荣》

与衰退的欧洲恰恰相反，美国呈现出一片繁荣景象，预示着它将成为着西方世界的龙头老大，在纽约的曼哈顿，掀起了摩天大楼热，建筑师们为了建设更高更美的世界一流的大厦，不断地向新的高度挑战着，在美国没有实现不了的梦想。当时的美国正处于充满希望与活力的时代。

生：展现了二战后美国的繁荣景象。

师：这个时候的美国人民生活幸福吗？

（问题设计意图：让学生感受二战后，人们发自内心，且非常理性的幸福笑容。）

材料二十：近于 60% 的家庭自报工资收入属于中产阶级。仅从 40 年代后期起，平均家庭收入已由 3083 美元提高到了 5657 美元；即使按照货币贬值率加以换算，仍然增长 48%。[22]他们对大萧条也还记得。他们以喜惧交集的心情认识到"那

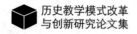
种日子一去不复返了"[23]。《时代》杂志配合封面画，刊登了一篇关于市郊已婚妇女的特稿，说她们"生活得很痛快……根本不相信自己会有什么不愉快的理由"[24]。

生：幸福，非常幸福。

师：那美国人之所以幸福的原因是什么呢？

（问题设计意图：回归主题，让学生再次反思新政的成功之道与成功之效，既发散思维，又集聚了思维，也引导学生对整个脸部变化的关键之处进行归纳与总结。）

生：罗斯福采取的一系列政策使美国走出了经济危机的阴影，推动了美国经济的发展，提高了人民的生活水平，并保证了二战的胜利，所以人们感到幸福。

师：二战以后，随着美国经济的进一步发展，失业率大幅度降低，美国人民生活水平不断提高，脸上又浮现出经济危机之前的灿烂笑容，说明美国人民的幸福指数大大提高，繁荣与发展带给人民无限的希望与幸福。而这一切都离不开罗斯福及其政府在临危之际，进行的一系列大刀阔斧的改革。因此美国人民对罗斯福总统有无尽的感激之情，他在美国历史上的地位也是极其重要的。

所以，评价事物唯生产力论、唯经济因素论，把生产力、经济因素是否提高作为改革成功与否的唯一标准，这反而违背了马克思主义原则。还是邓小平说的好，人民满意不满意、赞成不赞成、答应不答应应该作为评价事件成功与否的重要标准。华盛顿、杰斐逊等人的智慧已经定下了格调——美国总统由选民选举产生，人民的满意程度决定总统的产生与连任，罗斯福深知这一点，所以在宪法给予权力的范围内，他紧紧打好民生牌，从而稳定了社会秩序，保证各项措施顺利进行，保证了改革成功。这给我们进入改革阶段提供了非常好的经验。

参考资料：

[1] 资料来源于百度网•百科；http://baike.baidu.com/view/497223.htm.

[2] 中央电视台摄制：《大国崛起•危局新政》，2006 年。

[3] 陆甦颖：《胡佛与美国 1929—1933 年大萧条——重评胡佛的反萧条措施》，《华东师范大学学报（哲学社会科学版）》2002 年 01 期。

[4]《美国总统候选人竞选演说，1929—1972》，1974 年英文版，第 33 页。

[5]《新编剑桥世界近代史（第一卷）》，中国社会科学出版社，1999 年版。

[6]（美）拉尔夫•德•贝茨著，南京大学历史系英美对外关系研究室译，《1933—1973 美国史》，人民出版社，1984 年版上册458，第 515 页。

[7]《新时期，赫伯特•胡佛竞选演说集》，第 149 页，转自亨利•康玛杰编：《美国历史文选》，新泽西，1973 年英文版，第 224 页。

[8] 章正余：《罗斯福》，京华出版社，2003 年版。

[9]（美）阿瑟•林克、威廉•卡顿著，刘绪贻，李世洞，韩铁等译：《1900 年以来的美国史》，中国社会科学出版社，1983 年版，第 57 页。

[10]（美）拉尔夫·德·贝茨著，南京大学历史系英美对外关系研究室译，《1933—1973美国史》，人民出版社，1984年版，下册第30页。

[11]J.布卢姆等：《美国的历程》，商务印书馆，1988年版，第97页。

[12]（美）阿瑟·林克、威廉·卡顿著，刘绪贻、李世洞、韩铁等译，《1900年以来的美国史》，中国社会科学出版社，1983年版，第41页。

[13]（美）阿瑟·林克、威廉·卡顿著，刘绪贻、李世洞、韩铁等译，《1900年以来的美国史》，中国社会科学出版社，1983年版，第39页。

[14]（美）阿瑟·林克、威廉·卡顿著，刘绪贻、李世洞、韩铁等译，《1900年以来的美国史》，中国社会科学出版社，1983年版，第42页。

[15][16][17][18]金诺人文网：《世界通史—现代卷"第十二章1929～1933年世界经济危机及其影响下的主要资本主义国家"》第13页，2007年10月。

[19]（美）阿瑟·林克，威廉·卡顿著，刘绪贻，李世洞，韩铁等译，《1900年以来的美国史》，中国社会科学出版社，1983年版，第75页。

[20]（美）阿瑟·林克、威廉·卡顿著，刘绪贻、李世洞、韩铁等译，《1900年以来的美国史》，中国社会科学出版社，1983年版，第84页。

[21]（美）阿瑟·林克、威廉·卡顿著，刘绪贻、李世洞、韩铁等译，《1900年以来的美国史》，中国社会科学出版社，

1983 年版，第 107 页。

[22]（美）阿瑟·林克、威廉·卡顿著，刘绪贻、李世洞、韩铁等译，《1900 年以来的美国史》，中国社会科学出版社，1983 年版，第 1087 页。

[23]（美）阿瑟·林克、威廉·卡顿著，刘绪贻、李世洞、韩铁等译，《1900 年以来的美国史》，中国社会科学出版社，1983 年版，第 1088 页。

[24]（美）阿瑟·林克、威廉·卡顿著，刘绪贻、李世洞、韩铁等译，《1900 年以来的美国史》，中国社会科学出版社，1983 年版，第 1098 页。

本文作者：林良展，深圳市高中历史兼职教研员，中学历史高级教师。

"问"似看山不喜平 穿针引线育情思^①
—— 以高中历史岳麓版必修三"孔子与老子"一课为例

陈靖

摘要: 问题是思维的起点,在课堂教学中应重视问题的设计,围绕着核心问题进行层层设问,激发学生探究热情,引导学生盘活教材解决问题。以"孔子与老子"为例,根据本课的教学立意核心问题可设计为:为什么是儒家成为中国古代的主流思想?然后对该问题进行分解:什么是儒学,其思想核心是什么?孔子为什么创立儒学?老子为什么反对儒家?为何孔子与老子的思想存在差异,孰优孰劣?这样处理不仅能突显各家思想特色,方便学生进行知识的梳理和掌握,还能使学生深切感受到浓浓的"争鸣"韵味,领略我国古代先贤的大智慧、大情怀,品味传统文化的魅力,在把自身融入传统文化形成发展洪流的过程中,培养学生对传统文化的归属感和自豪感,增强民族文化的自信心。

关键词: 核心问题;争鸣

古希腊哲学家亚里士多德说过,思维从问题和惊讶开始。^[1]问题是思维的起点,课堂上新颖而又有启发性的设问不仅可以像磁石般吸引学生的注意力,启迪学生积极思考,还能使学生产生情感上的共鸣，有助于学生情感态度价值观目标的实现及历史核心素养的生成。那么，历史教学中该如何精心设计问题？如何用问题来引导学生的情感思维走向，行云流水般地完成教学任务和目标？笔者试以高中历史岳麓版必修三"孔子与老子"一课为例，谈谈情思历史教学中对问题设计的一些思考和实践。

一、设计核心问题，紧扣主题，统领全课

"核心问题"是指本课要解决的最主要最重要的问题。核心问题统摄全课，并有一定的思维力度，可以是本课的主线、主题，抑或教学立意。本课中其他的问题都是围绕着解决核心问题而服务的。

"孔子与老子"是该单元的第一课，这单元的主线是讲述儒家的产生发展演变过程。通过研读课标和教材内容，本课的核心问题可以确定为：为什么是儒家成为中国传统文化的主流思想？（这也是下一课"战国时期百家争鸣"的主线）结合目前的一些学术研究成果，我们考虑以孔子及其儒学为本课探究的重点内容，再以儒学为参照，将老子（各派）的思想与其进行对比。如此，不仅能突显各家思想特色，方便学生进行知识的梳理和掌握，还能使学生深切感受到浓浓的"争鸣"韵味，领略我国古代先贤的大智慧、大情怀，品味传统文化的魅力，在把自身融入传统文化形成发展洪流的过程中，培养学生对传统文化的归属感和自豪感，增强民族文化的自信心。

材料：先秦，特别是春秋战国时期，是中国哲学发展的

源头和第一次高潮，出现了诸子百家蜂起，百家争鸣的局面。在所谓"九流十家"中，最有影响的是儒、墨、道、法四家。他们的学说构成了中华民族特有的思维方式和心理特征。[2]

——谭家健《中国文化史概要》

设问：百家争鸣中为什么是儒家最终脱颖而出成为中国传统文化的主流思想？

意图：抛出本课的核心问题，让学生明白本课需要挑战的学习任务和思维目标，激发学生学习兴趣和探究心理。学生都知道中国传统文化的主流思想是儒家思想，但儒学为什么能够在激烈的思想竞争中笑到最后，成为中国传统文化的正宗，却是一个颇具思维力度的问题，课本上没有现成的答案，学生不可能照本宣科立即作答。但这个问题很容易激发学生的好奇心，为了得出答案，学生需要盘活教材，变教材为解决问题的素材，甚至跳出教材，积极主动地对教材内容进行意义建构。

正如美国教育家杜威所说，教学的艺术是要使新问题的困难程度足以激发思想，或者由于提供新的因素，引起疑难，从而使学生得到启发，进行创造性的思维，以培养独立解决问题的能力。[3]

二、层层分解问题，多维观察，形成历史理解

众所周知，课堂教学应注意使机会永远处于学生最近发展区，让学生跳一跳摘到桃子。儒学为何能成为中国传统文化的正宗？这个问题已然超出学生的回答能力，因而必须对此进行层层分解：什么是儒学？孔子为什么创立儒学？儒学

与道家（其他各派）相比有何优势？在教师环环相扣的引导下，学生的思维被激活并不断深化，最终要回答"为什么最终是儒学成为中国传统文化的主流思想"就能水到渠成了。与此同时，在思维探索的过程中，随着对古代先贤活动场景（历史背景）、传统文化的深入了解，学生很容易由智识上的同情理解生出情感上的认同共鸣，从而激发学生对历史人物和中华文化的温情和敬意，培育学生的家国情怀。

材料：《六经》是过去的文化遗产，又做"六艺"，是周代贵族教育的基础。……随着封建制的解体，贵族的教师们流散在庶民之中。他们靠教授典籍为生，还靠在婚丧祭祀及其他典礼中"相礼"为生。这一种人就叫作"儒"。[4]

—— 冯友兰《中国哲学简史》

儒即是当时社会一行业，或称儒，或称术士……但儒家创始之更要处，不在于学其"艺"，而更要在于明其"道"。孔子本人亦一儒，但他于通习六艺之上，更能于六艺之发源处、会通处，阐发出一番思想理论。[5]

—— 钱穆《讲堂遗录·中国思想史六讲》

设问：孔子的"儒学"与"儒"有何差别？其思想核心是什么？

意图：儒是当时的一种职业，而孔子的儒学不仅学其"艺"，更重要的是明其"道"。掌握这些历史细节，不仅能拓展学生思维，体会华夏文明的源远流长，加深学生对儒学的理解，还能让学生体会孔子的智慧和道德情怀，对孔子增添一层亲近感。

儒学的思想核心是什么？学生能答出"仁"和"礼"。

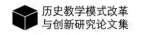

什么是"仁"？什么是"礼"？"仁"和"礼"有何内在关联？春秋战国时期，明明礼崩乐坏，孔子为何仍对趋向崩溃的"礼"持有坚定的信念？

材料：（礼）在社会是对秩序的确认，在个人是对嗜欲的制约……服饰象征人的身份、修养甚至状态，而象征又反过来制约着人的身份、修养和状态，通过这种"垂衣而治"的象征系统，儒者相信可以整顿秩序。[6]

——葛兆光《中国思想史》

孟子曰："仁者爱人。"又曰："仁者，人心也。"

——《孟子·离娄》《告子》

孔子解释用明器的道理，不是侧重在对付死人，而是侧重对付自己的心。心要温，要软，可是又要清楚、要明白……孔子常常讲孝，孝是一种"心境"，是既规矩而又很舒服的，应有温柔的性格，同时也要有清楚的头脑。[7]

——钱穆《讲堂遗录：中国思想史六讲》

意图：拓深学生思维，深入理解孔子"礼"的含义，为探究"仁"的内涵作铺垫。对古代哲人的思维方式存同情理解，体会古人的治世智慧和济世情怀。

教师引导："礼"是外在的行为表现，**"仁"**是内在的情感状态。孔子之所以坚信"礼"不会过时，是因为"仁"是"礼"的最终价值依据和心理本原。孔子的"仁"源于人美好的本能，是人之所以为人的自然天性。人的美好天性亘古不变，"仁"就不会改变，而"礼"就有延续下去的可能。

材料：（孔子）把"爱人"之心追溯到了血缘亲情……在孔子看来，在所有的情感中，血缘之爱是无可置疑的，儿子爱他的父亲，弟弟爱他的哥哥，这都是从血缘中自然生出来的真性情，这种真性情引出真感情，就是"孝""悌"。[8]

—— 葛兆光《中国思想史》

"仁"就是本能、情感、直觉……孔子本是赞美生活的，所有饮食男女本能的情欲，都出于自然流行，并不排斥。[9]

—— 梁漱溟《东西文化及其哲学》

意图：借助现代学者的研究成果帮助学生深入领悟孔子"仁"的思想。让学生对孔子和儒家思想产生温情和敬意，对民族文化产生亲近感和认同感。

在学生对孔子的敬佩之心油然而生之时，我们不妨趁热打铁，展示材料并追问孔子还有哪些历史贡献。

材料： 孔子之圣人地位首先是由删定诗、书、礼、乐、易确立的。[10]

—— 姚中秋《国史纲目》

综孔子一生这事迹观之，其最大之成就不在拨乱反正，而在设教授徒"。[11]

—— 萧公权《中国政治思想史》

意图：培养学生的开放思维和发散思维，促使学生更深层次地了解孔子及其儒学，使其在文化情感上产生共鸣。

教师引导：梁漱溟说，孔子以前的中国文化差不多都收在孔子手里，孔子以后的中国文化又差不多都由孔子那里出来，可见孔子在中国文化史上的地位。不管是整理六经，还是首创私学，都是孔子"传道"的需要：六经是孔子教授儒家思想的载体，首创私学也是为了能在社会上普及儒家思想。这一切，成就了孔子"大成至圣先师文宣王"的文化地位。

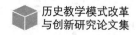
那么，孔子为何创立儒学？

　　材料：最近最热的一个词大概就是"救市"，而在两千年前的春秋战国时期也有一个需要 —— 救世。先秦诸子就是出来救世的。

　　—— 易中天《百家讲坛》

　　意图：了解百家争鸣的时代背景，体验古代先贤强烈的社会责任感和使命感，培养学生的责任担当精神。同时为引出道家思想做铺垫。

三、不断拓展思维，深化主题，培养历史价值观

　　情感教学心理学认为，良好的情绪使一个人的感知变得敏锐、记忆获得增强、思维更加灵活，有助于内在潜能的充分展示。[12]当学生的情感被充分调动起来后，教师如能抓住时机，因势利导，很容易实现学生情感态度价值观的成长。而学生价值观的培养并非空中楼阁，需要积极主动的思维活动为载体，此时教师若能为学生提供一些有深度的学习资源，引导学生发现问题解决问题，必能有效达成教学目标，培养学生的学科素养。

　　材料：因为有了孔子，遂开出战国思想之繁花，结成战国思想之美果。战国思想，有些在反对孔子，有些在阐扬孔子……[13]

　　—— 钱穆《中国思想史》

　　失道而后德，失德而后仁，失仁而后义，失义而后礼。夫礼者，忠信之薄而乱之首。

　　——《道德经》

设问：老子属于孔学的赞成派还是反对派？他有哪些思想主张？

意图：了解老子的思想观点，体现儒道之"争"。感受中华传统文化的博大精深。

学习老子的思想主张后，学生一定感受到了人类思想的多样性和复杂性。面对乱世，为何老子和孔子的思想主张如此不同甚至截然相反？

材料：与儒、墨诉诸人的本性或人的需求为思想依据不同。（道家）以"天道"作为思想的依据，一切世间事都以"天道"即宇宙自然为依据……[14]

——葛兆光《中国思想史》

儒家者流，盖出于司徒之官……道家者流，盖出于史官。

——《汉书·艺文志·诸子略》

意图：培养学生的历史理解和历史解释能力。认识从不同的立场、知识结构、思考角度等出发，可以得出不同的观点。为下一课"战国时期的百家争鸣"作铺垫。

孔子和老子的观点主张如此不同，那是否有对错之分，优劣之分呢？既然儒学后来成为传统文化的主流思想，是否儒学就是尽善尽美呢？

材料：孔子解决了人类天性的一切问题，却把宇宙的哑谜置而不顾……孔子的哲学，是维护社会秩序的哲学，它所处理的是平凡世界中的伦常关系，非但不令人激奋，反易磨损人对精神方面的渴慕，及幻想飞驰的本性。儒道两家最大的异点：儒家崇理性，尚修身；道家却抱持反面的观点，偏好自然与直觉。[15]

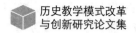
—— 林语堂《左手孔子右手老子》

设问：你认为儒家为何能击败道家最终成为传统文化的主流思想？

意图：培养学生的分析比较能力和辩证思维能力。回扣本课的核心问题，升华主题。

教师引导：儒道两家孰优孰劣？这是仁者见仁，智者见智的问题。早期的儒学也并非完美，之所以后来能登上正统地位，从思想层面看，是经历了几代儒生的努力，吸收了道家、墨家、法家等各派的思想精华。所以说，没有人可以随随便便成功，任何成功都需要不懈的努力和奋斗。

自然主义教育家卢梭强烈反对教育只是单纯教授学生知识，而不重视通过解决问题获得知识。他在《爱弥尔 —— 论教育》中写道："你提出一些他能理解的问题，让他自己去解答。要做到：他所知道的东西，不是由于你的告诉而是由于他的理解。……你一旦在他心中用权威代替了理智，他就不再运用他的理智了，他将为别人的见解所左右。"[16] 当前我们的教学现状是课时紧，内容多，教材某些知识理论性强，结论又多，很难期望学生在课堂中提出高质量的问题进行探究。这就需要我们教师备课时注重课程资源的整合，注重问题的设计和引导，教会学生使用教材而不是背教材，真正让学生成为学习的主人。

参考文献：

[1] 雷建军编著：《直击新课程学科教学疑难·高中历史》，教育科学出版社，2014 年，第 57 页。

[2] 谭家健主编:《中国文化史概要》,高等教育出版社,2001年版,第285页。

[3] 美•奥兹门著,石中英邓敏娜等译:《教育的哲学基础》,中国轻工业出版社,2006年版,第148页。

[4] 冯友兰著,涂又光译:《中国哲学简史》,北京大学出版社,2013年版,第41页。

[5] 钱穆著:《讲堂遗录•中国思想史六讲》,九州出版社,2014年版,第95—96页。

[6] 葛兆光:《中国思想史•第一卷》,复旦大学出版社,2001年版,第90页。

[7] 钱穆著:《讲堂遗录•中国思想史六讲》,九州出版社,2014年版,第24—25页。

[8] 葛兆光:《中国思想史•第一卷》,复旦大学出版社,2001年版,第96页。

[9] 梁漱溟:《东西文化及其哲学》,商务印书馆,2012年版,第133页。

[10] 姚中秋:《国史纲目》,海南出版社,2013年版,第143页。

[11] 萧公权:《中国政治思想史》,商务印书馆,2011年版,第45页。

[12] 鲍学红:《中学历史教学中问题情境创设的研究》,上海师范大学,2009年,第17页。

[13] 钱穆:《中国思想史》,九州出版社,2012年版,第20页。

[14] 葛兆光:《中国思想史•第一卷》,复旦大学出版社,

2001 年版，第 113 页。

[15] 林语堂：《左手孔子右手老子》，陕西师范大学出版社，第 94-95 页。

[16] 卢梭著，李平沤译：《爱弥儿——论教育》，商务印书馆，1978 版，第 217 页。

（本文发表于《中学历史教学参考》2018 年第 2 期，第 45-46 页。）

作者单位：陈靖，湛江市第二中学，中学历史高级教师。

从一道高考题看南北朝时期货币的使用情况

行心明

摘要：笔者在教学中发现，中学生往往形成这一思维定式：秦朝以后，圆形方孔钱才是唯一的合法货币。然而，古代货币的使用具有复杂性：某些铜钱受到民众抵制；纺织品长期以来都是法定货币；黄金曾是法定货币；白银长期只能在局部地区合法流通。南北朝就是这种使用复杂性的集中表现时期，通过对这种乱象的解释，能引导学生把握时代特征，丰富其知识体系。

关键词：布帛为币；铜币减少；南方稳定；黄金西去

2011 年高考全国文综卷（新课标版）第 25 题：

依据《隋书·食货志》等制作的南北朝时期各地区货币使用情况反映出

 A. 长江流域经济水平总体上高于黄河流域

 B. 河西走廊与岭南地区经济发展速度最快

 C. 黄河流域的丝织业迅速发展

 D. 长江流域经济发展相对稳定

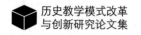

虽然已经过去许久，但笔者发现仍有诸多疑问困扰着周围的师生：为什么南北朝时期使用铜钱的地区会占少数？仅仅是因为当时处于分裂时期？南北朝之前的大一统时期，铜钱是否是唯一的货币？为何两广和河西走廊作为欠发达地区，反而使用价值较高的金银？本文试以该题为依托，谈谈南北朝时期货币使用情况，希望对日常教学有所帮助。

一、绢帛为币并非分裂时期独有

中学教材将秦始皇统一货币作为加强中央集权的重要措施，在学生心目中，圆形方孔钱才是秦朝以后的货币，上图却显示黄河流域主要以实物为货币，这是为何？

其实，秦朝的法定货币不仅有半两钱，还有布（麻布或葛布）和黄金，学者将其统称为"秦朝三币"，秦政府专门颁布《金布律》规定了三者的比值。黄金一般用于大宗贸易、朝廷收支和赏赐。布则由百姓根据政府制定的宽窄、厚薄标准织造，其价值介于黄金与半两钱之间。半两钱在日常使用最广，处于核心地位。教材上没有讲明三币并行的特征，所以学生会误以为秦统一后只使用铜钱。

汉因秦制，有所损益，实行铜金二币制，布不再是法定货币。但在实际的商品交换过程中，尤其是涉及大宗的商品交换时，仍将纺织品作为货币，只不过这时的纺织品已经变成了帛（丝织品）。帛制作更为精良，其价值是布的十倍以上，被广泛应用于财政收支、赏赐、抚恤、赈灾等方面。布帛的货币功能延续很久，"代表着比较稳定的价值和财富……唐以绢计价，宋以绢帛为赏赎，至于元明清时代，布帛的货币职能基本消失"①。由此可见，纺织品作为货币并非分裂时期所独有。

二、为何铜币范围萎缩？

秦汉时期，铜币处于核心货币地位，但为何南北朝时期黄河流域却鲜见其踪影？

第一，少数民族物物交换传统的影响。北方少数民族经济发展相对落后，商品交换多是以物易物，统一之前，少数民族政权基本没有铸钱的经历。统一后，也很少铸币，发行的铜钱量也不大，不能适应经济发展的需求。

当时，南北方政府对货币发行都缺少科学的认识，片面认为铜钱即是财富，因此政府铸钱时经常偷工减料，铜钱质量较汉代相去甚远。政府还常铸造虚拟大钱，即强制规定新造铜钱与以往铜钱的比值为"以一当两""一当十"，甚至"当百""当千"，以此掠夺民间财富。加上政权更换频繁，严重影响了铜钱的价值和信誉。比如北魏孝文帝曾铸"太和五铢"钱，但是流通不畅，只能在首都使用，地方诸州不用铜钱或者只用汉朝遗留的五铢钱。

第二，商品经济的萎缩。东汉时期，商品经济达到了第一次高峰，此后便持续萧条。到了南北朝时期"坞在北方广泛发展起来……人民聚居田野、山间，唯依坞以务农自给"②。

---

①石俊志：《中国货币法制史概论》，中国金融出版社，2012 年，P28。
②万绳楠整理《陈寅恪魏晋南北朝史讲演录》，贵州人民出版社，2012 年，P124。

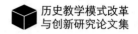
商品经济基本为自然经济所替代，不利于铜钱的流通，而更具实用价值的绢、帛可以大行其道。

第三，蔑视货币的观念流行。将钱币视为有害之物，主张废钱用物的观点由来已久。这种观点认为，对金钱的追逐会导致民众弃农经商，官僚经不起诱惑则会导致政治腐败。曹魏时期就有废除铜币的尝试，东晋和南朝时期，南渡的士族多有类似主张，比如南朝的三朝老臣沈约就因政府没有废除铜币而耿耿于怀。这种观念在北方更为流行。

同时期的南朝政权也多有更迭，但是如上图所示，铜币在南朝占据主流，这是为何？

第一，商品经济较北方活跃。三国以来，南方得到较大开发，水利设施的兴建、人口的南迁推动了农业的发展，丝织业从无到有。此外，在冶铁、制瓷方面出现了百炼钢和青瓷，说明手工业也有明显进展。加上长江提供了便利的交通条件和丰富的自然资源。由此，南朝的商品经济有了较快发展。城市繁荣起来，农村草市也大量出现，甚至"商税是政府的重要财政来源"①。此外，外贸繁荣，广州成为外国商船停靠的首选地，益州则成为外贸的陆路据点。遇到财政困难，皇帝也要向这两个地方索要额外贡赋。

第二，南朝士族较重视商品货币关系。史学大师陈寅恪曾非常简洁地指出："南朝士族与城市相联系，北朝士族与

---

①唐长儒：《大师讲史·魏晋南北朝隋唐卷》，中共中央党校出版社，2007年，P174。

农村相联系。"[①]南朝士族普遍重视商业和财富,他们利用免税的特权经商致富,维持奢靡生活,很多士族都是成功的商人。所以,南朝的几个政府都曾铸造铜币,不像北方长期中断铸币。

第三,南方相对稳定。几个朝代的更替基本以和平方式进行,对社会的冲击较小,社会得以安定。如此,人民对政府和社会有较好的预期,代表政府的铜钱自然较易为人民接受。所以"公私授受之际,大部分尚为钱"[②]。

需要说明的是,南朝的实物经济色彩虽不如北方浓厚,但是南方依然存在实物交换的现象,只是以铜钱为主而已。

三、为何金银退却至两广?

秦汉政府明确规定黄金是法定货币。据统计,《汉书》和《后汉书》中记录的皇帝赏赐的黄金总额达 92 万斤[③]。但为何南北朝时期,只有两广和河西走廊使用黄金?

这主要是因为汉武帝以后,中国黄金迅速减少。减少的主要原因有:(1)被人们窖藏;(2)被用于器物(尤其是佛教方面);(3)外流至西方。学者一般认为,黄金外流是

---

①万绳楠整理《陈寅恪魏晋南北朝史讲演录》,贵州人民出版社,2012 年,P281。
②李剑农:《中国古代经济史稿》,武汉大学出版社,2011 年,P445。
③石俊志:《中国货币法制史概论》,中国金融出版社,2012,P135。

最主要原因。丝绸之路开通后，东西贸易畅通繁荣。但是从长安往西，金与银比价越来越高。比如，南北朝时期中国的金银比价为1:5.5左右，阿拉伯地区是1:6.25，而在拜占庭，这一比值为1:14.4[1]。结果，在比率悬殊、利益丰厚的刺激下，丝绸之路上出现了黄金西去与白银东来的现象。我国黄金的减少，东汉时期已经明显，皇帝赏赐黄金的记录已远远少于西汉时期。河西走廊使用金银，就是因为那是丝绸之路上金银交汇的必经之路。当时东西往来主要靠陆上丝绸之路，所以两广以北的黄金明显减少，而这一情况在岭南稍弱一些。

两广地区使用白银主要是因为当时我国开发的金、银矿主要在岭南地区，金银早已成为岭南的货币。而在岭南之外，长期以来白银都不是法定货币，直至唐朝，政府还明确规定白银只能在岭南使用。

四、结语

通过梳理，我们发现：绢帛具有实用性、价值相对稳定，所以长期作为货币使用，而不仅是在南北朝时期；北朝所铸铜钱由于成色不足等原因，被人们冷落；人们对南朝的经济抱有更好的预期，所以普遍使用铜钱；黄金在秦汉时期是法定货币，但是数量锐减，所以流行范围大为缩小；两广和河

---

①黄冕堂：《中国历代物价问题考述》，齐鲁书社，2008年，P3。

西走廊使用金银则既有历史原因也有现实原因。

参考文献：

[1] 石俊志：《中国货币法制史概论》，中国金融出版社，2012 年。

[2] 万绳楠整理《陈寅恪魏晋南北朝史讲演录》，贵州人民出版社，2012 年。

[3] 唐长儒：《大师讲史·魏晋南北朝隋唐卷》，中共中央党校出版社，2007 年。

[4] 李剑农：《中国古代经济史稿》，武汉大学出版社，2011 年。

[5] 黄冕堂：《中国历代物价问题考述》，齐鲁书社，2008 年。

[6] 课程教材研究所编著：《义务教育课程标准实验教科书·中国历史》，人民教育出版社。

（本文发表于《中学历史教学参考》2017 年第 6 期）

本文作者：行心明，湛江市第二中学，中学历史高级教师。

从 2018 年全国文综 II 卷第 41 题看高三复习史料拓展的切入点

—— 以岳麓版必修二 "新航路的开辟" 一课为例

刘剑

2018 年全国文综 II 卷第 41 题原题：阅读材料，完成下列要求。（25 分）

材料：中国是大豆的故乡，甲骨文中就有关于大豆的记载。先秦时期，大豆栽培主要是在黄河中游地区，"豆饭"是人们的重要食物。《齐民要术》通过总结劳动人民长期的实践经验，认识到大豆对于改良土壤的作用，主张大豆与其他作物轮种。唐宋时期的文献中都有朝廷调集大豆送至南方救灾、备种的记录，大豆的种植推广到江南及岭南……从古至今，各式各样的豆制品是中国人喜爱的食物，提供了人体所需的优质植物蛋白。

1765 年，大豆引入北美，最初作为饲料或绿肥。19 世纪 60 年代，豆腐在美国开始被视为健康食品。19 世纪末，大豆根瘤的固氮功能被发现，在美国干旱地区推广种植。至 1910 年，美国已经拥有 280 多个大豆品种。1931 年，福特公司从大豆中开发出人造蛋白纤维，大豆成为食品工业、轻工业及医药工业的重要原料。1954 年，美国成为世界上最大的大豆生产国，种植面积超过一亿亩。大豆在南北美洲都得到广泛种植，美洲的农田和中国人的餐桌发生了紧密联系。

——摘编自刘启振等《"一带一路"视域下栽培大豆的起源和传播》等。

（1）根据材料并结合所学知识，概括我国历史上种植利用大豆的特点和作用。（12 分）

（2）根据材料并结合所学知识，说明大豆在美国广泛种植的原因。（8 分）

（3）根据材料并结合所学知识，简析物种交流的积极意义。（5 分）

参考答案：

（1）特点：我国人民最早培育、驯化；种植范围从中原推广到南方，开发出各种豆制品；农书对劳动人民实践经验的总结与推广，政府推动。作用：民众重要的食物来源，使中国人的食物结构合理化；推动了中国农业的发展，备荒物资。

（2）原因：世界各地的联系加强，世界市场的推动；大豆是一种优良作物品种，适宜种植；科学技术进步，大豆的用途得到广泛开发。

（3）意义：物种交流是世界文明交流的重要方式；促进了人类文明的发展，有助于人类命运共同体的构建。

此题以学生陌生的大豆传播过程作为切入口，从中外物种交流的角度，考查了新航路开辟后世界各地联系的加强和人类文明的发展，体现了全国文综卷的一贯特点——重视新情境的设计。教育部考试中心研究员刘芃指出："新情境是

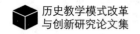

相对教材表述的旧情境而言，就是要离开原有的现成的知识网络，给应试者提出新的程序思考的情境，以促使其将静态的知识转换成动态的知识组合。新情景的设计可以有各种方法，一是选择新的材料、新的理论信息；二是变换角度提出问题；三是变换知识的组合方式提出问题。"[1] 从 2018 年全国文综Ⅱ卷第 41 题来看，高三复习不能仅仅停留在教材，必须适当拓展所学内容，从补充教材观点、教材语焉不详之处、说明中外重大关联三方面进行拓展。

一、补充教材观点，开拓新的视角

岳麓版必修二"新航路的开辟"的第一个子目是"东方的诱惑"，讲述了新航路开辟的背景，涉及欧洲商品经济的发展，追求贵重金属和东方贵重商品，希望发财致富，各国君主强化王权和积极扩张，传播基督教，造船和航海技术的进步。论述比较全面，但是仍有可补充之处。

材料展示：

材料一： 现代这种"探索、征服"的心态，从世界地图的演变可以看得一目了然。早在历史进到现代之前，许多文化就已经有了自己的世界地图。当然，当时并没有人真正知道全世界是什么样子，……但碰到不熟悉的地区，地图上不是一笔未提，就是画上了想象出来的怪物和奇景。这些地图上并没有空白的空间，让人觉得全世界就在自己的掌握之中。

在 15、16 世纪，欧洲人的世界地图开始出现大片空白。从这点可以看出科学心态的发展，以及欧洲帝国主义的动机。地图上的空白可以说是在心理及思想上的一大突破，清楚地表明欧洲人愿意承认自己对于部分的世界还一无所知。

—— 摘自［以］尤瓦尔·赫拉利著，林俊宏译：《人类简史：从动物到上帝》，北京：中信出版社，2017 年第 2 版，第 269—270 页。

材料二：葡萄牙人在地理知识方面比西班牙人更先进，并正确地估计出哥伦布的计算结果是错的。……哥伦布的估计根据几个来源：（1）根据马可·波罗对亚洲东西宽度的估计（一个过高的估计）；（2）根据波罗关于日本距离亚洲大陆有 1500 英里的报告（一个极高的估计）；（3）根据托勒密对地球周长的估计（一个过低的估计），推断出分隔欧洲和日本的海洋宽度不到 3000 英里。因此，他认为前往亚洲的最便捷之路是横渡大西洋的短期航行……1848 年哥伦布向葡萄牙国王请求资助时，遭到拒绝。

—— 摘自［美］斯塔夫里阿诺斯著，吴象婴等译：《全球通史：从史前史到 21 世纪》（下册），北京：北京大学出版社，2006 年第 2 版，第 409 页。

材料一说明了欧洲人的冒险、探索精神，即"'探索、征服'的心态"。正是这种精神，让欧洲航海家克服了难以想象的困难，以麦哲伦为例，"船队经历了数不清的困难和危险，用一年多时间才绕过南美洲南端；此后在太平洋上航行的近 4 个月更是艰苦卓绝，船队没有任何新的给养，水手们吃光了所有已经腐烂的食品后，不得不吃老鼠、牛皮和锯末充饥。由于长时间吃不到新鲜果蔬，许多海员患败血症死去，幸存者也牙龈出血、关节疼痛、周身乏力"[2]。毋庸置疑，新航路的开辟与这种精神的驱动是分不开的。

材料二说明哥伦布到达美洲具有偶然性。任世江教授说："假如哥伦布计算得比较准确，对地球大小的估计与实际相差不多，那么，在不知道有美洲大陆存在的情况下，应该估计到从欧洲西海岸到亚洲东海岸的海洋距离至少在 2 万千米以上。以当时的航海条件，他无论如何也不敢冒险。历史的偶然性促成了哥伦布的壮举。历史的客观后果往往超越了当事人的水平和估计。"[3] 哥伦布的计算失误成就了美洲的发现，说明历史上的许多发现都具有偶然性，从另外一个角度帮助学生理解历史事件的复杂性。

二、阐明语焉不详之处，完善学生认知

教材因为受篇幅的限制，不可能详尽描述一些重大事件，常常以一句话概述，造成语焉不详的现象。在本课教材中，"世界市场的初步形成"一目讲述了欧洲人的殖民扩张活动，其中谈到美洲的传统社会遭到灭顶之灾，涉及人口的大幅度减少，原因有残酷的殖民统治和旧大陆来的病菌。至于印第安文明，如阿兹特克文明是如何被欧洲人毁灭的，缺少具体叙述，需要补充。

材料展示：

材料一：绘画《征服美洲的插曲》，简·莫斯塔特，荷兰，1545 年左右。

——摘自［美］R. R. 帕尔默著，孙福生等译：《现代世界史》上册，北京：世界图书出版公司北京公司，2009 年，第 89 页。

材料二： 阿兹特克人相信自己早就认识了全世界，而且相信绝大多数都在阿兹特克帝国的控制之下。对他们来说，帝国以外竟然还有像西班牙人这种玩意儿，简直是无法想象。所以，等到科尔特斯和部下来到今天的韦拉克鲁斯（Veracruz）一带，登上了阳光明媚的海滩，这是阿兹特克人第一次碰到了完全陌生的人类。……靠着收集来的信息，科尔特斯得以利用帝国内部的嫌隙，进一步加以分裂。他说服了许多帝国的属民，和他一起对抗阿兹特克的贵族精英。这些属民可以说是大大失算。虽然他们也痛恨阿兹特克人的统治，但他们既不认识西班牙人，更不知道发生在加勒比海地区的种族灭绝惨剧，只是天真地以为，有了西班牙人帮助，就能摆脱阿兹特克人的枷锁。他们从没想过，最后只是统治者从阿兹特克人换成了西班牙人。而且，他们也相信就算科尔特斯这几百个人心怀不轨，自己可以轻松把他们处理掉。于是，这批人为科尔特斯提供了数以万计的当地军队，让科尔特斯得以围攻特诺奇蒂特兰城，最后得以成功占领。

——摘自［以］尤瓦尔·赫拉利著，林俊宏译：《人类简史：从动物到上帝》，北京：中信出版社，2017 年第 2 版，第 275—277 页。

材料一是绘画作品——《征服美洲的插曲》，作者是荷兰画家简·莫斯塔特，绘制于 1545 年左右，描绘了早期欧洲人对新世界的观察。从画面中可以看出，美洲印第安人是裸体、无能和慌乱的，与服装齐整、组织严密的欧洲人极不相同，

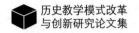
从而表现了欧洲人的自我优越感,让学生理解欧洲人为何对印第安人冷酷无情。

材料二说明了西班牙人科尔特斯是如何带领几百人占领阿兹特克帝国首都特诺奇蒂特兰城的。一方面是阿兹特克人自身的问题:反应迟钝,不知道西班牙人在自己邻居加勒比海地区犯下滔天罪行,同时过于相信自己的实力;另一方面是西班牙人成功地利用了阿兹特克帝国的内部矛盾,争取到了帝国属民的军队支持,让庞大的帝国迅速崩溃。这段材料可以很好地解释为何欧洲人人数这么少,却能摧毁一个人口众多的大帝国。

三、说明中外关联,完备知识体系

《普通高中历史课程标准(2017年版)》要求学生通过学习,能够"按照时间顺序和空间要素,建构历史事件、历史人物、历史现象之间的相互关联"[4]。2018年全国文综Ⅱ卷第41题"美洲的农田和中国人的餐桌发生了紧密联系"很好地说明了高三复习必须强调中外关联。我们可以把新航路的开辟看作是"发现者"(欧洲)、"被发现者"(美洲和非洲南部)、"旁观者"(亚洲)三方共同作用的产物。三方都对新航路开辟有所贡献,而新航路的开辟也不同程度地影响了这三方。

由于在高一讲授新课时,重点讲解了新航路开辟对欧洲的影响,对非洲南部、美洲的影响,学生印象较深;对亚洲的影响讲解则十分简略,一笔带过,因此本课的复习教学应该花些时间放在新航路开辟对中国的影响,以便让学生深刻理解新航路开辟后没有真正的旁观者、人类打破分散孤立发展走向整体世界这一主题，达到中外关联、完备知识体系的目的。

材料展示：

材料一：中国是当时世界上最大的经济体，也是最大的白银需求国，直接影响了白银作为国际通用结算方式用于世界贸易。这种国际交换关系，一端联系的是中国商品，另一端联系的是白银，形成了市场网络的世界性链接。概言之，它以三条主干线，跨越三大洲，形成了三个大小不等的贸易圈，从而构建了一个世界贸易网络。这三条主干线是：

中国 —— 东南亚 —— 日本

中国 —— 马尼拉 —— 美洲

中国 —— 果阿 —— 欧洲

作为三条航线终端的日本、美洲和欧洲，均为输入中国白银的来源地。……综合粗估结果，1570—1644 年，美洲白银总共约有 12620 吨流入了中国。

—— 摘自万明：《明代白银货币化 —— 中国与世界连接的新视角》，《河北学刊》2004 年第 3 期。

材料二：16 世纪 70 年代以后，白银货币化基本完成。白银货币化促进新经济因素的产生，大力推动海外贸易的发展；与此同时，新兴工商业市镇和市民阶层开始兴起，也在晚明中国酝酿出一股狂热的拜金风潮。

—— 摘自王丰：《刍析白银货币化对明朝社会的影响》，《中国市场》2008 年第 5 期。

材料三：美洲一些农作物也陆续辗转传入中国。这些作物的传入，不仅大大丰富了中国的农作物品种和中国人的食谱，而且还促进了中国粮食总产量的巨大增长，尤其是对缓解 18 世纪人口激增的压力起了重要的作用。……新航路开辟后，西方传教士怀揣传播基督教福音的神圣使命，联翩而至中国，在传播基督教、带来了西方科技文化的同时，也把中国古代文化和科学传播到西方世界，从而导致了"西学东渐"和"东学西渐"，使中西精神文化交流迈向了一个新台阶。

——摘自彭顺生：《新航路开辟与中西文化交流》，《零陵师范高等专科学校学报》2001 年第 5 期。

学生通过阅读三则材料，提取有效信息并结合所学知识，了解新航路开辟对中国的商品经济、农业、人口、思想文化等方面所带来的影响：大量白银的涌入、白银货币化并推动了商品经济的发展；促进了新经济因素的产生和市民阶层的兴起；玉米、番薯等高产作物引入中国，缓解了粮食压力；拜金风潮及西学东渐等，从而形成一种认识，即新航路开辟下没有真正的"旁观者"，它打破了各地相对孤立的状态，是全球史的开端。

在高三复习中，需要着力培养学生提取有效信息、理解历史观点、分析和解决问题的能力，这离不开"新情境"的营造；而"新情境"的营造又离不开新鲜史料的运用。因此，运用新鲜史料突破教材的旧情境，是高三复习取得成效的关键所在。

参考文献：

[1] 刘芃：《刘芃考试文集》，人民教育出版社，2012 年。

[2] 齐世荣主编，刘新成、刘北成分册主编：《世界史·近代卷》，高等教育出版社，2007 年。

[3] 任世江：《高中历史必修课程专题解析》，北京师范大学出版社，2016 年。

[4] 任中华人民共和国教育部制定：《普通高中历史课程标准（2017 年版）》，人民教育出版社，2017 年。

作者单位：刘剑，湛江市教育局教育研究室教研员。

乡土文化资源进初中历史课堂的实践研究

—— 以湛江地区为例

袁毅

摘要： 在新课程改革的过程中，乡土历史资源作为一个内涵丰富和独特的体系，发挥着越来越重要的作用。本文从湛江地区的乡土历史资源与初中历史教学整合的实践角度出发，从问题提出的背景及意义、湛江乡土文化资源进初中历史课堂的作用、乡土历史文化资源进初中历史课堂的长效机制等方面，说明乡土文化资源进初中历史课堂不仅能使学生受益，也有利于教师创新，提升学校文化内涵，促进社会进步。

关键词： 乡土文化资源；初中历史；课堂实践

一、问题提出的背景及意义

（一）背景：

1. 新课程改革要求优化课程资源和改进教学方式。2011年版的《义务教育历史课程标准》在前言部分表明："义务教育阶段的历史课程，是在唯物史观的指导下，弘扬以爱国主义为核心的民族精神和以改革创新为核心的时代精神，传承人类文明的优秀传统，使学生了解和认识人类社会的发展历程，更好地认识当代中国和当今世界。"在"课程设计思路"中又说明，"本标准设计的课程内容留有余地"，是为了"为个地区进行乡土历史的教学提供便利，各地区可根据实际情况开发课程资源"[1]。因此，我们在日常教学中尝试通过教学内容的呈现方式和学生的学习方式，将乡土文化中有关的历史素材运用到课堂教学中，以达到丰富和优化课程资源的目的。但长期以来由于缺乏教材和实施的措施等原因，课程标准中有关乡土教学的内容落实不够到位，本课题实施后将促进我校历史校本课程的开发，并为湛江市的历史乡土教材的编写和课程的开设提供参考。

2. 湛江乡土历史文化资源的教育功能需要发挥。湛江地区历史悠久，有着丰富的历史文化资源，在古代，作为海上丝绸之路出发地之一，留下众多的文物和考古资源，作为朝廷罪犯的流放之地，众多的历史文化名人都在湛江留下足迹；近代以来，湛江遭受帝国主义的侵略，帝国主义统治期间，在湛江修建众多建筑等文物资源；改革开放以来，湛江作为首批沿海开放城市，见证了中国40多年发展历程。湛江历史文化具有独特性和代表性，值得深入研究。从历史教学的角度整合湛江历史教学资源有非常重要的意义。

3. 湛江市教育局要求创建乡土文化特色校园。2014年，为在我市教育领域践行科学发展观、推动义务教育均衡发展；为深入实施素质教育以及促进学校进一步发展，形成独具特色的办学模式，打造办学品牌，湛江市教育局决定创建300所特色文化校园。历史学科因其独有的人文学科魅力和学科特点，从地方历史和文化资源角度出发，能更好地为特色文

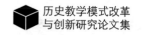
化校园建设做出贡献。

（二）意义：

1. 为创新历史教学提供丰富资源。调查并整合湛江市丰富的乡土文化资源并将它运用到历史教学中，可以使教学内容变得更为丰富。首先，对于创新历史教学和学习的形式，提高历史教学的质量，培养学生运用历史知识进行相关调查的能力和感知历史的能力起到重要作用。其次，通过历史结合现实，还能一定程度上激发学生学习历史的兴趣，提高历史教学质量。

2. 有利于培养学生了解家乡、热爱家乡的情感。学生通过学习、调查湛江历史文化资源，能够进一步了解湛江地区的历史渊源、风土人情及生活习俗等各方面情况，促进学生对家乡过去、现在的了解，增进对家乡的热爱，从而对家乡的未来发展建设充满希望，树立长大以后建设家乡、发展家乡的理想。

3. 有利于促进教师专业成长。课题的实施有利于增强参与课题研究的教师的科研能力和创新教学能力，对本校甚至湛江市历史教学工作有一定的帮助作用。

二、核心概念及其界定

（一）教学资源：支持教学活动的各种资源，分为人类资源和非人类资源。人类资源包括教师、学生学习小组、课外活动小组、旅行小组、课外辅导员、家长、社会成员等。非人类资源包括各种媒体和各种教学辅助设施。[2]

（二）湛江乡土文化：湛江地区是指吴川市、雷州市、廉江市和徐闻县、遂溪县，以及赤坎区、霞山区、坡头区、麻章区、湛江市经济技术开发区。湛江乡土历史文化是指在这些地区范围内所有的历史地理、民俗风情、传说故事、古建遗存、名人传记、村规民约、家族族谱、传统技艺、古树名木等相关方面的一种物质或非物质的表现形式，其内容和表现形式非常丰富，需要认真筛选。

乡土历史内涵丰富，有着丰富的实物资源、文字资源、影像资源等，同时也包括了一个地区的历史传统、风俗习惯、自然资源等内容，具有非常丰富的知识因素和教育因素。早在 18 世纪法国思想家卢梭和瑞士教育家裴斯泰洛齐提出教给儿童以乡土知识，并亲身实践。由于乡土史内容来自学生的周边日常生活，学生感到亲切，易于接受，受到学生欢迎。后来的一些教育家又在此基础上，进一步发展乡土史教学，逐步把乡土史课程细化为乡土历史、乡土社会、乡土自然、乡土文学等。

在新课程改革的过程中，乡土历史资源作为一个内涵十分丰富和独特的体系，发挥着越来越重要的作用。它无论在课程开发、能力培养还是在内容拓展上，都有十分重要的价值。因此也受到一线教师、历史教学专家们的重视。下面我将从四方面谈谈湛江乡土文化资源进入初中历史课堂教学所体现的作用。

三、湛江乡土文化资源进初中历史课堂的作用

（一）乡土资源进入初中历史课堂可以进一步提高学生学习历史的兴趣

常言道：兴趣是最好的教师。中国古人亦云：知之者不如好之者，好之者不如乐之者。由于初中学生仍然处于感性思维强于理性思维的阶段，因此，在授课过程中如何培养学

生学习兴趣，就成了初中教学要考虑的一个重点问题。为了让学生对历史学科产生兴趣，我们采用的手段是多样的，而乡土资源的恰当运用就是其中一种。实践证明，在历史教学中，如果能将乡土历史知识与课文内容有机结合，对激发学生的学习兴趣，提高教学质量可以起到意想不到的效果。例如在七年级下"北方民族大融合"一课的导入中，为了让学生更好地理解民族融合的含义，我引入了湛江地区的一个民俗节日 —— 美食节。通过呈现美食节上出现的各式小吃图片，我引导学生说出众多小吃中自己最喜欢吃一种 —— 烤肉。然后讲述："其实烤肉这种小吃不仅在美食节上有，在我们平时生活当中也经常可以吃到。但是烤肉并不是一开始就传入了湛江，传到了南方，传到了我们汉族人的生活中，那它究竟是在什么时候传到汉族的呢？又是怎样传到汉族生活当中的呢？学完今天这课我们就会有所了解了。"这一课因为采用了学生非常感兴趣的饮食节日来导入，学生们对课文的学习立刻充满兴趣，探知欲望也随之引发，效果自然相当明显。

（二）乡土资源进入初中历史课堂有利于培养学生的历史意识

"历史意识"是人类对自然、人类自己在时间长河中发展变化现象与本质的认识。人类的历史意识是人类特有的一种认识能力。在教学过程中，我们常遇到有些学生问"我已经很努力去背历史，为什么总是记不住？"我们也常常发现许多学生经常把一些历史事件和对应的人物、时间弄混。凡此种种，究其原因，除了学习方法和技巧外，我们常说的原因就是，这些学生都缺乏了一种历史意识。历史意识如何形成？顾颉刚曾以自己幼时的亲历说明了这一点。他说："祖父带我上街，或和我扫墓，看见了一块匾额，一个牌楼，一座桥梁，必把它的历史讲给我听，回家后再按着看见的次序写成一个单子。因此我的意识中发生了历史的意味，我得到了最低的历史的认识：知道凡是眼前看见的东西都是慢慢儿地积起来的，不是由古代已尽有，也不是到了现在刚有。这是使我毕生受用的。"[3] 因此，要培养学生的历史意识，有个很好的方法就是在教学过程中适当引用乡土资源。例如：讲到伟大的作词家苏轼，我们可以举出苏轼曾被流放至湛江，来到湖光岩的例子；讲到改革开放前后人民生活水平的变化，我们可以通过展示当年发行的粮票，说明即使一张小小的粮票，当中也蕴含着丰富的历史内容；讲到华侨开发南洋，可以以湛江地区的著名华侨为例，讲述他们对南洋开发做出的贡献，等等。除此以外，还可以通过带领学生参观博物馆、历史遗迹、城市老街等方式给学生讲述历史。长此以往，学生的历史意识就会在教师的引导中得到培养，在自然中形成。

（三）乡土资源进入初中历史课堂可以进一步加深学生对历史知识的理解和记忆

乡土历史文化资源一方面为教学补充了大量的资料，另一方面因为与学生生活环境有关，有助于学生在脑海中形成较为清晰的表象，再造出生动的形象，使学生对书本上一些的抽象史实有了具体的感受，从而巩固加深了从教科书中获得的知识，促进了学生对教学内容的理解和记忆。例如在讲述"对外开放"一课时，我通过幻灯片展示改革开放前后湛江的市容市貌的变化图片，让学生感受改革开放以来家乡日

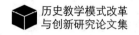
新月异的变化。从而让他们理解只有符合国情的改革才能让国家变得繁荣昌盛，人民生活才会走向幸福的道理。同时，又以湛江不同时期经济发展状况的数据作对比，说明要懂得及时用好国家给予的政策，因地制宜，才能快速促进本地区发展的道理。这些乡土图片和数据的使用，让学生在对比中不知不觉促进了对历史知识的理解，加深了记忆。

（四）乡土资源进入初中历史课堂可以培养学生了解家乡、热爱家乡的情感，树立爱国主义情操。

爱国主义是教育的永恒主题。爱家乡是爱祖国的起点，爱祖国的情感是从爱家乡的情感中萌发并得以升华的。[5] 苏霍姆林斯基曾说学生是"从直接表达爱家庭、爱学校、爱故乡的感情，逐渐过渡到认识更加深刻的社会关系，从理性上认识祖国的概念"[6]。可见，爱祖国的情感是从爱家乡的情感中萌发并得以升华的。如，在"丝绸之路"一课中，除了讲述陆上丝绸之路的开通过程及作用外，课后知识拓展部分还涉及了海上丝绸之路内容。据此，我们可以告诉学生，在汉代，海上丝绸之路的起点应该始于徐闻。"公元 111 年（西汉元鼎六年），汉武帝遣使率船队从徐闻、合浦启航，开辟了前往今马来半岛、印度海岸和斯里兰卡的海上贸易路线，这是海上丝绸之路的发端"[4]。听到这里，学生们都会大声惊呼，才知道原来很久以前湛江的徐闻地区已经如此出名，于是对家乡的自豪感油然而生。又如，讲述"中国军民英勇抗战"的内容时，可以穿插湛江地区的抗日英雄的事迹。让学生认识到自己的先辈在历史上对家乡、对祖国的贡献。这些具体的史实，会使学生在感情上和思想上的受到震动，激发对家乡的自豪感和责任感，并把自己同家乡和祖国的命运联系在一起，认识到自己将担负的建设、保卫家乡和祖国的历史使命。从学生的角度看，乡土历史因其更具体、更亲切，具有更大的感染力和说服力，更容易激发学生爱祖国的思想感情。

四、乡土历史文化资源进初中历史课堂的长效机制

（一）加强对乡土历史文化资源的建设和宣传

北大著名教授钱理群教授说，现在的青少年有一种整体倾向：逃离乡土，对乡土有认识上的陌生感、情感上与心理上的疏离感。"如果这样，这就是失根，会最终导致一代人民族文化的缺失。在这个层面上，乡土教育不仅是爱家乡的教育，也是人与土地的关系的强调"[7]。湛江的乡土资源是非常丰富的，但长期以来，由于政府和各级机构对历史遗产宣传不足，我们对自己身边的历史文化并不了解。有些人甚至认为湛江没什么历史，更没有文化，只是一个落后的"南蛮之地"。从这一层面看，加强对乡土历史文化资源的建设和宣传，为留住人才发展湛江，努力培养好人才建设湛江，具有相当重要的意义。因此，让青少年从小形成热爱家乡、建设家乡的理想信念，除了政府机构做好各方面的宣传工作，进行好各方面的乡土文化资源建设以外，学校教育也应跟上形势发展需要，在课堂教学中融入乡土教学的内容，

而初中历史学科可以承担起这一责任，在教学中把乡土历史文化资源与教材相结合，形成长效机制。

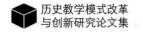

（二）乡土文化资源进入历史课堂要适当选材

乡土历史具备的丰富而独特的内容，乡土史的运用不仅缩短了历史与现实的距离，而且有利于增进学生对家乡的认同感和亲切感。但是，在使用乡土文化资源时，要想真正提高历史教学的有效性，还需要对乡土资源有针对性地进行筛选、整合使用。如下表所示是部分乡土历史文化资源与历史课堂教学的整合：

课文内容	乡土资料	呈现目的
秦的统一	湛江地区划归当时象郡管理	说明行政区划不断变化，影响深远。加深学生对郡县制的理解
丝绸之路	徐闻的海上丝绸之路遗迹和文物	促进学生对家乡的了解，增强对家乡的热爱
北方民族大融合	湛江美食节	用美食节的各式小吃引出民族融合的课题；回应民族融合的影响
郑和下西洋	引用身边所了解的华侨人物及事迹	说明华人下南洋后对当地开发所做的贡献，增强学生对知识的理解
光彩夺目的时代文学	苏轼曾被流放至湛江地区，在湖光岩题过字句	增加对历史伟人的兴趣，加深对苏轼的印象和记忆
中国军民英勇抗日	湛江抗日英雄的事迹	加强对全民抗日的理解，增强民族感情
对外开放	湛江市区市容变化的图片；列出十四个沿海开放城市的名称	感受改革开放对自己家乡带来的变化，加强对改革开放政策给人民带来好处的理解；引申说明要用好政策才能促进城市发展
教育事业的发展	岭南师范学院名称及校园环境的变化	湛江地区高等教育事业的发展是地区实现国家"科教兴国"战略的一个具体体现
繁荣的文化艺术和体育	学生调查爷爷奶奶辈、父母辈及自己最喜欢的流行书籍、影视作品；列举湛江奥运冠军	从调查中感受国家、人民文化生活的变迁，培养对家乡自豪感
人民生活的变化	各种票证	从票证中找历史

在我们进行湛江地区的历史文化资源收集、调查、整理过程中，发现有许多文化资源虽然丰富出名，但并不一定能与教学内容相契合，比如吴川的"飘色"，这一内容与课文内容并无关联，就绝不能强加运用。同样，湛江作为对外开放的十四个沿海开放城市之一，它的发展历程有太多的教训值得思考，如果在授课时过多讲述这个内容，虽然对学生了解家乡很有助益，但就会因此冲淡了本课的主题，导致课程内容无法讲完。因此，乡土历史资源的选用除了要贴近学生的现实生活外，还要注意做到与教学的内容联系密切，要有的放矢，切忌喧宾夺主。总之，在教学实践中，只要用之有度，行之有效，乡土历史资源作为丰富课程资源的手段之一，在提高历史课堂教学的有效性方面大有可为。

（三）完善乡土文化资源进入历史课堂的途径和方式

虽然乡土文化资源对丰富历史课堂内容能起到画龙点睛的作用，但要使其更顺利地进入历史课堂，我们还要不断完善其途径和方式。经过实践检验，笔者认为，以下几种方式途径可以尝试推广。

1. 利用好本地的历史文献资料

本地的历史文献资料无疑是对本地区历史沿革记录得最为全面的资料。但这些资料因为种种原因，并不能被学生所了解，如果我们能够从中选取有用部分，通过图片、阅读资料或简单讲述等途径融入课堂教学中，起到的作用是相当明显的。

2. 充分用好历史文化的形式和载体

在湛江地区，蕴含着丰富历史文化信息的材料其实有很

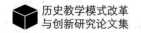

多，包括吴川飘色、雷剧等民俗活动，还包括民居、老街、牌坊等生活景观，田艾饼、肠粉、牛腩粉、烂锅炒粉这些特色小吃以及荔枝、龙眼（桂圆）、大树菠萝等特产水果。但是，在实践过程中我们发现，这些收集起来的乡土材料并不能全都搬上日常教学课堂，那么如何让学生了解这些民俗文化，培养热爱家乡的情感呢？我认为开展第二课堂活动可以较好地解决这个问题。第二课堂活动的开展，是在日常教学中融入乡土文化资源后，学生对家乡历史文化资源产生极大兴趣的前提下开展的。这样的活动不仅满足了部分学生了解家乡的兴趣，培养热爱家乡的情感，让历史学习活动更加丰富多彩。

3. 用好本地名胜古迹、文物遗址

湛江地区得天独厚，除了蓝天碧海，也有不少风景名胜和文物遗迹，如世界最大的玛珥湖——湖光岩，雷州塔，石狗文化等，当然还少不了本市的博物馆。如果能把这些内容适当引入课堂，相信对提高学生学习兴趣，丰富课堂内容是很有助益的。

4. 课内教学与课外活动相结合

为了增加学生的感性认识，还可以在学生的社会实践活动中融入乡土文化教学内容，例如可以组织历史课外兴趣小组，在假日去湛江各县区、地级市开展社会调查，进行实地考察等。平时，也可指导学生有目的地去了解地方风土人情，教他们如何去收集这些资源，材料收集完毕后学习撰写调查报告，并把这些报告汇总进行评奖。又或者举办手抄报活动，把自己收集的资源写入报纸中，教师再选取优秀作品进行展示，让更多学生了解家乡，喜爱家乡。

五、结语

每个地区都拥有自己的区域文化，这其中除包含丰富的历史文化遗产之外，还应包含人民对地区历史文化的认同。乡土情浓，赤子情深，我们其实并不缺乏爱乡之情，缺乏的是让我们了解家乡的机会。今天的学校的教育，早已不是单纯把学生培养成懂得识记知识的机器，而应把学生培养成具有爱国爱家等人文情怀的人才。在乡土历史资源运用到课堂教学的过程中，我们通过各种方式，向学生展示传播乡土历史文化，这不仅是在传授知识，也是在向将来的人民灌输着对家乡历史文化的认同和热爱的观念。我相信，这样做不仅能使学生受益，也有利于教师创新，提升学校文化内涵，促进社会进步。

参考文献：

[1]《义务教育历史课程标准》，2011 年版。

[2] 顾明远主编：《教育大辞典》，上海教育出版社，1998 年版，第 723 页。

[3] 转引自：钱惠娟《初中历史教学与乡土历史资源整合的实践研究——以松江地区为例》，2008 年 9 月。

[4]《汉代海上丝绸之路始发徐闻港互通中外科技》南方网 http://tech.southcn.com/t/2013-07/26/content_74739272.htm

[5] 于友西：《中学历史教学法》，高等教育出版社1988年版，第 150 页。

[6] 苏霍姆林斯基《培养学生的爱国主义精神》，湖南教

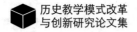
育出版社，1984 版，第 5 一 6 页。

[7] 转引自姚凤华：《泉州市中学乡土历史教学研究》，2009.4，第 1—2 页。

本文作者：袁毅，湛江一中培才学校中学历史高级教师。

巧选拓展史料深化历史认知

—— 以"解放战争"一课为例

靳瑞

作为影响中国近代史进程的重大历史事件，岳麓版必修一教材在叙述南京国民政府的覆亡上比较简单，只在教材中展示了一幅《解放军占领南京国民政府总统府》的照片。对于覆亡的原因，教材中并没有任何表述，而是想让教师以教材为依托，引导学生对这个问题展开探究。这就需要教师在教学中补充相关史料，进行拓展教学，以深化学生对这一重要历史事件的认知。但面对浩如烟海的史料，如何巧选史料，更好地达成教学目标，是值得教师认真思考的问题。笔者在教学中，对这一问题进行了尝试，取得了较好的教学效果。

一、找准学生思维定势，选择能激发认知冲突的史料

史学家费尔南·布罗代尔曾说历史教育的"一项基本原则是要让受教育的对象产生兴趣，赋予历史令人怦然心动的特点，使历史'永远兴趣盎然'"[1]。在实际教学中，笔者认为教师应找准学生思维定势，选择能激发认知冲突的史料，

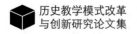

让学生产生怦然心动的感觉。而认知冲突通常表现为学生已有知识和经验与新知之间存在某种差距而导致的心理失衡。为此，我在课前就这一问题调查了学生的看法，发现学生普遍认为以蒋介石为代表的南京国民政府是反动政府，一直不得人心，覆亡是必然的。历史事实果真如此吗？我展示了下列史料：

背景介绍： 老百姓在抗战胜利后的一个阶段，普遍将国民党和蒋介石视为"正统"，没想过国民党有可能被中共打败。

材料一： 前福州军区政委江拥辉回忆说"四平保卫战后北撤，到吉林时又饥又饿，想买点东西吃，路边店铺关得紧紧的，怎么敲门也不开……我们前脚出城，国民党后脚就进城了，老百姓都拥到大街上，有的还挥动着青天白日旗，欢迎国民党。"

——摘自高华：《论国民党大陆失败之主要原因》[2]

材料一出，学生一片哗然，这是真的吗？学生原有的认知受到强烈冲击，激起了他们的求知欲和好奇心。学生急切地想要搞清楚为什么南京国民政府会在深得民心，形势一片大好的情况下，迅速败亡。

二、了解学生认知水平，选择能引起阅读兴趣的史料

目前的全国卷高考试题，历史科的命题趋势是日渐专业化、学术化，这导致在实际教学中，部分教师为迎合高考的要求，选择一些专业化但晦涩难懂的史料，大大降低了学生的学习兴趣，使课堂教学沉闷枯燥。笔者认为对高一的学生

来说，选择能引起学生阅读兴趣，让他们愿意读并且读得懂的材料，比材料的专业化更重要。因此，我紧接着展示了以下材料。

材料二：本来抗战胜利后，原沦陷区人民对国民党寄予厚望。可结果是国民党接收大员，变为"劫收""劫搜"大员，对原沦陷区人民进行疯狂掠夺。人民盼来的是"五子登科"（即接收大员们房子、女子、金子、车子、票子照单全收），"有条有理"（不管是汉奸、日本人、社会渣滓，只要有金条送给接收大员，都可以有理可讲）。老百姓失望地说："盼中央，望中央，中央来了更遭殃"。

—— 摘编自舒文：《国民党政府在抗战胜利后迅速崩溃的原因分析》[3]

材料记叙生动有趣，学生阅读、理解也没有障碍，读后对国民政府的腐败有了更直观的了解。陶行知先生曾说过："我们的教育应解放学生的脑，让他们去想；解放他们的手，让他们去做；解放他们的嘴，让他们去说；解放他们的时间和空间，让他们去展现。"[4] 而笔者认为，学生有兴趣读、读得懂，是他们愿意想、愿意说的前提。

三、依据学生思维水平，选择能促进其思维全面发展的史料

赵恒烈先生认为"历史思维能力是人们用以再认和再现历史事实，解释和理解历史现象，把握历史发展进程，分析和评价历史客体的一种素养。它是一种历史的认识活动。在这种历史的认识活动中逐渐形成和发展的科学的历史观，并

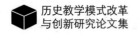
用它来考察和解决社会历史问题"[5]。这就要求教师要引导学生走出课本，能够全面而客观的评价历史。因此，我又展示了以下几则材料。

材料三：在 1945 年—1948 年间，物价以每月 30% 的幅度递增。仅在 1948 年 8 月到 1949 年 4 月之间，纸币就增加了 4524 倍，上海的物价指数则上扬了天文数字般的 135742 倍。

——摘自徐中约：《中国近代史：1600—2000，中国的奋斗》[6]

材料四：国民党提的宣化县国民大会代表候选人是董秀明，另外还有一些选举的竞争者。董先生的演说非常简单，没有包含任何竞选纲领。县长王一芳对选民说"我命令你们选董先生。任何人如有违抗，都是错误的"。他还让保甲长挨家挨户地传话，"不投票给董秀明的人，将来防御设施需要修理了，这些人就去干活"。选举的结果自然是董秀明。

——摘编自（美）胡素珊：《中国的内战：1945—1949 年的政治斗争》[7]

材料五：国民政府不理解农民，看不到解决农民困苦的紧迫性，对农民的疾苦也就漠不关心。恰恰就在这个被忽视的区域，毛泽东的天才得到了最高度、最成功的发挥。一块造屋者抛弃的石头变成了另一个人的房屋之柱石。

——摘自徐中约：《中国近代史：1600—2000，中国的奋斗》[8]

上述三段史料，从经济、政治和国共对比等多个方面，说明了南京国民政府的统治危机，使学生对其覆亡有了较全面的了解，有利于学生思维的培养。

课后，我与学生进行了交流。学生感慨颇多：原来认为简单的历史结论，背后竟有着复杂、曲折的历史真相；国民党从受拥护、受欢迎到被抛弃，只有短短三年时间，因腐败失去民心真是可怕；还有学生引用流行语"没有对比就没有伤害"，感叹共产党能大翻盘，真是太厉害了……

"历史学习是一个人从感知历史到不断积累历史知识，进而不断加深对历史和现实的理解过程"[9]。学生的教育需要润物细无声的内化，但历史教材多是宏观记录或结论性的表述，使历史变成了干枯的术语和骨架，这不利于学生理解已经逝去的抽象的历史。好的历史教学需要教师在学生看似无疑处设疑，巧选拓展史料，用史料来说话，还历史原来的血肉，从而激发学生学习兴趣，深化历史认知。

参考文献：

[1]（法）费尔南·布罗代尔著，常绍民译：《文明史：人类五千年文明的传承与交流》，中信出版社，2014年，序第3页。

[2]高华：《论国民党大陆失败之主要原因》，《历史教学》（上半月刊），2011年第11期。

[3]舒文：《国民党政府在抗战胜利后迅速崩溃的原因分析》，《清华大学学报（哲学社会科学版）》2008年增1期。

[4]陶行知：《中国教育改造》，人民出版社，2008年，第45页。

[5]赵恒烈：《历史思维能力研究》，人民教育出版社，1998年，第15页。

[6] 徐中约：《中国近代史：1600—2000，中国的奋斗》（第六版），世界图书出版公司，2010 年，第 515 页。

[7]（美）胡素珊：《中国的内战:1945—1949 年的政治斗争》，当代中国出版社，2017 年，第 39 页，第 122 页。

[8] 同 [6]，第 517 页。

[9] 李付堂：《历史教育：直面生命的追寻》，光明日报出版社，2007 年，第 172 页。

本文作者：靳瑞，湛江市第二中学，中学历史高级教师。